바이버의 코퍼스 언어학

바이버의 코퍼스 언어학

언어구조와 용법에 관한 연구

더글라스 바이버 · 수잔 콘라드 · 랜디 레펜
유석훈 · 김유영 옮김

KOREA
UNIVERSITY
PRESS
고려대학교
출판문화원

Corpus Linguistics: Investigating Language Structure and Use
by Douglas Biber, Susan Conrad, and Randi Reppen

저자 서문

처음 이 책의 집필을 시작했을 때에는 가능한 목표들과 강조하고 싶은 것들이 많았다. 예를 들어 지금까지의 코퍼스-기반 연구를 가장 최신의 것까지 조사하여 역사적으로 제시할 수 있었다. 아니면 누구나 직접 실행할 수 있는 간단한 코퍼스-기반 연구에 관하여 집중적으로 다루는 것도 생각했었다. 또는 코퍼스 분석에 필요한 방법이나 분석 기법에 초점을 두는 것 역시 가능했다. 저자들은 비록 이 모든 영역들에 대해 관심을 갖긴 했지만 그렇다고 해서 그것이 이 책의 핵심 문제라고 할 수는 없다. 그 대신 우리는 우리 자신이 코퍼스-기반 연구에 몰두하게 된 이유를 설명할 수 있는 책을 쓰기로 하였다. 즉 이 책은 코퍼스 언어학뿐만 아니라 언어에 관한 책으로서, 이전에는 언어학에서 감당할 수 없었던 수많은 연구 문제들에 대해 코퍼스에 대한 실험적인 연구가 얼마나 새로운 대안을 제시할 수 있는가를 보여 준다.

과거 수년간 수많은 온라인 코퍼스와 분석 도구를 이용할 수 있게 되었으며, 코퍼스-기반 연구는 빠른 속도로 일반화되어 가고 있다. 그렇지만 연구 논문에는 방법론적 고려나 분석 수단에 대해서 충분히 자세하게 언급하기가 어렵기 때문에 코퍼스-기반 연구의 많은 부분은 일반 독자들에게는 아직까지 미지의 영역으로 남아 있다. 게다가 연구자들도 요즘 들어서야 대표성을 갖는 텍스트 코퍼스 자원을 완전하게 이용하는 방법을 배우는 중이다. 그 결과 연구자들도 최근에야 수많은 새로운 연구 문제들이 코퍼스-기반 연구에 의해 처리 가능하다는 점을 알아 가고 있다. 이러한 이유로 필자들은 이 책과 같은 교과서의 필요성을 인식하게 되었다. 즉, 이 책은 코퍼스-기반 연구 방법에 의해 기능하게 된 언어 용법에 관한 흥미로운 연구에 주된 역점을 두고 코퍼스-기반 작업에 이용되는 방법론적인 현안들과 기법에 대해서 상세하게 논의한다.

이 책에서 보고된 대부분의 연구는 National Science Foundation과 Addison-Wesley Longman사의 충분한 지원을 받았다. 영어의 통시적 레지스터 변이를 분석하는 ARCHER 프로젝트는 NSF의 지원금(BNS-9010893)을 받아 실행했다(공동 책임 연구자: Doug Biber와 Ed Finegan; 연구조교 Dwight Atkinson, Jena Burges, Randi Reppen, Ann Beck). 이 책에서 표본 분석을 위해 이용된 코퍼스와 컴퓨터는 Longman사의 영어 교육 분과로부터 제공받았다.

그리고 저자들은 Northern Arizona 대학과 Iowa 주립 대학 동료들, 특히 Jena Burges, Carol Chapelle, Bill Grabe, John Hagge, Marie Helt, Susan Wright과의 우정, 그리고 많은 영감을 주었던 언어 용법에 관한 토론과 의견 교환에 대해서 깊은 감사를 드린다. 그리고 또한 우리 저자 일동은 과거 2년에 걸쳐 각자의 TESOL 석사 및 박사 과정에 재학했던 학생들에게 특별히 감사의 말을 전하고 싶다. 그들은 이 책 초고의 각 장에 대해 상세하고도 유익한 코멘트를 많이 해주었다. 마지막으로 역시 이 책의 초고에 대해서 상세하고 유익한 코멘트를 해준 세 명의 심사자에게도 감사의 말씀을 드린다.

역자 서문

최근 코퍼스corpus라는 용어는 대단히 일반화되어 웬만한 언어학 또는 여타 전공자라 할지라도 이미 연구 활동에 상당히 적극적으로 활용하고 있는 것이 현실이다. 국내에도 몇몇 관련 연구 기관 및 학회들을 중심으로 코퍼스 전문가라고 할 만한 연구자들의 활동이 활발하다. 이 책에서는 코퍼스로 통일하였지만, 한국어로는 '말뭉치' 또는 '말모둠'으로 번역하는데, 이는 '덩치 큰 언어 자원' 정도로 이해할 수 있겠다. 인간 자연 언어의 구조적 특징을 연구하는 것이 언어학이고, 이를 다시 크게 '이론 언어학'과 '응용 언어학'으로 구분한다면, 코퍼스 연구는 아마 그 중간에서 필요에 따라서 양쪽 분야에 적절한 실증적 자료와 분석 결과를 제공하여 이론적 연구의 근거와 타당성을, 그리고 언어 교육 및 언어 습득 등을 비롯한 다양한 응용 분야에서는 대단히 유용한 응용 자원을 제공해 준다고 할 수 있을 것이다.

원저인 *Corpus Linguistics*는 Douglas Biber, Susan Conrad, 그리고 Randi Reppen의 세 공저자에 의해서 집필되었다. 부제는 '언어 구조와 용법 연구Investigating Language Structure and Use'로서 원저의 기본 집필 목적과 방향을 충분히 보여준다. 서문에서 밝혔듯이 저자들은 이 책을 통하여 당시까지 이루어진 코퍼스-기반 연구를 역사적으로 개관하고, 독자가 스스로 실행해 볼 수 있는 코퍼스-기반 연구에 관하여 집중적으로 다루고, 코퍼스 분석에 필요한 방법이나 분석 기법에 대하여 설명하는 것은 물론, 더 나아가서 저자들이 코퍼스-기반 연구에 몰두하는 이유를 설명하는 것을 핵심 목표로 삼았다. 즉, 코퍼스 언어학의 외연을 넓혀서 미지로 남아 있는 수많은 언어학 연구 과제들에 대해 적시 적소에서 다양한 표본 분석을 통하여 코퍼스-기반 실증적 연구가 새로운 대안이 될 수 있는 가능성을 보여 주고자 하였다.

한 가지 놀라운 사실은 전 세계 코퍼스 연구 분야에 있어서 세 저자의 위상이나 원저의 코퍼스 연구 분야의 고전으로서의 대표성을 고려할 때 본격적인 코퍼스 연구의 초창기라 할 만한 1998년에 출간된 원저의 한국어 번역이 이제껏 없었다는 것이다. 그 이유는 아직도 찾지 못하였는데 아마도… 어쨌든 우리는 가히 코퍼스 연구의 출발점이자 코퍼스계의 바이블이라고 할 만한 원저의 번역권을 확보한 것을 대단한 행운으로 생각한다. (그래서 번역본의 제목도 'Biber의 코퍼스 Bible'로 붙일 것인지를 놓고서 고민도 많이 했었다.) 1998년에 출간되었음에도 불구하고 코퍼스 연구와 교육의 제1세대 역작이자 가장 대표적인 고전으로서 그 가치는 21세기에도 유효하기 때문이다.

지난한 번역 과정 내내 꾸준한 격려와 전문가 피드백을 준 고려대학교 언어학과 최재웅 선생님께 깊이 감사드린다. 용어 번역 및 개념 설명과 관련하여 수시로 던지는 질문에 지치지 않고 성실한 답변을 준 홍정하, 김일환, 송상헌 선생님께도 감사를 드리는 바이다. 마지막으로 본 작업을 처음부터 끝까지 세심하게 모니터링하고 편집하여 깔끔한 책으로 내주신 고려대학교 출판문화원에도 심심한 감사의 뜻을 전한다. 비록 오류 없는 완벽한 번역을 하느라고 노력은 했지만, 그럼에도 불구하고 어디엔가 잠적해 있을지 모를 오류에 대한 모든 책임은 역자들의 몫이다.

차례

제4부 방법론 모음

서론

코퍼스-기반 연구의 목표와 방법

1.1. 언어 연구 — 구조와 용법

언어 연구는 크게 두 가지 중요한 영역, 즉 구조structure 연구와 용법use 연구로 나눌 수 있다. 언어 분석은 전통적으로 구조에 관한 연구가 중심이 되어 왔는데, 다시 말하면 특정 개별 언어의 구조상의 단위와 품사(예를 들어 형태소, 어휘, 구, 문법적 품사)를 확인하고, 작은 단위가 서로 결합하여 조금 더 큰 문법 단위를 형성하는 방법(예를 들어 어휘가 결합하여 구를 형성하고, 구가 결합하여 절을 형성하는 방법 등)에 대해서 기술하였다.

이와 다른 관점은 언어의 용법을 강조하는 것인데, 이 관점이 이 책의 주된 관심사이다. 이 관점을 통해서 화자나 저자가 어떻게 언어 자원을 최대한 사용하는지를 연구할 수 있다. 한 언어에서 이론적으로 가능한 것이 무엇인지보다는 자연스럽게 출현하는 텍스트에서 실제 언어가 어떻게 사용되는지를 연구한다.

대부분 언어의 용법에 관한 연구는 특정 언어 구조에 초점을 맞추어서 언뜻 보기에 유사한 구조들이 다른 문맥에서 사용되어 다른 기능을 하는 방법에 대해 연구한다. 예를 들어 영어에서는 *that*-동사 종속절과 *to*-동사 종속절은 다음과 같이 그 구조적 특징은 물론이고 의미도 유사할 수 있다.

(1) I hope that I can go.

(2) I hope to go.

게다가 *that*-절은 *that*이 생략되는 경우도 있다.

(3) I hope I can go.

구조 분석의 관점에서라면 위 세 문장들의 문법적 유사성과 상이점을 기술할 것이다. 다시 말해, 이 세 가지 모두 해당 동사의 의미를 완결지어 줄 수 있는 동등한 문법적 방법들이다. 그러나 언어 용법 분석 연구의 관점에서라면, 전통적인 문법 기술을 넘어서 왜 영어는 의미와 문법 기능이 매우 유사한 복수의 구조들을 가지는가에 대해서 의문을 품게 된다.

이러한 의문에 관한 해답을 찾기 위해서는 다양한 요인들을 고려해야 한다. 예를 들어 구어와 문어의 변이형varietie들은 어떤 특정 형태를 다른 형태들보다 선호하는가? 이들 형태들은 보통 다른 동사들과 함께 사용되는가? 이들 형태들은 각각 다른 특별한 의미를 전달하기 위해서 선별적으로 사용되는가? 이러한 의문들이 바로 용법 연구에서 연구할 수 있는 의문들의 일부분이다. 실제로 3장과 4장에서 제시된 분석들을 보면, 이들 서로 상이한 구조들이 선호되는 용법에는 뚜렷한 유형이 있다는 것을 알게 될 것이다.

용법 연구는 특정 언어 구조의 언어 용법 유형을 분석할 뿐만 아니라 특정 텍스트의 언어, 혹은 같은 집단에 속하는 화자들 혹은 저자들의 언어에 초점을 맞출 수 있다. 예를 들어 어느 개인 작가의 문체, 혹은 다른 사회적 집단에서 사용되는 언어에 대한 관심이 이제까지 용법 연구의 일반적인 동기였는데, 어느 특정 작가가 사용하는 언어는 동시대인들의 언어와 비교했을 때 어떠한가? 여성의 언어는 남성의 언어와 비교할 때 어떠한가? 등이 있다.

그리고 이에 못지 않게 중요한 것은 상이한 텍스트들 혹은 텍스트 집단 간에 사용되는 언어를 비교하는 연구이다. 가족과의 대화에서부터 신문 읽기, 친구에게 편지 쓰기, 그리고 학술 논문 읽기에 이르기까지 다양한 다른 상황에 직면하면서 우리들은 매일 수많은 다른 언어 변이형들을 사용한다. 레지스터register란 이렇게 서로 다른 상황에서 사용되는 언어의 변종을 이르며, 이러한 레지스터들의 특징을 기술하는 것은 중요한 연구 영역이다. 그렇지만 레지스터 연구에는 상이한 문법적·어휘적 선택이 관여되어 있기 때문에 복잡하다. 대화, 신문, 학술 논문, 개인 서신 등에 사용되는 언어의 유형을 어떻게 찾아낼 수 있을까? 이들 서로 상이한 변이형들에 사용된 언어의 특징을 어떻게 기술할 수 있을까? 이와 같은 의문도 역시 용법 연구의 중요한 일면인데, 이에 대해서는 이 책의 2부에서 다룬다.

위와 같은 용법 연구에 있어서 분석자는 문법성grammaticality에 관한 판단보다는 오히려 전형적인 유형을 찾고자 시도한다. 이와 같은 용법 분석에는 두 가지 핵심적인 연구 목표가 있는데, 그것은 다름 아닌 1)특정 유형이 발견되는 빈도를 평가하는 것과, 2)변이variability에 영향을 미치는 문맥적 요인들을 분석하는 것이다. 예를 들어 *that*-종속절과 *to*-절에 대한 분석에서, 화자가 어느 한 쪽을 그리고 저자가 다른 어느 한쪽의 절을 선호하는 경우가 있는지를 살펴볼 수 있다. 그리고 예를 들어 각각의 절 유형과 같이 사용되는 전형적인 동사들과 같은 다양한 문맥적 요인들에 대해서 살펴볼 수도 있다.

용법 유형을 찾아내고 문맥적 요인을 분석하는 일은 방법론적으로 어려운 문제들이 많이 있을 수 있다. 전형적인 유형을 찾아내려는 것이므로 분석에 있어서 직관이나 단편적인 증거에 의존할 수 없다. 많은 경우에, 인간은 전형적인 사례보다는 색다른 형태에 주목하는 경향이 있기 때문에 직관을 바탕으로 한 결론은 신뢰할 수 없는 경우가 있다. 더 나아가서 결론이 반드시 소수 화자의 개인적인 특징에 바탕을 두지 않도록 하기 위해서는 많은 화자들로부터 수집한 대량의 언어 자료를 분석해야 한다. 그렇지만 대량의 언어 자료를 분석하는 데에는 많은 시간이 소요되며, 다양한 문맥적 요인들을 놓치지 않고 추적하는 것은 어려운 일이다. 예를 들어 대화와 학술 논문에 사용된 언어를 비교하기 위해서 각각의 레지스터로부터 텍스트를 10개씩 선택하여 20개 정도의 상이한 언어 구조를 대상으로 하여 이들 구조가 일련의 문맥적 요인들과 어떻게 상호 관련되어 있는가를 규명하는 일의 어려움은 두말할 필요도 없고, 이 언어 구조들을 놓치지 않고 추적하는 것이 얼마나 어려운 작업인지를 상상해 보라.

이러한 문제들 때문에 최근까지 많은 언어 용법에 관한 연구는 할 수 없었거나 또는 불가능하였다. 그러나 코퍼스-기반 연구 방법은 대량의 언어 자료를 처리하고 동시에 많은 문맥적 요인들을 추적할 수 있게 해 준다. 그 결과, 코퍼스-기반 연구 방법은 수많은 새로운 연구의 길을 열어 주었다.

1.2. 코퍼스-기반 연구 방법이란?

이 시점에서 실제로 코퍼스-기반 연구 방법이란 무엇이며 이 방법이 언어학의 다른 분석적 연구 방법과 다른 점은 무엇인지에 내해서 의문을 갖게 될 수 있다. 다음의 각 절에서는 이러한 의문들에 대해서 논의한다. 1.2.1에서는 코퍼스-기반 분석의 본질적인 특징을 확인하는 것부터 시작한다. 이러한 특징들의 기저에는 언어 용법을 바라보는 새로운 관점이 깔려 있다. 즉 관련된 "연관 유형association pattern"을 고려하여 언어 자질의 용법에 대해 연구하는 것이다. 이후 이 책의 모든 분석의 기초가 되는 이 개념에 대해서는 1.2.2에서 자세히 소개한다. 연관 유형이란 정량적quantitative 관계를 나타내는데, 자질들과 그 변이형(變異體, variants)들이 문맥적 요인들과 관련되어 있는 정도를 측정한다. 그렇지만 어떤 코퍼스-기반 분석에서도 기능적functional(정성적qualitative) 해석은 반드시 필요하기 때문에 1.2.3에서는 정량적 기법과 정성적 기법의 관계에 대해서 논의한다. 마지막으로1.2.4와 1.2.5에서는 코퍼스-기반 연구 방법과 언어학의 다른 분석 방법을 비교한 후, 이와 같은 연구 방법을 이용할 수 있는 연구 영역에 대하여 간단히 논의한다.

1.2.1. 코퍼스-기반 분석의 특징

코퍼스-기반 분석의 본질적 특징은 다음과 같다.

- 코퍼스-기반 분석은 경험적이며, 자연 텍스트 내에서의 실제 용법 유형들을 분석한다.
- 대규모로 일정한 원칙에 따라 수집된 "코퍼스"라는 자연 텍스트를 분석의 기초로 이용한다.
- 분석을 위해서 컴퓨터를 광범위하게 이용하고 자동적인 방법과 대화적인 방법을 둘 다 이용한다.
- 정량적 분석 기법과 정성적 분석 기법을 모두 활용한다.

위와 같은 특징들이 합쳐져서 결과적으로는 다른 방법으로는 불가능한 넓은 범위와 높은 신뢰도를 확보할 수 있다. 이와 같은 코퍼스-기반 연구 방법의 장점 중 몇 가지는 컴퓨터를 이용한다는 것에 기인한다. 컴퓨터는 수작업으로 다룰 수 있는 것보다도 훨씬 방대한 자연 언어 데이터베이스를 구축하고 분석할 수 있기 때문에 복잡한 언어 용법 유형을 확인하고 분석하는 것이 가능하다. 게다가 컴퓨터는 일관되고 신뢰도 높은 분석을 제공하며, 분석 도중에 마음이 바뀌거나 피로해 하지 않는다. 컴퓨터는 또한 대화적으로 이용하는 것이 가능한데, 컴퓨터가 자료를 기록하는 동안 분석자인 인간은 어려운 언어적 판단을 내릴 수 있다.

마지막으로 코퍼스-기반 분석은 단순히 언어 자질들의 정량적 집계에 그쳐서는 안 된다는 점을 알아야 한다. 다시 말하면 정량적 유형에 대한 정성적·기능적 해석까지 포함해야 한다. 이 책의 각 장에서는 정량적 분석을 통해 발견된 유형들에 대해서 설명하고, 예를 들고, 해석하는 데에 많은 공간을 할애하였다. 코퍼스-기반 연구의 목적은 단순하게 정량적인 연구 결과를 보고하는 것이 아니라, 언어 용법 유형을 이해하는 데에 있어서 이러한 결과가 갖는 중요성을 살펴보는 데에 있다.

1.2.2. 언어 용법에 있어서 연관 유형

코퍼스 언어학 초기의 많은 연구들은 단순히 언어 자질의 출현 횟수를 세는 데에 그쳤다. 예를 들어 일부 어휘 연구에서는 특정 어휘들, 혹은 2 글자 어휘, 3 글자 어휘, 4 글자 어휘의 빈도를 비교하였다. 일부 문법 연구에서는 명사와 동사 그리고 형용사의 빈도를 세었다. 이러한 종류의 연구들은 참고 자료(예를 들어 출현 빈도가 가장 높은 50개 어휘를 찾는 것과 같은)로 제시할 때, 혹은 단순한 문체적 지표(특정 텍스트 중 명사와 동사의 상대적 빈도와 같은)를 제공해 준다는 점에서는 유용할 수 있다.

그러나 만일 해당 언어를 대표하는 코퍼스를 적절히 활용하기만 한다면, 언어 용법에 대해 훨씬 더 많은 추가적인 정보를 제공해 줄 수 있다. 특히 코퍼스-기반 연구는 연구자가 복잡한 "연관 유형association patterns", 즉 언어 자질들이 다른 언어 혹은 비언어 자질들과 연관되어 사용되는 체계적인 방식들을 확인하고 분석할 수 있게 해 준다.

〈표 1.1〉에서 볼 수 있는 바와 같이 연관 유형의 관점에서 연구 가능한 두 가지 중요한 연구 문제가 있다. 그 첫 번째는 어휘 항목이나 문법 구조 중 어느 한 언어 자질의 용법에 초점을 맞추는 것(〈표 1.1〉의 A)이며, 두 번째는 텍스트 혹은

표 1.1 언어 용법에서의 연관 유형

A. 특정 (어휘적 혹은 문법적) 언어 자질의 용법 연구
- (i) 언어 자질의 언어적 연관 관계
  - –어휘적 연관 (특정 어휘와의 연관)
  - –문법적 연관 (특정 문법 구조와의 연관)
- (ii) 언어 자질의 비언어적 연관 관계
  - –레지스터별 분포
  - –방언별 분포
  - –시기별 분포

B. 변이형 혹은 텍스트의 연구 (예, 레지스터, 방언, 역사적 기간)
- (i) 언어적 연관 유형
  - –개별 언어 자질 혹은 자질 집단
  - –언어 자질의 공기 유형

변이형들의 특징에 초점을 맞추는 것이다(〈표 1.1〉의 B).

전통적으로 언어 분석은, 예를 들어 어휘나 문법 구조 중 어느 특정 언어 자질에 초점을 두어 왔다. 그렇지만 그와 같은 자질들의 용법은 다른 자질들과의 체계적인 연관성을 살펴봄으로써 더 깊게 연구할 수 있다. 여기서 언어적 연관 관계와 비언어적 연관 관계라는 두 가지 주요 연관 관계들이 매우 중요하다.

언어적 연관은 두 가지 주된 범주로 나눈다.

1. 어휘적 연관 — 언어 자질이 특정 어휘들과 어떻게 체계적으로 연관되어 있는가에 대한 연구
2. 문법적 연관 — 문제의 언어 자질이 인접한 문법 자질들과 어떻게 체계적으로 연관되어 있는가에 대한 연구

어휘적 연관에 대해서는 2장에서 *big, large, great*의 세 어휘에 대한 분석을 통해서 예시되어 있다. 특히 이와 같은 분석은, 세 어휘의 연어collocate 즉, 각각의 목표어와 공기하는 경향을 갖는 어휘들에 대해서 살펴본다. 예를 들면 *big*은 *toe*와 자주 공기하지만 *large*는 *number*와 자주 공기한다. 이들 *big, large, great*의 세 어휘는 단독으로는 거의 같은 의미를 갖지만, 이와 같은 분석 결과를 통해 세 어휘가 매우 상이한 종류의 어휘와 함께 사용되는 경향이 있다는 것을 알 수 있다. 이와 같이 이러한 분석에서는 "어휘-어휘" 연관 유형들에 대해서 주시하여 그 연관 유형들이 이들 세 어휘들 각각에 있어서 대단히 다름을 보여 준다.

한편 4장에서는 "어휘-문법" 연관 관계에 대해 연구한다. 예를 들어 거의 동의어에 가까운 형용사 *small*과 *little*을 비교하여 이들 두 어휘가 한정attributive 용법과 서술predicative 용법에 있어서 서로 매우 다른 문법적 연관성을 갖고 있다는 것을 밝힌다(예, 한정 용법: *the small boy*, 서술 용법: *the boy is small*). 물론 문법 자질에 초점을 맞추어 그 어휘 연관 관계를 살펴보는 것과 같은 상반된 유형의

연구 문제 예시도 이 책에서 함께 다루고 있다. 예를 들어 4장에서는 *that*-절 및 *to*-절과 가장 많이 함께 쓰이는 동사들을 각각 비교한다(예를 들어 *think*는 *that*-절 그리고 *want*는 *to*-절과 가장 많이 공기한다).

언어 자질의 용법은 언어적 연관 관계뿐만 아니라 비언어적 연관 관계 측면에서도 연구가 가능하다. 여기에서는 다음과 같은 세 가지 중요한 요인들이 관여된다. 즉, 어휘 항목 혹은 문법 구조가 1)상황에 의해 규정된 변이형들(레지스터), 2)사회적인 집단에 의해 규정된 변이형들(방언), 혹은 3)시대에 따라서 어떻게 다른 분포를 보이는가이다. 예를 들어 3장에서는 문법 자질(명사화형)과 비언어 자질(레지스터)과의 연관 관계의 예로 명사화형nominalization이 '학술 산문'과 '대화'에서 어떻게 상이한 분포를 보이는가에 관한 연구를 들고 있다.

언어적 연관 관계와 비언어적 연관 관계는 독립적인 것이 아니고 상호 영향을 주고받는 관계에 있다는 것을 이해하는 것이 무엇보다 중요하다. 따라서 이 책의 대부분의 표본 분석에서는 이 두 가지 연계 유형을 모두 다룬다. 예를 들어 *big, large, great*에 대해 어휘-어휘 연관 관계를 고찰하면서 서로 다른 레지스터에 걸친 이들의 분포도 함께 고찰한다.

특정 언어 자질에 초점을 맞추는 것 대신에 연관 유형의 관점에서 텍스트 혹은 레지스터의 특징을 연구하는 것도 가능하다(〈표 1.1〉의 B). 이와 같은 경우 코퍼스-기반 연구에서는 레지스터, 방언, 문체 혹은 개개의 문학작품들의 특징을 이들 언어적 연계 유형의 차원에서 설명할 수 있다. 이들 언어적 연관 관계는 개개의 자질들 혹은 집단적 자질일 수 있다. 예를 들어 6장에서는 상이한 구어와 문어의 레지스터들에서 종속절이 어떤 용법을 갖는가를 대상으로 하여 그 특징을 설명한다.

그렇지만 변이형들의 특징을 더 철저하게 설명하기 위해서는 다른 종류의 언어적 연관 유형, 즉 언어 자질 집단들이 텍스트 안에서 빈번하게 공기하는 방식이 중요하다. 예를 들어 명사, 전치사, 길이가 긴 어휘 혹은 한정 형용사가 특정 레지스터에서 공기하는 경향이 있는가? 그 이유는 무엇인가? 이들 자질들은 어떤 기능을 공유하는가? 그리고 이 자질들이 적게 나타나는 경우에 어떤 다른 자질들이 텍스트에서 나타나는 경향이 있는가? 이 문제들과 다른 관련된 문제들에 대해서는 이 책의 후반부에서 다룬다.

비록 코퍼스-기반 연구를 통해 수많은 다양한 종류의 연관 유형을 연구하는 것이 가능하긴 하지만, 이 모든 유형들은 모두 연속적인 관련성을 보여 준다고 하는 한 가지 중요한 특징을 공유하고 있다. 즉, 이 유형들은 언어 용법에서 어떤 현상이 항상 발생하거나 또는 전혀 발생하지 않는다고 명백하게 단정짓는 것은 아니라는 것이다. 오히려 이들 유형들은 다양한 정도의 차이를 보이며 출현한다. 특정 유형들이 매우 자주 또는 매우 드물게 사용되는 경우를 생각해 볼 수 있다. 그러나 이러한 "매우 자주" 또는 "매우 드물게"라는 말은 무엇을 의미하는 것일까? 연관 유형들 간의 비교를 하기 위해서는 상이한 유형들이 나타나는 정도에 대한 더 정확한 특징 규명, 즉 정량적인 기준이 필요하다. 다음 절에서는 정성적, 기능적 해석의 보완적인 역할뿐만 아니고 코퍼스-기반 연구에 있어서 정량적 분석 기법을 이용하는 것에 대해서도 논의한다.

1.2.3. 정량적 분석과 기능적 해석의 역할

앞 절에서는 코퍼스-기반 연구를 통하여 가능한 여러 종류의 연관 유형을 고찰하여 이들 관계가 연속적인 것이라는 점을 살펴보았다. 따라서 정량적 기법은 코퍼스-기반 연구에는 필수불가결하다. 예를 들어 *big*과 *large*와 같은 어휘의 언어 용법 유형을 비교하길 원한다면, 각각의 어휘가 코퍼스 안에 몇 번 나타나는가, 얼마나 많은 종류의 다양한 어휘가 이들 각각의 형용사와 주로 공기하는가(연어collocations), 그리고 이 연어들이 얼마나 자주 나타나는가를 알아야 할 것이다. 이들은 모두 정량적인 계측 자료이다.

이 책의 모든 표본 분석에는 정량적 분석이 포함되어 있다. 특히 이 책의 전반부 장에서는 대부분의 표본 분석에서 특정 유형이 다른 유형과 비교하여 어느 정도의 빈도로 발생하는가라는 빈도 자료만이 제시되어 있다. 많은 경우에 이들 빈도로부터 현저한 유형들이 직접 관찰된다. 그리고 이 분석 예들에서는 보다 많은 독자들의 이해를 돕기 위해서 통계 처리를 하지 않았다.

그렇지만 이 책의 후반부 장에 수록한 몇몇 표본 분석의 경우 통계 처리는 복잡한 연관 유형을 연구하는 데에 중요하다. 몇몇 분석 예에서는 통계적 유의도 검정test of significance도 이용했다. 유의도 검정은 정량적 결과가 우연히 발생할 수 있는 가능성 정도를 나타내는 것으로서 코퍼스-기반 연구에 관한 연구 논문에서는 유의도 검정 결과를 항상 보고해야 한다. 그렇지만 독자에게 유의도 검정을 실시하는 방법을 가르치는 것은 이 책의 본래 목적이 아니다. 표본 분석에서는 통계 처리 절차에 관한 개념적인 소개를 하고 구체적인 방법론은 4부의 방법론에서 약간 설명한다. 이 책에서 논의하는 내용을 통해 독자들은 통계 처리의 목적과 그 중요성을 이해할 수 있겠지만 통계 기법을 포괄적으로 논의하지는 않았다. 보다 완전한 통계 기법에 대해서는 통계학 교과서를 참조하길 권한다.

그리고 이 책의 표본 분석을 읽으면 정량적 혹은 통계적 연구 결과보다 훨씬 많은 것을 배울 수 있을 것이다. 앞서 언급한 바와 같이 코퍼스-기반 연구 방법에 있어서 그 무엇보다 중요한 부분 중 하나는 정량적 유형을 넘어 그 유형이 존재하는 이유를 설명하는 기능적 해석을 제시하는 것이다. 그 결과 코퍼스-기반 연구에서는 정량적 유형에 대한 설명과 예시를 위해서 많은 노력을 기울인다. 물론 이 정도 분량의 책으로는 모든 분석에 대한 완전한 기능적 해석을 제시하는 것은 불가능하지만, 이 책에서는 모든 코퍼스-기반 분석에 있어서 이와 같은 과정이 얼마나 중요한 것인가를 강조하면서 일관되게 이러한 해석의 중요한 면들을 개략적으로 설명한다.

1.2.4. 언어학의 다른 연구 방법과 코퍼스-기반 연구 방법의 비교

지금까지의 서론에서는 코퍼스-기반 연구 방법의 변별적 특징들을 강조하였다. 특히 언어 구조에 대한 전통적인 연구와 대립되는 방법이라는 측면에서, 이 연구 방법을 통해 언어 용법을 연구할 경우 얻을 수 있는 장점에 대해 강조했다. 언어 용법에 관한 포괄적 연구는 직관, 일화적인 증거, 혹은 작은 표본에 의존할 수 없으며, 오히려 이와 같은 연구를 위해서는 코퍼스-기반 연구 방법에서와 같이 실제 텍스트로 구성된 대규모 데이터베이스를 이용한 경험적인 분석을 해야 한다.

그렇지만 그렇다고 해서 코퍼스-기반 분석이 유일한 올바른 연구 방법이라기보다는 전통적인 다양한 연구 방법들의 보완적인 연구 방법으로 보아야 한다. 실제로 코퍼스-기반 연구에서의 연구 문제들은, 종종 다른 연구에서 비롯되었다. 모든 언어학적 방법론에 대해 설명하는 것이 이 책의 목적은 아니지만, 코퍼스-기반 연구 방법과 다른 연구 방법과의 몇 가지 상관 관계를 간단히 살펴보는 것은 유익할 것이다.

코퍼스-기반 분석의 연구 문제들은 여러 가지로 다른 연구 방법들과 관계되어 있을 수 있다. 우선 많은 연구 문제들은 선행 구조 분석에서 비롯된다. 예를 들어 *to*-절과 *that*-절의 비교와 같은 관련된 구조들의 용법에 관한 호기심은 우선 이와 같은 유사한 구조가 존재한다는 것을 아는 것에서부터 비롯된다. 또한 연구 문제들은 가설 혹은 이론적인 틀에서 비롯될 수도 있다. 예를 들어 자연스러운 구어 발화에서는 계획하거나 편집할 시간이 없기 때문에 구어가 문어만큼 구조적으로 복잡해지는 것은 불가능하다는 가설이 있다. 이와 같은 가설과 관련된 연구 문제를 6장에서 다루는데, 구어와 문어 레지스터에서 상이한 종류의 복잡한 구조의 빈도와 분포를 살핌으로써 이 가설을 지지해 주는 매우 놀라운 결과를 얻었다. 마찬가지로 한 이론적인 틀에서 아동이 다른 연령에서 습득한다고 생각되는 언어 자질들의 윤곽을 제시하는 경우, 코퍼스-기반 연구로 이 이론에 대해서 경험적으로 시험해 볼 수 있다.

직관과 일화적인 증거도 역시, 흥미 있는 코퍼스-기반 연구로 이어질 수 있다. 예를 들어 대학생들은 종종 다른 학문 분야의 연구 논문들이 서로 매우 다르게 작성된다는 인상을 갖게 된다. 6장에서는 이와 같은 가능성을 살펴보기 위하여 코퍼스-기반 분석을 이용해서 생물학과 역사학 연구 논문 간의 상이성에 대해서 연구하는 것을 소개한다. 마찬가지로 일부 초등학교 교사는 제2

언어로 영어를 공부하는 학생들이 몇 년 동안이나 영어를 사용하면서도 쓰기 능력에서 일관되게 많은 문법적 오류를 범한다고 생각한다. 7장에서는 제2언어로 영어를 공부하는 초등학생과 영어 모국어 초등학생의 문법적 오류를 비교하는 연구 문제에 대해서 논의한다. 이와 같이 언어에 관한 자신의 경험 혹은 이전의 언어학 연구가 코퍼스-기반 연구를 유발할 수 있는 가능성은 많이 있다.

마지막으로 언어 용법은 특정 텍스트에서의 특정 언어 자질에 대한 상세한 분석을 통해 연구될 수 있어서 대용량 코퍼스의 연구 결과를 보완해 준다. 예를 들어, 신정보 앞에 구정보가 위치하는 것과 같은 정보 배열 순서의 중요성을 연구한 이전의 연구들은, 필연적으로 단일 텍스트에 대한 철저한 정성 분석에 기반하였다. 마찬가지로 전체 대화의 일부 단편적인 부분에서의 상호작용에 대한 미시적인 분석도 대화 분석에서처럼 역시 코퍼스-기반 연구 방법을 통해서는 밝혀낼 수 없는 언어 용법에 관한 다양한 시각을 제공해 줄 수 있다. 저자들은 이 책 전체에서 포괄적인 언어 용법 분석을 위해서는 코퍼스-기반 연구 방법이 필요하다고 주장은 하지만, 이러한 연구들은 흔히 개별 텍스트에 대해서 이미 이전에 이루어진 미시적인 분석들로부터 얻게 된 개념과 가설의 틀 안에서 이루어진다.

1.2.5. 코퍼스-기반 연구 방법으로 연구할 수 있는 언어학 영역들

지금까지 코퍼스-기반 연구 방법은 언어학 내에서 광범위한 주제들에 관한 연구에 이용될 수 있다는 것을 논의하였다. 앞의 몇 쪽에서는 개별 어휘, 문법 자질들, 남자와 여자의 언어, 어린이의 언어 습득, 작가의 문체, 레지스터 유형에 초점을 둔 많은 연구들에 대해서 언급하였다. 사실 코퍼스-기반 연구 방법의 또 다른 장점은 언어학의 거의 모든 영역에서 경험적인 연구에 적용될 수 있다는 점이다.

사전학lexicography(어휘 연구)과 문법 같은 언어 구조의 중심적 영역들은 코퍼스-기반 기법을 적용하여 용법의 관점에서 연구할 수 있다. 예를 들어 사전학에서는 코퍼스-기반 기법을 이용하여 특정 어휘들의 언어적, 비언어적 연관 관계를 연구할 수 있다. 과거의 사전 편찬자들은 한 어휘에 가능한 의미들을 찾아내는 것으로 그들의 작업을 한정시켰었지만, 요즘은 어휘의 가장 보편적 용법들, 관련된 어휘의 빈도 및 어휘와 의미가 가장 보편적으로 발견되는 문맥에 관한 정보를 포함할 수 있게 되었다. 문법 구조도 마찬가지로 코퍼스-기반 기법을 적용하여 용법의 관점에서 분석될 수 있다.

언어학의 다른 영역들에 있어서의 다양한 문제들도 역시 코퍼스-기반 연구를 통해서 할 수 있다. 예를 들어 사회언어학sociolinguistics에서는 코퍼스-기반 기법을 이용하여 과거에는 할 수 없었던 상이한 레지스터들에 있어서 자질들 간의 복잡한 공기 유형과 같은 방언과 레지스터의 유형 연구도 가능하게 되었다. 과거에는 언어 습득language acquisition은 전형적으로 소수의 피험자에 의존하는 구체적인 사례 연구로 이루어졌다. 그러나 지금은 학습자 언어 코퍼스가 구축되어 그와 같은 연구는 다수의 학습자 자료를 이용한 연구를 할 수 있게 되어서 학습자들 간에 찾아볼 수 있는 일반적인 유형도 연구할 수 있다.

문체 연구도 역시 코퍼스-기반 연구 기법을 통해 쉽게 수행할 수 있다. 역사적 시기별로 구별된 개별 작가 및 문체에 관한 연구는 과거와 비교하여 더 많은 텍스트와 언어 자질들을 살펴봄으로써 더 포괄적인 방식으로 연구할 수 있다. 실제로 역사적 코퍼스historical corpus는 역사적 시기에 따른 많은 언어 자질들의 용법이나 시간 경과에 따른 레지스터의 발전 양상을 연구할 수 있는 기회를 제공해 준다.

코퍼스-기반 연구는 또한 교육 언어학educational linguistics에도 적용할 수 있다. 용법에 관한 대규모 연구 결과는 교실이나 직장 내 훈련을 위한 효과적인 교재나 활동의 설계에 도움을 줌으로써 상이한 목표 상황에서 실제로 사용되는 언어들을 학생들에게 가르칠 수 있게 해 준다. 교육 언어학 내에서 언어 테스트 분야도 마찬가지로 코퍼스-기반 연구 결과의 혜택을 누릴 수 있는데 정규적으로 학생들이 사용할 실제 언어와 맞는 테스트를 만들 수 있다.

1.3. 이 책에서 이용한 코퍼스와 코퍼스 분석 도구

1.3.1. 코퍼스

앞서 지적한 바와 같이 코퍼스는 대규모로 일정한 원칙에 따라 수집된 자연 텍스트이다. 이 책의 뒷 장들(특히 방법론 1과 2)에서는 코퍼스 설계에 있어서 규모size와 대표성representation과 관련하여 중요한 문제들을 몇 가지 소개한다. 이 책의 몇 가지 표본 분석들을 위해서는 특정 연구 문제들을 다루기 위해 특별히 설계된 코퍼스를 이용하였다. 그러나 대부분의 표본 분석은 일반적으로 널리 알려져 있는 코퍼스를 이용하였다. 이 책에서 반복적으로 이용하는 코퍼스 혹은 코퍼스 중 일부는 다음의 4가지이다. London-Lund Corpus, Lancaster-Oslo/Bergen(LOB) Corpus와, British National Corpus(BNC)의 대화 레지스터 및 Longman-Lancaster Corpus의 몇 가지 레지스터들이다. 이들에 대해서는 아래의 〈표 1.2〉에서 간단히 설명하였다. 각각의 코퍼스를 구할 수 있는 방법을 포함하여 이들에 관한 보다 상세한 정보는 부록에서 제공하였다.

위 코퍼스 중에서 두 가지는 구어 레지스터를 대표하는데, 그중 첫 번째가 London-Lund Corpus이며, 몇몇 다양한 종류의 자연스러운 대화와 준비된 대화를 수록하고 있다. 텍스트의 총 분량은 총 500,000 어휘이다. 더욱 큰 구어 데이터베이스가 필요한 분석에는 British National Corpus(BNC) 중 일부를 이용하였는데, 텍스트는 대략 4,000,000 어휘 대화문에서 추출하였다.(BNC 전체는 약 100,000,000 어휘의 텍스트가 수록되어 있는데, 코퍼스의 약 90%가 문어 레지스터, 그리고 약 10%가 구어 레지스터로부터 수집).

나머지 두 코퍼스는 문어만 포함하고 있는데, LOB Corpus는 〈표 1.2〉와 같이 15개의 레지스터로 구성되어 있다. 이 코퍼스에 포함되어 있는 텍스트는 전부 대략 1,000,000 어휘이며, 개별 레지스터는 12,000 어휘에서 160,000 어휘로 구성되어 있다. 더 큰 문어 산문 데이터베이스를 필요로 하는 분석의 경우에는 Longman-Lancaster Corpus의 두 레지스터를 이용했는데, 이는 학술 산

표 1.2 **이 책 전체에서 분석에 이용된 코퍼스**

London-Lund Corpus

범주	텍스트 수	어휘 수(약)
대면 대화·토론	65	235,000
전화 대화	110	60,000
공적 대화·토론·인터뷰	20	85,000
자연스러운 코멘트(라디오 방송)	20	55,000
자연스러운 연설	12	30,000
준비된 연설	12	35,000
계	**239**	**500,000**

British National Corpus(BNC) - 대화만

범주	텍스트 수	어휘 수(약)
대면 대화	160	4,000,000

Lancaster-Oslo/Bergen(LOB) Corpus

범주	텍스트 수	어휘 수(약)
신문 보도 기사	44	88,000
신문 사설	27	54,000
신문 평론	17	34,000
종교	17	34,000
기술·취미	36	72,000
인기 설화	48	96,000
전기·수필	75	150,000
공식 문서	30	60,000
학술 산문	80	160,000
일반 픽션	29	58,000
미스터리 픽션	24	48,000
공상과학 픽션	6	12,000
모험 픽션	29	58,000
로맨스 픽션	29	58,000
유머	9	18,000
계	**500**	**1,000,000**

Longman-Lancaster Corpus - 두 개의 범주만

카테고리	텍스트 수	어휘 수(약)
학술 산문	98	2,700,000
픽션	144	3,000,000
계	**242**	**5,700,000**

문(다양한 학문 분야의 저서와 논문 포함)과 픽션(장편이나 단편 픽션 포함)으로 각각 약 3,000,000 어휘로 구성되어 있다.

London-Lund, BNC, LOB의 코퍼스 텍스트는 모두 영국 영어에서 수집되었고 Longman-Lancaster Corpus의 학술 산문과 픽션 텍스트는 영국과 미국 영어 작가들의 작품으로부터 수집되었다. 이 책의 범위와 다수의 선행 언어 연구를 고려하여 이 책에서는 지역 방언들 간의 차이는 고려하지 않는다. 그렇지만 이 책에서 소개된 기법들은 지역 방언들 간의 차이를 연구하기 위해서도 이용할 수 있고, 이러한 연구는 흥미로운 변이 유형들을 밝혀낼 수 있게 해 줄 것이다.

1.3.2. 분석 도구

이 책에서 설명하는 분석용으로는 시판 중인 프로그램과 특정 목적을 위해 저자들이 개발한 컴퓨터 프로그램을 포함하는 두 종류의 도구가 이용되었다. 일반적으로 이용할 수 있는 프로그램은 "용례 검색 프로그램concordancing program"이라고 불린다. 이러한 프로그램은 이용자가 코퍼스에서 찾고자 하는 특정 어휘를 검색하여 문맥 중에서 그 어휘가 출현한 모든 예들을 완전한 목록으로 제공해 준다. 따라서 어휘적 연어(즉 어휘-어휘 연관 유형) 분석을 할 수 있게 해 주며, 또한 빈도 정보도 제공해 준다. 용례 검색 프로그램을 이용하기 시작한 지는 상당히 오래되었으며, 또한 매년 새로운 프로그램이 개발되어 시판되고 있다. 이 중에서 TACT나 Lexa와 같은 프로그램들은 매우 저렴하게 혹은 무료로 구할 수 있다. 이 책의 처음 몇 장에서는 용례 검색 프로그램에 익숙하고 이를 이용하여 작업할 수 있는 코퍼스를 가지고 있다면 누구라도 가능한, 용례 검색 프로그램을 이용한 분석을 예로 들었다. 상업용 프로그램에 관한 보다 자세한 정보는 부록에 수록하였다.

그렇지만 대부분의 흥미로운 연구 문제는 복잡한 문법 구조나 복잡한 연관 유형에 관한 연구를 하는 것이다. 용례 검색 프로그램은 이와 같은 연구를 수행하도록 제작되지는 않았다. 예를 들어 용례 검색 프로그램에서는 *that*-절에서 *that*이 언제 생략되는지를 완벽하게 연구하는 것이 불가능하며 또한 상이한 레지스터 사이의 언어 자질의 복잡한 공기 유형을 연구하는 것은 더 어려운 작업이 될 것이다. 대신에 이와 같은 작업들은 컴퓨터 프로그램 기술을 필요로 한다(이러한 문제들에 관한 보다 상세한 논의는 방법론 3 참조).

이 책에서 다룬 몇몇 표본 분석은 저자들이 제작한 컴퓨터 프로그램으로 분석하였다. 어떻게 분석이 이루어졌는지를 이해할 수 있도록 이 프로그램들에 대해 개념적으로 설명하였다. 하지만 이 책을 이용하기 위해서 컴퓨터 프로그래밍에 관한 구체적인 내용을 알 필요는 전혀 없다. 이 책의 목적은 코퍼스-기반 분석 방법을 이용하여 어떠한 종류의 언어학 문제들을 연구할 수 있는지를 독자들에게 소개하는 데에 있다. 프로그래밍 기술을 가르치기 위한 교과서는 많이 있는데, 만일 코퍼스-기반 연구를 독자적으로 수행하는 데에 흥미를 가지고 있는 독자라면 컴퓨터 프로그래밍에 관한 추가적인 과목을 수강할 것을 권한다.

1.4. 이 책의 개요

이 책은 표본 분석을 중심으로 개발되었다. 각 장의 도입부에서는 논의할 연구 문제에 대해서 소개하면서 언어 용법의 어떤 측면을 연구하고, 그것이 왜 중요한가를 정확히 알 수 있도록 하였다. 각각의 표본 분석에 대한 논의에서는 방법론, 분석 결과, 그리고 그 결과에 대한 해석을 포함하고 있다. 표본 분석은 코퍼스-기반 연구의 여러 측면을 가르치기 위해 이용된다. 표본 분석을 통해서 어떠한 새로운 종류의 연구 문제를 연구할 수 있으며, 코퍼스-기반 연구를 통해 어떠한 새로운 성과가 발견될 수 있는가를 알게 될 것이다. 또한 이러한 연구 문제들을 연구하는 데에 있어서 필요한 분석 절차와 코퍼스-기반 분석을 하기 위해서 어떤 결정을 해야 하는지에 대해서도 알게 될 것이다.

비록 이 책의 각 장들은 이와 같은 일반적인 윤곽을 따르긴 하지만, 다음 절에서 언급하듯이 각 장마다 언어적 문제들을 약간 다른 초점에서 접근한다.

1.4.1. 각 장의 개요

이 책은 두 가지 주요 부분으로 나뉜다. 이 구별은 〈표 1.1〉에 제시된 바와 같이 1부 "특정 언어 자질들의 용법에 관한 연구"와 2부 "변이형들에 관한 연구"와 같은 두 가지 주요 연구 문제들과 일치한다.

이 책의 1부는 개별 언어 자질 용법의 특징을 기술하고자 하는 연구 문제들에 대해 다룬다. 2장에서는 개별 어휘에 초점을 맞추며, 3장에서는 문법 구조에 초점을 둔다. 4장에서는 어휘 항목과 문법 구조들 사이의 연관 관계에 대해 알아본다. 마지막으로 5장에서는 예를 들어 텍스트 내에서의 명사와 대명사의 지시 용법, 혹은 한 텍스트 내에서 능동태나 수동태 같은 구조의 분포와 같은 것들을 대상으로 하는 담화 구조의 분석에 대해 논의한다.

그리고 2부에서는 언어의 텍스트와 변이형들의 특징을 찾아내기 위한 연구 문제들에 대해 논의한다. 6장에서는 레지스터의 특징에 대한 분석과 "특수 목적 영어(English for Specific Purpose)"에 적용할 수 있는 연구에 초점을 둔다. 7장에서는 모국어 화자 어린이와 제2언어 학습자들의 언어 습득의 문제에 대해서 다룬다. 마지막으로 8장에서는 언어 용법의 역사적 발달과 개별 작가의 문체에 관한 연구 문제들에 대해서 논의한다.

그리고 이 책의 3부에서는 언어 연구에 대한 코퍼스-기반 연구 방법의 기여에 대해서 재검토하고, 이 방법으로 연구가 가능한 추가적인 종류의 연구 문제들에 대해 간단히 논의한다.

이 책의 4부에는 10개의 방법론들이 소개되어 있다. 이 방법론들은 대표 코퍼스 설계, 빈도 보정, 문법적으로 태깅되거나 또는 파싱된 코퍼스의 이용, 그리고 특정 통계 기법들의 이용 등과 같은 코퍼스-기반 연구를 할 때 발생하는 중요한 방법상의 문제들에 대해서 논의한다. 각각의 방법론에서 언급되는 내용들은 몇 장의 표본 분석에서 적용할 수 있기 때문에 몇 가지 다른 시점에서 이 정보들을 참고해야 할 수도 있다. 이 방법론들은 코퍼스-기반 연구들을 이해하고 이 연구 방법을 원칙적인 방식대로 시행하기 위한 중요한 자료들을 소개하기 위한 것이다. 그러나 이 소개된 내용들을 단지 절차만을 소개하는 교본으로 생각해서는 안 된다. 더욱 높은 수준의 독자적인 코퍼스-기반 연구를 하게 되면 이러한 영역들에 대해서 더 알아야 할 필요가 있다.

마지막으로 이 책에는 일반적으로 이용할 수 있는 코퍼스와 분석 도구들에 대한 간단한 설명과 구할 수 있는 주소를 곁들인 부록을 포함하고 있다.

1.4.2. 이 책이 다루고 있는 것과 그렇지 않은 것

본 서론을 통해서 알 수 있듯이, 코퍼스 언어학 분야는 많은 영역을 다룬다. 따라서 이 책을 집필하면서 저자들은 어디에 관심을 집중할 것인가에 대해 수많은 어려운 결정을 해야만 했다. 기본적으로 이 책은 언어학 연구에 관한 책으로서 코퍼스-기반 분석을 통해서 새로운 종류의 연구 문제들을 연구하고, 연구자들이 전통적인 방식으로는 밝혀낼 수 없었던 언어 용법에 대한 새로운 정보를 밝힐 수 있는지를 보여 준다. 저자들은 코퍼스-기반 연구 방법으로 가능한 연구의 종류들과 분석 유형들에 대한 광범위한 표본을 제공하고자 하였다.

또한 코퍼스-기반 연구 방법에 대해서 매우 구체적인 소개를 하려고 노력하였다. 각 장에는 몇 가지 구체적인 표본 분석을 제시하고 있다. 분석을 하고 해석에 도달하는 단계들이 명확하게 설명되어 있어서, 많은 연구 문제들(특히 책의 앞 장들에서)에 대해서 용례 검색 패키지와 코퍼스를 이용하여 유사한 연구를 수행할 수 있을 것이다. 그렇지만 코퍼스-기반 분석을 위한 완벽한 방법론 교본을 집필하려고 했던 것은 아니다. 예를 들어, 용례 검색 프로그램 이용을 위한 단계적인 설명은 제공하지 않았으며, 컴퓨터 프로그래밍 기술을 가르치기 위한 아무런 시도도 하지 않았다. 이런 영역들에 대해서는 소프트웨어 교본을 읽거나 언어학을 위한 프로그래밍 과목들을 수강할 것을 추천한다.

코퍼스-기반 연구의 가치와 다양성 또한 지금까지 출판된 수많은 연구들을 통해 명백히 밝혀졌다. 그러나 저자들은 이와 같은 수많은 연구 문헌들에 대한 개관보다는 오히려 표본 분석을 제시함으로써 코퍼스-기반 연구 방법에 관한 더 역동적이고 직접적인 관점을 전달하는 방법을 선택했다. 선행 코퍼스-기반 연구들에 대해 더 알기를 원하는 독자들을 위해서 각 장 끝에는 간단한 더 읽을 거리 목록을 제공하였다.

전반적으로 이 책은 코퍼스-기반 연구 방법으로 연구할 수 있는 광범위한 언어 문제들을 제시해 줄 것이다. 또한 코퍼스-기반 연구에 대해 교육받고, 또 비판적인 시각을 갖춘 독자로서 갖춰야 할 기술들을 개발시켜 줄 것이다. 또한 이 책이 앞으로 독자들이 언어 용법에 관한 독자적인 연구 문제들을 개발하고 이들 문제들을 해결하기 위해 스스로 코퍼스-기반 연구를 수행하는 데에 도움을 줄 수 있게 되기를 바란다.

1부

언어 자질 용법 연구

2. 사전학

2.1. 사전학 연구

사전(편찬)학lexicography은 어휘의 의미와 용법에 관심을 기울인다. 전통적으로 사전학에서는 어휘의 의미나 동의어를 연구하였다. 최근에는 그와 같은 연구에서 한 걸음 더 나아가 코퍼스-기반 기법을 이용한 어휘 용법의 연구까지 확대되어 다음과 같은 문제들에 대해서도 고찰하게 되었다.

- 상이한 어휘들이 얼마나 많이 사용되는가?
- 특정 어휘의 의미는 얼마나 다양한가?
- 어휘들은 다른 어휘들과 체계적인 연관성을 갖는가?
- 어휘들은 특정 레지스터나 방언들과 체계적인 연관성을 갖는가?

물론, 이 분야의 연구는 사전을 만드는 데 있어서 중요하다. 그렇지만 사전학 연구는 기술 언어학이나 응용 언어학에 있어서도 또한 중요하다. 많은 언어학자들이 적절한 문법 분석은 개별 어휘들에 대한 사전적 정보를 포함해야 한다고 주장한다. 더 나아가서 4장에서 언급되지만, 문법 유형과 사전 유형은 체계적으로 영향을 주고 받는다. 응용 언어학자들에게 있어서 사전학 연구는 언어 학습자나 교사들을 위한 중요한 정보를 제공해 준다. 예를 들자면, 전통적인 연구 방법이 동의어 집단을 밝혀낸다면, 코퍼스-기반 사전학 연구는 연관된 어휘들이 어떻게 다르게 사용되며, 그리고 또 어떻게 상이한 문맥 속에서 같이 어울려서 나타나는지를 밝히기 위해서 노력한다.

언어학의 다른 많은 분야와 달리 사전학 분야는 실증적이며, 오랫동안 코퍼스-기반 방법의 많은 영향을 받아 왔다. 예를 들어 1775년에 벌써 Samuel Johnson은 텍스트 코퍼스를 이용하여 어휘들의 실제 용법을 수집하고, 이를 자신의 영어사전에 용례로 수록하였다. 1800년대 후반에는 *Oxford English Dictionary*의 기초 자료로 방대한 텍스트 자료가 수집되었는데, 800명이나 되는 자원봉사자들이 이 자료들을 모두 읽고 배정된 어휘들이 사용된 용례들을 카드에 적어 우송하였다.

그렇지만 이러한 작업은 오늘날의 코퍼스-기반 연구 방법과는 매우 다르다. 무엇보다도 이들 초기에 수집된 텍스트들은 해당 언어를 대표하는 것이 그 목적이 아니었다. 오히려 사전 편집자들은 자신들의 일의 규범적 임무를 강조하여 어휘의 '적절한proper' 용법을 기술하는 것을 목표로 하였다. Johnson은 의도적으로 자신의 코퍼스를 "오염되지 않은 영어의 샘, 즉 진정으로 순수한 언어의 원천(Johnson 1755, 〈서문〉, p.7)"인 작품만을 다루는 것으로 한정하였다. 더 완전하고 객관적이어야 할 다른 사전들조차 용례의 수집 및 분석 또한 이용 가능한 방법에 따르는 제약을 받았다. 예를 들어 *Oxford English Dictionary*의 표제어entries들은 용례 수집 자원 봉사자들이 우연히 발견한 것들이 대부분이었는데, 사전 편찬자들은 이들이 보편적인 어휘보다는 생소한 어휘들의 용법에 보다 많은 주의를 기울였다는 사실을 파악하였다(Morton 1994, p.95). 게다가 1970년대 이전에는 구어가 사전 데이터베이스에 포함되는 일이 거의 없었다.

오늘날 컴퓨터 기술의 발전에 따라서 코퍼스-기반 언어 연구는 이전의 작업을 능가하는 몇 가지 장점을 확보할 수 있게 되었다. 첫째, 컴퓨터를 이용해서 다양한 종류의 원전으로부터 방대한 코퍼스를 수집하고 저장하는 것이 가능하게 되었다. 전체 텍스트들이나 혹은 큰 텍스트 덩어리들을 컴퓨터에 저장할 수 있게 되어 문장 단위의 발췌문에 한정되지 않는 분석이 가능해졌다. 더 많은 텍스트를 저장할 수 있게 됨으로써 선별된 한 집단의 저자들에 한정되지 않고 대상 언어 전체를 대표하는 코퍼스를 설계할 수도 있다.(코퍼스 설계에 있어서 대표성에 관한 추가 논의는 방법론 1 참조.)

게다가 컴퓨터는 더욱 완벽하고 신뢰도 높은 분석을 간단히 수행할 수 있게 해 준다. 특정 어휘의 용례를 놓칠 가능성이 있는 인간 독자와는 달리 컴퓨터는 코퍼스 내부의 모든 어휘의 용례를 찾아내고 이를 완벽한 목록으로 만드는 것이 가능하다. 그 어떤 어휘의 용례도 빠뜨리는 법이 없다. 또한, 컴퓨터는 수작업으로 하는 것보다 훨씬 복잡한 정도로 어휘 연관 유형을 분석할 수 있다. 예를 들어 특정 어휘가 특정 코퍼스에서 수천 번 혹은 수만 번 출현하는 경우, 인간이 그 어휘의 전후 4 어휘 이내에 나타나는 모든 어휘를 세거나 분류하여 정렬하는 것은 불가능하다. 컴퓨터로는 이와 같은 일은 몇 분 이내에 완료할 수 있다.

코퍼스 규모의 대형화, 대표성의 증가, 더욱 철저하고 복잡한 분석 등의 특징들은 오늘날 연구자들로 하여금 이전에는 불가능했던 여러 사전학 연구 문제들에 대해서 연구할 수 있게 해 준다. 오늘날 코퍼스-기반 사전학 연구는 6가지 중요한 연구 문제들을 다루는데, 각각의 문제를 이 장에서 구체적으로 논의한다. 그 연구 문제들은 다음과 같다.

1. 특정 어휘와 연관된 의미는 무엇인가?
   이 연구 문제는 사전학에서 전통적으로 중심적인 것이라고 할 수 있다. 그렇지만 코퍼스 언어학은 한 어휘가 어떻게 사용되는지를 파악하기 위하여 직관이나 또는 불완전한 인용례 수집에 의존하기보다는 자연스러운 문맥에서 발생하는 어휘의 의미들을 연구할 수 있게 해 준다. 복수의 어휘 의미와 관련하여 2.2에서 *deal*이라는 어휘에 대한 연구를 소개한다.
2. 특정 어휘의 빈도가 다른 관련된 어휘와 비교해 볼 때 어떠한가?
   이런 종류의 연구를 통해 상이한 어휘들이 얼마나 빈번하게 사용되는지를 알 수 있는데, 특히 빈번하게 사용되는 어휘와 그렇지 않은 어휘들을 구별할 수 있게 된다. 이 정보는 언어를 배우는 학생들을 위한 교재를 설계할 때 특히 유용하다. 이 연구 문제에 대해서는 2.3에서 소개하는데, 구체적으로 LOB Corpus에서 *deal*의 빈도를 다른 어휘와 비교하여 살펴본다. 연구 문제 3에서 언급하지만, 이러한 빈도 정보는 어휘 분포를 특정 비언어적 특징들과 연관시켜 연구하는 데에 더 자주 이용된다.

3. 특정 어휘가 비언어적 항목(예, 레지스터, 시기 혹은 방언)과 어떠한 연관 유형을 갖고 있는가?
이 연구 문제를 연구함으로써 어휘와 비언어적 요인의 연관 유형을 이해할 수 있다. 그 결과로 다양한 변이형들에 있어서의 언어 용법 유형의 특징을 찾아낼 수 있는데, 예를 들어 다양한 레지스터들 간 어휘 용법의 차이를 기술하거나 어휘 발달을 통시적으로 고찰하는 것이 가능하게 된다. 2.4에서는 *deal*에 대한 연구를 확대하고 복수 레지스터 간의 유사한 용법에 대해 고찰함으로써 이러한 형태의 연구 문제에 초점을 맞추고 있다.

4. 특정 어휘와 높은 빈도로 공기하는 어휘는 어떤 어휘들인가? 그리고 이 '연어' 연쇄들은 레지스터들 사이에서 어떠한 분포를 보이는가?
이 연구 문제는 어휘들이 집단화하는, 즉 '연어'의 유형화 방식에 관하여 중점적으로 다룬다. 이러한 연구들은 또한 다른 연구 문제들로 연결되는 기초 단계가 될 수 있다. 이 장에서는 다른 두 가지 연구 문제, 즉 어휘의 의미와 용법의 분포 연구(연구 문제 5)와 표면상 같은 의미를 갖는 어휘의 용법(연구 문제 6)을 비교하는 연구를 위한 첫 번째 단계로서 연어에 대해서 연구한다.

5. 어휘의 의미와 용법은 어떻게 분포하는가?
이 연구 문제는 그 초점이 특정 어휘의 상이한 여러 의미와 용법에 있어서 한 어휘가 갖는 여러 가지 상이한 의미와 문법 기능의 빈도나 이들 의미와 용법들의 레지스터 간 체계적 분포와 같은 문제들에 대해서 연구한다. 이러한 연구 문제들은 2.5에서 구체적으로 논의하는데, 앞서 언급한 *deal*에 대해 한 단계 더 심도 있게 다루어 그 의미(명사와 동사로서)와 문법 기능, 그리고 다양한 레지스터에 걸친 분포를 연구한다.

6. 표면상 같은 의미인 것처럼 생각되는 어휘들이 얼마만큼 상이한 용법으로 사용되고 있으며 얼마나 상이한 분포를 보이는가?
언어에는 유사한 어휘가 존재하는데, 사전적 정의에 따르면 보통 이러한 어휘들을 의미가 동일하거나 유사하다고 특징짓는다. 그렇지만 이러한 어휘들의 용법 유형은 종종 매우 다르다. 코퍼스 내에서 동의어의 용법이나 분포를 연구함으로써 다른 공기 표현들이나 혹은 레지스터의 차이에 따라서 차이가 나타나는지 여부와 같은 이들 어휘의 문맥상의 선호 성향을 결정할 수 있게 된다. 2.6에서는 두 레지스터 사이에서 *big, large, great*의 용법을 비교함으로써 이 연구 문제에 대해서 논의한다.

위의 연구 문제들은 사람들의 어휘 용법이 어떻게 체계적으로 유형화되어 있는가를 이해하는 데에 도움을 줄 수 있다. 즉 한 어휘의 확장된 의미의 일부분은 그 어휘가 다른 어휘들과 연관되거나 혹은 특정 비언어적 문맥들과 연관되어 전형적으로 사용되는 방식이라고 할 수 있다.

게다가, 앞서 언급한 모든 과제에서 모국어 화자의 직관이나 규범을 실제의 언어 용법과 대비하기 위해서 코퍼스-기반 연구 방법을 이용할 수 있다. 예를 들어 2.5에서는 특정 코퍼스에서 *deal*의 용법들을 사전의 정의와 비교해서 어떠한가를 살펴본다. 이와 같은 비교는 단지 언어 용법에 대해서 어떤 부분에서 오해를 하고 있는지를 지적해 준다는 점에서 흥미로운 것은 아니다. 이보다는 코퍼스-기반 증거를 이용하여 언어를 배우는 모든 수준의 학생들에게 더 도움을 줄 수 있고, 정확한 사전과 입문서, 그리고 교재를 개발할 수 있다. 이러한 도구들은 의미나 용법에 대한 저자의 직관에 의존하기보다는 자연스러운 문맥 속에서 언어가 실제로 사용되는 방법을 설명해 주고 학생들이 접할 가능성이 높은 용법을 명백하게 찾아 준다.

이 장에서 하게 될 분석에 대한 배경작업으로 잠깐 시간을 내서 앞에서 언급한 연구 문제들에 대한 직관을 기록해 두는 것은 유익할 것이다. 예를 들어 *deal* 이라는 어휘를 접했을 때 어떤 의미들을 우선 생각하는가? 그리고 이들 의미는 모든 레지스터에 걸쳐서 동등하게 빈도가 높은가? *deal*과 유난히 높은 빈도로 공기하는 특정 어휘를 생각해낼 수 있는가? 그렇다면 *big, large, great*의 경우는 어떠한가? 거의 동일한 의미를 가진 이 형용사들을 체계적으로 구별 짓는 용법상 유형들을 생각해 낼 수 있는가? 이 장은 물론이고 이후의 장들에서도 용법에 대한 연구 문제들의 답을 생각해 봄으로써 실제 용법 유형에 대한 직관의 정확성을 비교할 수 있을 것이다. 어떤 경우에는 관찰된 유형들이 완전히 명확하게 보이는 경우가 있지만, 전혀 예상과 다른 경우도 있다. 그렇지만 다수의 모국어 화자들은 예측할 수 없는 유형들뿐만 아니라 너무나도 명백한 유형들도 역시 놓치는 경우가 종종 있다는 것에 놀란다.

이 장에서는 또한 앞서 언급한 6가지 연구 문제에 관한 설명을 통해 코퍼스-기반 연구에 있어서 중요한 방법론적인 문제들에 대해서 살펴본다. 전형적인 컴퓨터 프로그램의 화면 출력 내용과 이 내용들의 이용법에 관한 논의는 예와 함께 포함되어 있다. 이 장과 관련된 추가적인 방법론상의 문제들에 대해서는 방법론 1, 6, 7에서 논의되는데 각각 코퍼스 설계, 빈도 보정, 어휘 연관의 통계적 척도에 대한 것이다.

아래에서 언급되지만, 사전 편찬 작업은 방대한 코퍼스를 필요로 한다. 그 이유는 어휘의 의미와 연어 유형은 문법 유형에 비해서 그 빈도가 훨씬 낮은 경우가 흔하기 때문이다. 그러나 이 장에서 예로 제시되는 분석을 용이하게 하기 위해서 이용된 코퍼스의 크기를 제한했다. 우선 LOB Corpus를 시작으로 Longman-Lancaster Corpus의 두 레지스터에 초점을 맞추어 각각의 레지스터에서 약 3,000,000 어휘를 이용하였다. 이는 비록 사전 편찬이나 영어 전반에 대한 일반화를 하기에는 그 범위에 있어서 너무 제한적이긴 하지만 이 표본 분석들은 코퍼스 연구가 어휘의 의미와 분포, 그리고 용법에 대한 이해를 증진시켜 줄 수 있는지를 예를 들어서 구체적으로 설명해 준다.

2.2. 어휘 의미 연구

사전 편찬 작업에서 중심적인 문제는 어휘 의미이다. 코퍼스-기반 연구의 장점 중 하나는 코퍼스를 이용하여 한 어휘가 나타날 수 있는 모든 문맥을 보일 수 있다는 것이다. 그리고 이들 문맥으로부터 한 어휘와 연관된 다른 의미들을 확인할 수 있다. 전통적으로는 용례 카드가 이와 같은 목적으로 이용되어 왔다. 주된 차이점은 용례 카드는 사람이 읽다가 우연히 발견한 문맥(경우에 따라서는 예외적인 용법들만을 대표하는)들만을 나타낸다는 점이다. 이와 대조적으로 코퍼스-기반 목록은 모든 출현 용례들과 문맥을 완벽하게 보여 준다.

and secret prepareed to	deal	with the mass sit-down	1
of companies put one property	deal	through each. Mr.	2
, In particular, a good	deal	of concern has been	3
hangs a take-and a great	deal	of money. Neville	4
where his new measures to	deal	with Britain's	5
just a matter of working a good	deal	harder before we really	6
. "I'm mixed up in a	deal	involving millions	7

도표 2.1 *deal*에 관한 문맥 내의 키워드(Key Word in Context, KWIC) 용례 목록 표본

those "stagging" on a new issue and
property dealers who form a chain of companies
and put one property
---〉 deal
through each.
Mr Harold Wilson, shadow Chancellor,

in the event, these rising costs have already
overtaken the airlines. In particular
a good
---〉 deal
of concern has been caused in European
air transport the decision of

도표 2.2 확장 문맥 KWIC 예시

요즘은 사전 편찬과 관련된 문제들에 대한 연구를 손쉽게 할 수 있게 해 주는 프로그램들이 많이 있다(코퍼스 분석용 컴퓨터 프로그램들에 대해서는 부록 참조). 이 모든 프로그램들은 선정된 어휘의 모든 출현 예들을 전후 문맥과 함께 표시해 준다. 이러한 표시를 용례 목록concordance listing이라고 한다. 일반적으로는 선정된 어휘를 중앙에, 그리고 문맥은 해당 어휘의 좌우에 배치하여 한 줄로 표시한다. 〈도표 2.1〉은 LOB Corpus에서는 어휘 *deal*이 7회 출현함을 이 표시 형식으로 보여 준다. 이러한 표시 형식을 문맥 내의 키워드(Key Word in Context, KWIC) 표시 방식이라고 부른다. 경우에 따라서는 2행 이상의 문맥을 보는 것이 유익한데 KWIC 용례 표시는 〈도표 2.2〉와 같이 여러 행으로 표시할 수도 있다.

〈도표 2.1〉의 짧은 목록만으로도 KWIC 파일이 어떻게 어휘들의 상이한 의미들을 보일 수 있는지를 알 수 있다. 이 목록에서는 주변 문맥을 통해 *deal*에는 세 가지 상이한 의미가 있음을 보여 준다. 1행과 5행에서는, 집단 농성에 대처하다(dealing with a "mass sit-down")의 예와 같이 문제에 대처한다는 의미를 나타낸다. 이어 2행과 7행은 부동산 거래(a property deal), 수백만 파운드의 거래(a deal involving millions) 등과 같은 사업상의 거래에 관한 의미이다. 마지막으로, 나머지 예들은 *a good deal of concern, a great deal of money, working a good deal harder* 등과 같이 *good* 또는 *great* 를 *deal*의 앞에 붙여서 '분량'의 의미로 사용한다.

컴퓨터를 사용하면 특정 어휘가 문맥 속에서 출현하는 모든 예들의 목록을 작성하고, 문맥을 통해서 그 어휘와 연관된 모든 의미를 살펴보는 것이 비교적 용이해진다. 실제로 *deal*의 완전한 용례 목록을 보면 앞에서 설명한 세 가지 의미뿐만 아니라 다른 많은 의미를 갖고 있다는 것을 알 수 있는데, 예를 들면 다음과 같다.

"주제로 삼다(to have as a topic)"

(*Two articles in astronomy deal in turn with evolution and the determination of stellar distances.*)

"대우의 한 종류(a kind of treatment)"

(*So let us see them get a fair and square deal.*)

"목재의 일종(a type of wood)"

(*He went to the end of the deal table and sat against it* ...)

텍스트 코퍼스로부터 생성된 용례 검색을 이용할 경우 전통적인 사전 편찬 연구 방법과 비교하여 더욱 확고한 실증적 기반을 제공해 주긴 하지만 용례 검색은 실제로 너무 많은 자료를 제공해 줄 수 있다. 예를 들어 Longman-Lancaster Corpus로부터 뽑아낸 8,000,000 어휘의 하위 표본을 이용하여 *deal*의 KWIC 용례 검색을 하면 1,500건 이상의 용례들이 생성된다. 이 정도 규모의 데이터베이스에 나타나는 *deal*의 상이한 의미들의 숫자를 결정하는 것은 매우 어려운 작업이다. 즉 상이한 용법들을 정확히 분류하거나 각각의 용법을 중요도에 따라 순위를 매기는 것은 부가적인 도구를 이용하지 않는 한 실제로 불가능하다. 다음 절에서는 이와 같은 몇 가지 부가적인 도구들에 대해서 논의한 뒤 2.5에서 *deal*이라는 어휘의 상이한 의미들의 문제로 돌아간다.

2.3. 어휘 빈도 연구

영어에서 빈도가 가장 높은 어휘와 가장 낮은 어휘는 무엇일까? 출현 빈도에 따라 고빈도와 저빈도의 단계를 구별한다면 특정 어휘는 이 중 어느 단계에 속하게 될 것인가? 이와 같은 의문을 해결하는 것이야말로 어느 특정 어휘의 용법 유형을 이해하는 첫 단계이다.

대부분의 용례 검색 프로그램은 특정 코퍼스 내의 모든 어휘의 빈도 목록을 생성할 수 있다. 그 목록은 단순히 각각의 어휘가 코퍼스에서 나타나는 횟수를 나타낼 뿐이다. 예를 들어 〈도표 2.3〉에는 LOB Corpus에서 선정한 10개의 텍스트 중에서 TACT(Text-Analysis Computing Tools)라는 프로그램으로 생성된 빈도 목록의 일부가 제시되어 있다. 이 목록은 알파벳순으로 정렬되어 있으나 어휘 출현순 혹은 빈도순으로 정렬하는 것도 가능하다.

〈도표 2.3〉의 부분 빈도 목록을 보면 LOB Corpus의 표본 텍스트에는 *a*는 478회 출현하는 것에 비해 *abandoned*은 2회만 출현함을 알 수 있다. 〈도표 2.4〉는 본서에서 표본 연구의 중심인 *deal*의 다양한 형태를 LOB Corpus 전체에서 검색하여 목록으로 만든 것이다. 이 목록에서 *deal*은 182회, *dealing*은 52회, *deals*는 25회, 그리고 *dealt*는 3회 출현함을 알 수 있다.

특정 어휘를 연구할 때 종종 도움이 되는 것은 그 어휘의 다른 형태들을 집합적으로 살펴보는 것이다. 즉 컴퓨터는 *deal, deals, dealing, dealt*를 다른 어휘로 처리하지만, 이들을 모두 종합하여 논의하거나 한 집단으로 이들의 빈도를 연구하고자 하는 경우도 있다. 기본 어휘lemma라는 용어는 특정 어휘의 기본형[1]을 의미할 때 사용하며, 시제라든가 복수와 같은 문법적 변화는 무시한다. 이렇게 *deal, deals, dealing, dealt* 등을 포함하여 기본형 DEAL의 빈도는 LOB

a	478
abandoned	2
abide	1
ability	2
able	3
abnormalities	1
aboriginal	1
abortive	1
about	37
above	15
abroad	1

도표 2.3 LOB Corpus에서 선택된 10개의 텍스트를 대상으로 TACT에 의해 생성된 빈도 목록

deal	182
dealing	52
deals	25
dealt	31

도표 2.4 (1,000,000 어휘로 구성된 LOB Corpus에서) TACT에 의해 생성된 다양한 형태의 *deal*의 빈도 목록

1 동사 원형, 단수 명사형 등 — 역자 주

Corpus에서 290회이다(어휘의 다양한 이형태와 기본형을 구별하기 위해, 본서에서는 작은 기본형 DEAL을 표시한다).

어떤 비교도 하지 않는다면, 사실상 DEAL이 LOB Corpus에서 290회 출현했다는 것이 어떤 의의를 갖는지를 알기는 쉽지 않다. 특히 이것이 빈도가 높은 것인지 낮은 것인지 아니면 평균적인 것인지 판단하기 어렵다. 빈도 목록의 용도 중 하나는 대상 어휘의 빈도를 다른 어휘들과 비교하는 것이다. DEAL은 예를 들어 관사, 전치사, 대명사 등의 기능어와 비교해 볼 때 비교적 낮은 빈도로 출현한다는 것을 알 수 있다. LOB Corpus에서 정관사 *the*는 50,000회 이상, 전치사 *of*는 35,000회 이상, 대명사 *he*와 *I*는 각각 약 9,000회와 7,800회 정도 출현한다.

DEAL의 빈도를 다른 내용어와 비교해 볼 때, 특별히 빈도가 높거나 또는 특별히 낮은 것이 아님을 알 수 있다. 매우 일반적인 동사 MAKE는 LOB Corpus에서는 2,417회 출현하여 DEAL보다 빈도가 매우 높다. 한편 SIGH는 매우 빈도가 낮아 16회만 출현할 뿐이다. 동사 원형 APPROACH는 총 185회 출현하는데 이와 비교해도 DEAL은 그 빈도가 약간 높을 뿐임을 알 수 있다.

LOB Corpus 빈도 목록을 통해, 코퍼스-기반 사전 편찬 연구의 어려운 점 중 한 가지가 명백해진다. 어휘 의미와 용법을 연구하는 데에 매우 방대한 코퍼스가 필요하다는 점이다. 즉 1,000,000 어휘 정도의 코퍼스를 통해서는 많은 어휘를 대상으로 의미 있는 일반화를 하기에 필요한 충분한 자료를 얻을 수 없다. 코퍼스에서 가장 빈도가 높은 어휘의 경우 상대적 신뢰도가 높으나, 어휘 의미나 연어 유형을 분석하기 위해서는 출현 빈도가 매우 높아야 한다. 예를 들어 LOB Corpus에서 SIGH의 용법에 대해서 많은 것을 말하기는 불가능하며, 고작해야 그 빈도가 매우 낮다는 점을 지적할 수 있을 뿐이다.

게다가 작은 코퍼스의 경우에는 단지 중간 수준 빈도나 또는 빈도가 극히 낮은 어휘가 포함되어 있을지의 여부는 코퍼스에 포함된 텍스트들의 주제에 따라 다르다. 예를 들어 LOB Corpus 빈도 목록을 보면 *clowns*는 단지 1회만, 그리고 *clown*은 전혀 출현하지 않는다. *elephant*는 10회 출현하지만, *giraffe*, *zebra, hippopotamus*는 전무하다. 만일 LOB Corpus가 *clown*에 관한 이야기나 *giraffe*에 관한 논문을 포함하고 있었다면 이 어휘들의 빈도는 매우 달라졌을 것이다. 그렇지만, 다양한 많은 텍스트를 포함하고 있는 매우 큰 코퍼스라면 보다 광범위한 주제를 다룰 것이며, 그 결과 어휘 빈도는 개별 텍스트의 특징에 의한 영향을 덜 받게 될 것이다.

영어의 많은 어휘 형태들이 복수의 문법 기능을 갖고 있기 때문에 어휘 의미 분석은 더욱 복잡하다. 예를 들어 *deals*라는 어휘는 '3인칭 단수 동사' 또는 '복수 명사'로 사용할 수 있다. 마찬가지로 *deal*과 *deaaling*도 동사나 명사로 사용될 수 있다. 코퍼스 내에서 어휘에 문법 범주 주석을 달지 않은 코퍼스는 '무주석untagged' 코퍼스라고 한다. 무주석 코퍼스를 기반으로 하여 작성된 빈도 목록은 유용성에 한계가 있다. 왜냐하면 그렇게 작성된 빈도 목록에서는 어느 문법 용법의 빈도가 높은지 낮은지를 판단할 수 없기 때문이다. 실제로 명사 *deal*은 동사 *deal*과 다른 '어휘'로 취급되는 경우도 있다. 이러한 점을 고려하면 무주석 코퍼스-기반 목록에서는 '어휘' 빈도 조차도 제시해 주지 못한다.

어느 *deal*이 명사인가 동사인가를 결정하기 위해서는 문맥 중에서 그 형태를 살피고 문법 범주를 결정하여 빈도를 세어야 한다. 이와 같은 방법은 LOB Corpus에서 182회 출현한 *deal*의 경우 압도적인 작업량은 아니지만 매우 긴 시간이 걸리는 작업임에는 틀림없다. 이 방법은 *look*과 같은 매우 빈도가 높은 어휘(1,000,000 어휘당 약 500회 정도 출현)를 예로 든다면 대단히 지루한 작업이 될 것이다. 따라서 이와 같은 작업은 매우 큰 코퍼스를 대상으로 하여 모든 어휘들의 용례가 분석되어야만 하는 사전 편찬의 표준 작업 공정으로 채택하기는 어렵다.

이보다 훨씬 효율적인 해결책은 개별 어휘에 해당 문법 범주가 부호화된, 다시 말하면 '주석'을 단 주석 코퍼스를 이용하는 것이다.(구체적인 주석 부여 과정에 대해서는 방법론 4와 5 참조) 주석 코퍼스를 이용하면 모든 문법적 어휘 각각에 대하여 자동화된 빈도 계산을 할 수 있다.

〈도표 2.5〉는 TACT에서 생성한 빈도 목록으로, 주석된 LOB Corpus에 출현

deal_nn	115
Deal_np	1
deals_nns	5
deal_vb	66
dealing_nn	1
dealing_vbg	51
deals_vbz	20
dealt_vbd	14
dealt_vbn	17

도표 2.5 (LOB Corpus 전체를 대상으로) TACT에 의해 생성된 *deal*의 주석 형태 빈도 목록

하는 동사 기본형 DEAL의 다양한 문법 형태의 분포를 보여 주고 있다. 각 어휘의 문법 범주는 개별 어휘 뒤에 추가되어 있다. 이렇게 *deal*은 단수 명사(nn)로 115회, 고유 명사(np)로 1회, 동사(vb)로 66회 출현하고 있다. 어휘 *deals*는 복수 명사(nns)로 5회, 3인칭 동사(vbz)로 20회 출현하고 있다. *dealing*은 단수 명사로 1회, 현재 분사 동사(vbg)로 51회 출현하고 있다. 마지막으로 *dealt*는 단순 과거 시제 동사(vbd)로 14회, 과거 분사(vbn)로 17회 출현하고 있다. 이와 같은 주석 코퍼스의 정보를 이용하면 해당 동사와 명사의 분포를 연구하거나 이들을 여러 레지스터 사이에서 비교할 수 있다.

2.4. 여러 레지스터에 걸친 DEAL의 분포

이 절에서는 여러 레지스터에 걸친 명사 및 동사 DEAL의 빈도에 대해 살펴본다. 특히 어떤 한 어휘에 대한 전반적인 특징화는 오류에 빠지기 쉽다는 것을 보여 주고자 한다. 왜냐하면, 어휘는 레지스터에 따라서 매우 다른 용법을 보이기 때문이다.

우선 주석된 LOB Corpus에서 명사 기본형 DEAL의 분석부터 살펴보는데 중심 연구 대상으로 삼고자 하는 형태들인 단수와 복수 명사(예, *deal*과 *deals*)만을

표 2.1 LOB Corpus에서 선정된 레지스터들 내에서 명사 DEAL(고유 명사 제외)의 100,000 어휘당 빈도

레지스터	표본 내 어휘 수	DEAL의 실제 출현 빈도	(100,000 어휘당) DEAL의 보정 빈도
신문 보도 기사	88,000	14	15.9
신문 평론	34,000	4	11.8
신문 논설	54,000	4	7.4
종교 관련	34,000	5	14.7
학술·과학 관련	160,000	16	10.0
인기 설화	88,000	11	12.5
순수 문학	154,000	24	15.6
일반 픽션	58,000	5	8.6

대상으로 한다(장소를 나타내는 고유 명사로 1회 출현한 *deal*은 제외하였다).

LOB Corpus는 '학술·과학적 문장', '순수 문학' '모험·서부 픽션'과 같은 다양한 레지스터로 구성되어 있기 때문에 여러 레지스터에 걸친 DEAL의 빈도를 비교할 수 있다. 〈표 2.1〉은 레지스터별 단수형 또는 복수형 명사로서의 DEAL의 빈도 분포를 보여 준다.

〈표 2.1〉은 실제 빈도raw count와 보정 빈도normed count를 둘 다 보여준다. 실제 빈도는 각각의 레지스터에 해당 어휘가 실제로 출현한 빈도를 나타낸다. 예를 들어 신문 보도 기사에는 14회, 신문 평론에는 4회, 그리고 학술·과학 관련 레지스터에서는 16회 나타나고 있다. 그렇지만 이들 레지스터의 표본 내 어휘 수는 각각 다르다. 신문 보도 기사는 약 88,000 어휘, 신문 평론에는 단지 34,000 어휘, 학습·과학 분야 레지스터는 160,000 어휘로 구성되어 있다. 이와 같은 이유로 인해 출현 빈도의 비교를 통해 특정 어휘가 특정 레지스터에서 다른 레지스터보다 빈도가 높다고 결론지을 수는 없다. 즉 특정 레지스터를 연구할 때보다 큰 텍스트 표본을 분석하게 되면 대상 어휘의 출현 빈도는 자연히 증가하기 때문이다. DEAL의 경우 신문 논평에서 DEAL의 실제 출현 빈도는 교육·과학 관련 레지스터에서의 실제 출현 빈도보다 매우 적을 것이라고 예상할 수 있다. 이는 신문 논평의 경우, 매우 적은 표본 텍스트를 분석했기 때문이다. 그렇지만 이는 신문 논평 레지스터에 있어서 DEAL의 빈도가 반드시 낮다는 것

을 의미하는 것은 아니다. 오히려 독자가 명사 DEAL을 얼마나 자주 접하는가를 알려주는 측정치, 즉 DEAL이 일정 분량의 텍스트에 얼마나 자주 출현하는지에 대한 비율이 필요하다.

이러한 측정치를 '보정' 빈도normed frequency라고 한다. 〈표 2.1〉의 보정 빈도는 특정 어휘의 출현 빈도를 100,000 어휘 기준으로 보정했다. 출현 빈도를 보정하면 신문 보도 기사는 100,000 어휘당 15.9회, 신문 논평은 100,000 어휘당 11.8회, 학술·과학 분야 레지스터는 100,000 어휘당 10회가 된다. 이 예는 실제 출현 빈도를 그대로 세는 것은 빈도 관계에 대해서 오도할 수 있다는 것을 보여 준다. 예를 들어서 신문 논평보다는 학술·과학 레지스터에서 명사 DEAL의 출현 빈도가 훨씬 높은 것으로 되어 있지만 보정 빈도는 DEAL이 신문 논평에서 실제로는 약간 빈도가 높음을 보여 준다. 이와 같은 까닭에 보정 빈도만이 여러 레지스터에 걸친 비교를 하는 데 있어 정당한 근거를 제공해 준다(보정에 대해서는 방법론 6 참조).

명사 DEAL의 출현 빈도를 레지스터별로 분석해 보면, 사전 편찬 작업에 있어서 코퍼스 규모가 얼마나 중요한 문제인지가 한층 더 명확해진다. 〈표 2.1〉에서는 8개 분야 중 4개 분야에서 5회 또는 그 이하로 출현하고 있음을 보여 준다. 어느 레지스터에서도 높은 출현 빈도를 보이지는 않는다. 순수 문학 레지스터가 가장 많은 24회의 출현 빈도를 보이고 있다. 분명히 이 코퍼스는 명사 DEAL의 용법을 상세하게 분석하기에는 그 규모가 너무 작다.

그렇지만 보정 빈도는 DEAL의 분포가 레지스터별로 다를 수 있다는 가능성을 제시해 준다. 〈표 2.1〉을 통해 알 수 있는 것처럼 DEAL의 상대적 빈도에는 큰 차이가 있다. 따라서 이들 특징을 더욱 상세하게 연구하기 위해서는 보다 큰 코퍼스에 의존해야 한다.

〈표 2.2〉는 상당히 더 큰 Longman-Lancaster Corpus에서 추출한 4,000,000 어휘 표본에서 수집한 두 개의 레지스터(픽션과 학술 산문)에 출현하는 명사와 동사 DEAL의 빈도를 보여 준다. 여기에서는 *deal/deals*의 출현 빈도가 800회를 훨씬 넘기 때문에 이 어휘의 용법을 분석하는 데 있어서 훨씬 확고한 근거를 제

표 2.2 Longman-Lancaster Corpus의 두 레지스터 내 표본 중 명사와 동사 DEAL의 빈도

	표본 내 어휘 수	실제 출현 빈도		1,000,000 어휘당 보정 빈도	
		명사	동사	명사	동사
표본 합계	4,000,000	366	482	90	119
픽션	2,000,000	217	127	107	63
학술 산문	2,000,000	149	355	74	176

공해 준다. 이 레지스터 표본들은 LOB Corpus에서 추출한 표본보다 훨씬 크기 때문에 100,000 어휘가 아닌 1,000,000 어휘를 기준으로 하여 빈도를 보정하였다.

이상의 빈도표에서는 흥미로운 점을 몇 가지 찾을 수 있다. 우선 전체 표본의 보정 빈도를 보면 동사 *deal/deals*가 명사 *deal/deals*보다 아주 약간만 높다는 점을 알 수 있다(1,000,000 어휘당 각각 119회와 90회 출현). 그렇지만 개별 레지스터의 빈도를 놓고 보면 확연한 차이가 드러난다. 학술 산문 레지스터에서는 동사 *deal/deals*가 명사 용법보다 2배 이상의 빈도를 보인다(1,000,000 어휘당 각각 176회와 74회 출현). 픽션에서는 이와는 상반되는 특징을 보여서 명사 용법의 빈도가 동사 용법보다 상당히 높다는 것을 보여 준다(1,000,000 어휘당 각각 107회와 63회 출현).

이러한 DEAL의 용법 유형을 통해서 코퍼스 설계에 있어서 또 하나의 중요한 점을 확인할 수 있다. 그것은 어느 한 레지스터에 한정된 코퍼스는 다른 레지스터에서 발견되는 언어 용법을 대표할 수 없다는 것이다. 즉, 한 레지스터의 유형을 다른 레지스터에 일반화시키는 것은 불가능하다. 여기에서 다루고 있는 예(〈표 2.2〉)에서 학술 산문에서 명사와 동사 DEAL의 상대적 빈도는 픽션에서의 빈도와 정반대이다. 이 레지스터들 중 어느 하나에 한정된 코퍼스는 다른 코퍼스에서 찾아볼 수 있는 언어 용법 유형에 대해서 아무런 단서도 제공해 주지 못할 것이다.

또한 이 예를 통해 영어에 대한 전반적인 일반화가 흔히 틀릴 수도 있다는 것을 알 수 있다. 이 경우 코퍼스 전체의 빈도를 놓고 고려해 보면 *deal/deals*는

명사와 동사로서 거의 같은 비율을 보인다. 이러한 일반화는 실제로 학술 산문과 픽션에 나타나는 상반되는 용법 유형을 불투명하게 해 줄 뿐이다. 이러한 사소한 예조차도 코퍼스-기반 연구에서 자주 발견되는 문제를 구체적으로 보여 준다. 다시 말해서 언어에 대한 전반적인 일반화는 여러 레지스터 사이의 중요한 차이를 평균화해 줌으로써 오해를 하기 쉽게 해 준다는 것이다. 그 결과 특정 언어에 대한 전반적인 일반화가 정확하지 않은 경우에 현실과 동떨어진 언어에 대한 설명을 하게 되는 경우도 흔하다.

어휘 DEAL의 연구로 돌아가서 살펴보면, 남은 문제는 이 두 레지스터 간에 명사와 동사의 분포가 서로 다른 이유를 설명하는 것이다. 이 문제를 깊이 탐구하기 위해서는 어휘의 상이한 의미와 각각의 레지스터에 있어서 서로 다른 용법에 대해 살펴보아야 한다.

2.5. 여러 레지스터에 걸친 의미 분포

2.2에서 용례 목록을 이용한 어휘 의미 연구가 가능하게 된 것은 바로 코퍼스 덕분임을 구체적으로 설명했다. 이 목록은 특정 어휘의 문맥 내에서 출현하는 모든 용례를 완벽하게 제공해 줄 수 있다. 하지만 이와 같은 완벽함은 또 하나의 문제를 제기하는데, 그것은 어떻게 용례 목록 파일의 모든 정보를 분류하고 분석할 것인가라는 것이다. DEAL의 분석의 경우 10,000,000 어휘 분량의 코퍼스에서 약 2,000개의 예가 나타나기 때문에 매우 힘겨운 작업이다. 더 빈도가 높은 어휘의 경우에는 수만 개 용례들의 의미 유형을 찾기 위해 이 용례들을 정렬하거나 분류해야만 한다. 이 작업은 실현이 불가능하다.

어휘 의미 연구를 시작하는 한 가지 방법은 용례 검색을 이용하여 수작업으로 정렬하기보다는 오히려 '연어collocate' 즉 대상어와 높은 빈도로 공기하는 어휘를 살펴보는 방법이 있다. 한 어휘의 연어들은 특정 의미와 연관되는 경향이 강하다(두 개 이상의 공기어가 같은 의미와 연관될 수도 있지만). 이렇게 어떤 어휘와 공기할 가능성이 가장 높은 연어를 찾는 것이 의미 분석을 시작하는 데에 있어 효율적이고 효과적인 방법이다.

이 절에서는 우선 코퍼스 발견 결과와 사전의 정의를 비교하면서 명사 DEAL의 연어와 의미를 살펴본다. 그리고 이를 동사 DEAL의 연어와 의미에 대한 논의를 통해 보충한다.

2.5.1. 명사 DEAL

〈표 2.3〉에는 명사 DEAL의 연어들이 나열되어 있다. 모두 Longman-Lancaster Corpus의 두 레지스터에 포함되어 있는 것들이다(학술 산문은 2,700,000 어휘 표본, 픽션은 3,000,000 어휘 표본). 역시 빈도순으로 연어 목록을 표시하기 위해서는 시판되는 프로그램 중 쉽게 구할 수 있는 TACT나 CorpusBench 같은 용례 검색용 프로그램들을 이용하면 된다.

좌측 연어란 대상 어휘의 바로 앞에서 공기하는 어휘를 가리킨다. 예를 들어 〈표 2.3〉에는 *good*이 *deal*의 좌측에 출현하는 어휘 중에서 빈도가 높은 연어라고 할 수 있다. 우측 연어는 대상 어휘 다음에 출현하는 어휘(예 '*deal + of*'의 *of*)를 가리킨다. 대상 어휘와 멀리 위치한 연어를 연구하기 위해서도 같은 방법을 이용할 수 있다(예를 들어 대상어로부터 2, 3 어휘 정도 떨어져 있는 예에 대해서는 2.6.3 참조). 〈표 2.3〉은 각각의 레지스터 내에 1,000,000 어휘당 적어도 3회 이상 출현하는 모든 연어를 나열하고 있다.

〈표 2.3〉에 따르면 학술 산문에서 좌측 출현 빈도가 가장 높은 연어는 *great*(1,000,000 어휘당 45회)이고, 그 다음이 *good*(1,000,000 어휘당 23회)이라는 것을 알 수 있다. 그리고 실제로 이들은 빈도가 높은 연어이기도 하다. 해당 레지스터 내의 명사 DEAL은 196개의 예가 있으나 그 중에서 185개의 예가 이들을 연어로 갖고 있다. 다음으로 가장 높은 빈도를 갖는 연어(*package*와 *that*)는 겨우 2회, 즉 1,000,000 어휘당 0.7회만 출현하고 있음을 알 수 있다.

이러한 유형을 통해 학술 산문에서 매우 높은 빈도로 사용되고 있는 DEAL

의 의미에 대해서 무엇을 알 수 있는 것일까? *Good/great deal*은 '사물의 분량' 혹은 '사업 거래' 중 한 의미를 나타낼 가능성이 매우 높다. 실제로 우측 연어를 보면 '분량'을 나타내는 의미가 *deal*의 가장 빈도가 높은 용법인 것이 분명해진다. 연어 유형이 매우 두드러진다는 것을 다시 지적한다. 즉, 가장 높은 빈도를 보이는 우측 연어는 *of*로 1,000,000 어휘당 39회 출현하였다. 그리고 그 다음으로 빈도가 높은 우측 연어의 빈도는 눈에 띄게 낮아지는 것을 알 수 있는데, 이 연어는 *more*로 1,000,000 어휘당 7회 출현한다. *in*과 *to*가 그 뒤를 잇는데, 1,000,000 어휘당 단 3회만 출현한다. 따라서 명사 *deal*의 경우 유독 눈에 띄게 빈도가 높은 용법은 *a good/great deal of*와 같이 '분량'을 나타내는 의미라고 생각할 수 있다.

이들 연어들을 보여 주는 용례 목록을 살펴보면 어휘 의미 분석이 제대로 되었는지 확인할 수 있다. 예를 들어 빈도가 높은 *good/great deal of*의 용법에는 *a good deal of work*와 *a good deal of attention*이 있다. 게다가 다른 매우 빈도가 높은 우측 연어도 분량을 나타낸다. 예를 들어 연어 *more*는 *a great deal more tolerance*나 *a good deal more inhibited*와 같이 사용된다. 또한 *in*이나 *to*도 *a great deal in common, differ a great deal in their understanding, a great deal to be desire, a great deal to offer*의 예와 같이 '분량'을 나타내는 *deal*과 함께 사용된다. 학술 산문에서는 명사 DEAL의 압도적 다수가 많은 분량을 나타내기 위해 사용된다.

〈표 2.3〉에서 픽션의 연어는 학술 산문과 비교할 때 흥미로운 유사점과 상이점을 동시에 지니고 있다는 것을 알 수 있다. 다시 한 번, 월등하게 빈도가 높은 좌측 연어는 *great*와 *good*이다. 실제로 *good deal*과 *great deal*을 합친 빈도는 두 레지스터에서 거의 비슷하다(둘 다 1,000,000 어휘당 68회). 그렇지만 픽션에서는 여전히 *good/great + deal*을 포함하지 않는 상당히 많은 용례(96 용례)가 있다. 이들 용례에서 볼 수 있는 연어들은 더 넓게 분포하는데, *the*는 1,000,000 어휘당 8회, *big*은 1,000,000 어휘당 3회 출현하는데, 반면에 1-2회만 출현하는 연어 조합은 37건이다.

표 2.3 Longman-Lancaster Corpus의 5,700,000 어휘 표본 중 명사 *deal*과의 공기 빈도가 높은 공기어

	실제 빈도	100만 어휘당 보정 빈도
학술 산문 (2,700,000 어휘 표본)		
좌측 공기어		
great	122	45
good	63	23
우측 공기어		
of	106	39
more	18	7
in	8	3
to	8	3
픽션 (3,000,000 어휘 표본)		
좌측 공기어		
great	122	40
good	84	28
the	24	8
big	10	3
우측 공기어		
of	84	28
to	22	7
about	15	5
more	10	3
with	9	3

이와 같은 연어 유형에서 알 수 있는 것처럼, 분량을 의미하는 DEAL이 학술 산문과 픽션 양쪽 모두에서 가장 빈도가 높으며, 타 의미를 가진 용법은 (학술 산문이 아닌) 픽션에서 비교적 빈도가 높다. 예를 들어 좌측 연어 *the*는 *part of the deal is*...이나 *Isn't that the deal?*과 같이 DEAL이 계약의 의미를 가질 때 사용된다. 연어 *big*은 다른 의미를 나타낸다. 예를 들면 *no big deal*이나 *what's the big deal?*과 같은 표현에서 대단한 일이 아니라는 의미를 전달하기 위해서 사용된다.

게다가 개별적으로는 빈도가 높지 않은 (그래서 〈표 2.3〉에는 포함되지 않은) 많은 연어들은 *property deal, record deal, cash deal, land deal, mining deal* 등과 같이 사업 거래와 관련된 의미와 연관되어 있다. 이들 중 어느 하나도 DEAL의 연어

들중 상위 5위 이내에는 포함되지 않지만 공기하면 또 다른 중요한 의미를 나타낸다.

픽션에서 DEAL의 우측 연어는 학술 산문에서와 매우 유사하다. 우측 연어 중 특징적으로 *about*과 *with*만 학술 산문에는 출현하지 않는다. 그 중 *about*은 분량의 의미와 함께 사용된다는 점에서 *of*와 유사하다.

(1) a. I also knew a *great deal about* love.

b. We both laughed a *great deal about* this.

대조적으로 우측 연어 *with*는 계약을 의미하는 DEAL과 함께 사용된다.

(2) a. I made a *deal with* the doctors.

b. I'll cut a *deal with* you.

픽션에서 *deal*의 연어들은 또한 학술 산문에서는 전혀 찾아볼 수 없는 의미도 보여 준다. 우측 연어 목록을 쭉 훑어 보면 *table*이 4회, *box*가 1회 출현하는 것을 알 수 있다. 이 연어들은 목재의 종류를 나타내기 위해서 *deal*과 함께 사용된다. 이들은 빈도가 높은 연어들은 아니지만 *deal*이라는 어휘의 픽션 분야에서의 또 다른 용법을 알려주는데, 이 연어들은 5개의 텍스트에 출현하고 있어서 비교적 광범위한 용법임을 알 수 있다.

따라서 일반적으로 명사 DEAL은 분량을 나타내기 위해 가장 많이 사용된다. 하지만 픽션에서는 명사 DEAL의 빈도가 더 높으며, 더 다양한 의미로 사용되어 분량 이외에도 계약, 목재 종류, 중요하지 않음을 나타낸다.

코퍼스에 있어서 이들 빈도는 사전의 정의와 어떠한 관계가 있는 것일까? 여러 사전을 조사해 보면 DEAL의 의미 제시 방법에 당황하게 된다. 어떤 사전들은 단지 한 개의 표제어만을 제시한 사전도 있는가 하면 네 개나 제시한 사전들도 있다. 표제어들 중에는 정의의 숫자가 두 개나 세 개인 경우부터 20개나 30개에 이르기까지 다양하다. 제시 방법이 이와 같이 다양하면 이용자는 DEAL의 가장 빈도 높은 용법을 추측하기가 어렵다.

〈표 2.4〉에는 5권의 사전 표본에서 출현 빈도가 가장 높은 명사 DEAL의 의미 7개를 제시하였다. 그 7개의 의미는 1. 대량이지만 불확정적 분량; 2. 계약 혹은 협정; 3. 카드 게임에서 카드 분배; 4. 접대 받기; 5. 배포 행위; 6. 전나무나 소나무 목재; 7. 매매 행위 혹은 사업 거래. 이와 같이 하위 표본의 정의조차도 매우 다양하다. 대부분의 사전들은 7개의 정의를 모두 제시하고 있으나, 두 권의 사전에는 '배포 행위'는 다루고 있지 않으며, 또 한 권의 사전은 '사업 거래'의 의미만을 다루고 '계약 혹은 협정'의 의미는 다루지 않았다. 의미 배열 순서 또한 다양하였다. 예를 들어 '대량이지만 불확정적 분량'의 의미는

표 2.4 명사 DEAL의 일반적 사전 의미

어휘의 의미	Webster's Encyclo. 1989	Webster's Third 1981	Chambers 1993	Random House 1993	Longman Lang.&Culture 1992
대량이지만 불확정적 분량	표제어 1 의미 16	표제어1 의미2	표제어1 의미3	표제어1 의미21	표제어2 의미3
약속·계약·협정	표제어1 의미13	표제어3 의미3	—	표제어1 의미18	표제어2 의미1
카드 게임의 카드 분배	표제어1 의미18	표제어1 의미3	표제어1 의미4	표제어1 의미21	표제어2 의미4
접대 받기	표제어1 의미15	표제어3 의미2	표제어1 의미6	표제어1 의미6	표제어2 의미2
배포 행위	표제어1 의미17	—	—	표제어1 의미23	—
소나무·전나무	표제어2 3종류의 의미	표제어 4 2종류의 의미	표제어2 의미1	표제어 3종류의 의미	표제어3 의미1
매매 행위·사업 거래	표제어1 의미13	표제어3 의미2	표제어1 의미5	표제어1 의미17	표제어2 의미1

*Webster's third Dictionary*에서는 첫 번째 표제어의 두 번째 의미로 되어 있으나 *Random House Dictionary*에서는 21번째로 되어 있다.

이 정의들을 코퍼스-기반 DEAL의 연구와 비교해 보면 몇 가지 중요한 문제점들을 제기해 준다. 분량을 의미하는 DEAL의 용법은 코퍼스의 두 레지스터에서 가장 빈도가 높은 의미이지만 그럼에도 불구하고 어떤 사전들에서는 이 의미는 최근까지 다뤄지지 않았는데, 예를 들어 어떤 2종의 사전의 경우 16번째와 21번째에 배열되어 있다. 게다가 이 사전들에서는 다뤄지지 않은 비교적 빈도 높은 의미가 이 연어 분석을 통해서 밝혀졌다. 바로 대단한 일이 아님을 의미하는 *big deal*의 용법이다. 마지막으로 레지스터의 차이가 모든 사전에서 무시되어 있다. 하지만 비교적 최신에 나온 코퍼스-기반으로 편찬된 사전에서는 중요한 레지스터 유형들을 고려하기 시작하였다.

반대로 5종의 사전 모두가 이용된 코퍼스에는 출현하지 않는 '카드 게임의 카드 분배'라는 의미를 수록하였다. 이 의미는 발화자가 DEAL이라는 어휘를 접할 때 처음 연상하는 의미 중 하나이지만, 카드 게임을 하는 경우를 제외하고 실제 이용 빈도는 높지 않다. 이 의미가 누락된 예를 통해서, 사전 편찬 작업에는 대규모의 대표성 있는 코퍼스가 중요하다는 점을 명확하게 알 수 있다. 그리고 또한 코퍼스-기반 분석에는 인간의 직관이 보완적으로 필요하다는 점도 보여준다. 즉, 완벽한 사전이라면 비록 DEAL이라는 어휘의 카드 게임과 관련된 의미가 코퍼스에 나타나지는 않더라도 모든 영어 모국어 화자가 이 의미를 DEAL의 고유한 의미로 인지하고 있는 만큼 이 의미를 사전에 포함시켜야 한다는 것이다. 그렇지만 코퍼스 분석을 통해서 그 의미가 제한된 영역 이외의 상황에서는 언어 학습자들이 접할 가능성이 없는 상대적으로 희소한 DEAL의 용법이라는 점을 알게 되었다. 사전 편찬 작업은 의미 범위를 완전히 파악하면서도 가장 일반적이거나 중요한 의미를 밝혀 주어서 사전의 유용성을 확보해야 한다는 점에서 이 두 관점을 다 반영해야 한다.

2.5.2. 동사 DEAL

동사 DEAL의 의미는 같은 기법을 이용하여 연어와의 관계를 통해 연구할 수 있다. 여기서는 *deal with*라는 연어에 집중하여 연어쌍이 여러 상이한 의미와 연결되는 경우에 대해서 예를 들어서 살펴본다.

*deal with*라는 연어쌍은 학술 산문과 픽션의 두 분야에 있어서 어떤 다른 연어들보다 가장 빈도가 높다. Longman-Lancaster Corpus에서는 학술 산문에 1,000,000 어휘당 약 157회, 픽션에서는 1,000,000 어휘당 58회 출현한다. 비교해 보면 학술 산문에 있어서 그 다음으로 가장 빈도가 높은 우측 연어는 *only*로, 1,000,000 어휘당 2.6회 출현한다. 픽션에서는 그 다음으로 가장 빈도 높은 우측 연어는 *deal in*으로, 1,000,000 어휘당 4.6회 출현한다.

*deal with*의 용례 검색 목록을 보면 이 연어쌍이 여러 상이한 의미를 나타낸다는 점이 바로 명확해진다. 이들 중에서도 가장 빈도가 높은 것은 책, 논문, 연구 등의 주제나 초점에 대해 언급하는 용법이다. 용례 검색 목록 전체를 보면, 이 의미가 학술 산문에서 훨씬 자주 출현하고 있음을 알 수 있고, 따라서 학술 산문 레지스터에서의 *deal with*의 높은 빈도를 설명해 준다. 예를 들어서,

(3) a. The second controversy *dealt with* the source of nitrogen in plants.
  b. An important point to note is that the preceding discussion has *dealt with* thermodynamic acidity…
  c. Other environmental effects are *dealt with* in other chapters.
  d. The interpretation and use of this information through soil survey, soil classification and land evaluation is *dealt with* in Chapter 24

*deal with*의 또 다른 의미는 다음 예에서 알 수 있는 바와 같이 문제를 해결한다는 의미이다.

(4) a. When they had *dealt with* the fire another crisis arose.

b. Moreover many losses are due to chilling and crushing, both factors that can be *dealt with* by good environmental control and housing.

실제로는 문제를 해결하지 않고 상황에 대처하거나 또는 단순히 상황을 처리할 뿐이라는 의미도 있다. 이 의미는 주로 픽션에서 찾아볼 수 있다.

(5) a. He didn't have the right temperament to *deal with* the Hennigs of this world.

b. She would have rather there been a fight, anger - or even tears and pleadings. These she could *deal with*, not this deadly coldness exhibited by Alice.

c. But suffering is also a fact. It has to be *dealt with*.

마지막으로 *deal with*는 사람, 특히 사업 거래를 하는 사람과의 거래를 나타내는 의미를 포함한다.

(6) a. Hansie De Beer runs the farm, he's the one Mehring usually *deals with*...

b. The son handed me a small suitcase with the distant eyes of a man *dealing with* a chauffeur.

분명히 이와 같은 *deal with*의 의미에 대해서는 더욱 자세히 분석해 볼 필요가 있다. 코퍼스를 분석하여 *deal with*의 뒤에 출현하는 어휘들을 찾도록 한 후 각각의 의미 범주(주제, 문제 등)에 따라 부호를 붙일 수 있다. 이와 같이 확장된 연어의 틀은 이 의미들 간의 차이를 구별하는 데에 도움이 될 수 있다. 그렇지만 이 절의 주된 요지는, 연어쌍이 반드시 의미와 일 대 일 대응 관계를 갖고 있는 것은 아니며, 오히려 경우에 따라서는 한 연어가 확장된 문맥 속에서 폭넓은 의미로 사용될 수 있다는 것을 보이는 데 있다.

2.6. 표면상 동의어처럼 보이는 어휘의 용법 분석

언어에는 동의어처럼 보이는 어휘가 많아서 사전이나 유의어 사전에서는 이런 어휘를 의미가 동일하다고 특징짓는다. 본 절에서는 동의어라고 불리는 이러한 어휘들이 얼마나 오해를 불러일으키기 쉬운가를 밝히고자 한다. 왜냐하면 '동의어적인' 어휘들이 매우 다른 용법을 보이는 경우가 일반적이기 때문이다. 코퍼스-기반 사전학적 분석은 용법 유형에 있어서 이와 같은 체계상의 차이점을 분명히 밝히는 데 매우 적합하다.

이 절에서는 *big, large, great*라는 어휘들에 대해 살펴본다. 유의어 사전은 이들 세 어휘를 크기에 관한 동의어라고 설명한다. 전 절에서는 *great deal*이 일반적으로 어떤 대상의 분량이 많음을 나타낸다는 것을 살펴보았다. 이 절에서는 추가적인 연어를 분석하여 *big*이나 *large*와 관련해서 *great*가 얼마나 다양한 용법을 갖고 있는지에 대해서 살펴본다.

2.6.1. *big, large, great*의 빈도 분포

〈표 2.5〉는 Longman-Lancaster Corpus에서 5,700,000 어휘 표본에 나타난 *big, large, great*의 빈도 분포를 보여 준다. 본 장의 처음에서 살펴보았던 빈도 분포와 마찬가지로 이 표는 레지스터들을 합치면 특정 레지스터에 대해서 정확하게 반영해 주지 못하는 전체 빈도를 얻게 된다는 것을 보여 준다. 주어진 예를 놓고 보면, 레지스터들이 합쳐진 코퍼스에서는 *large*가 세 형용사 중 가장 빈도가 높고, 이어서 *great, big*순(각각 약 408, 393, 230의 보정 빈도)이라는 것을 보여 준다.

실제로 학술 산문 레지스터에서도 이 세 형용사는 같은 빈도 순위를 보이지만 *large*와 *big*의 빈도 차이는 매우 다르다. *large*는 특히 빈도가 높아서 1,000,000 어휘당 약 605회 출현하지만 *big*은 1,000,000 어휘당 31회만 출현할 정도로 매우 낮다. 이와 같은 극단적인 차이는 레지스터를 합친 집계로는 전혀 예측할 수 없다. 픽션에서 보이는 유형의 경우 전체 집계를 통해서는

표 2.5 Longman-Lancaster Corpus의 4,700,000 어휘 표본 내 *big, large, great*의 빈도

	실제 빈도	100만 어휘당 보정 빈도
표본 총수		
(5,700,000 어휘)		
big	1,319	230
large	2,343	408
great	2,254	393
학술 산문		
(2,700,000 어휘)		
big	84	31
large	1,641	605
great	772	284
픽션		
(3,000,000 어휘)		
big	1,235	408
large	701	232
great	1,482	490

보정 빈도의 그래픽 표시 (* = 1,000,000 어휘당 100회 출현 빈도)

	총 수	학술 산문	픽션
big	**	—	****
large	****	******	**
great	****	***	*****

더 예측하기 어렵다. 왜냐하면 이들 유형은 학술 산문에서 관찰되는 것과 거의 반대의 모습을 보이기 때문이다. *great*와 *big*은 양쪽 다 현저하게 빈도가 높은 것에 비해(1,000,000 어휘당 490회와 408회), *large*는 매우 낮은 빈도를 보인다(1,000,000 어휘당 232회).

이 표를 보면 두 레지스터 간에 표면상 동의어로 보이는 어휘들의 용법에 있어서 큰 차이가 있음이 명확해진다. 픽션에서 *big*은 학술 산문보다 10배 이상 빈도가 높으며, *great*도 1.5배 이상 빈도가 높다. 한편 *large*는 픽션보다 학술 산문에서 3배 더 빈도가 높다. 이러한 차이가 나는 것을 이해하기 위해서는 이

들 세 형용사들의 빈도가 높은 연어들을 비교하는 것이 도움이 된다.

2.6.2. *big, large, great* 바로 우측에 오는 연어들

〈표 2.6〉은 Longman-Lancaster Corpus의 학술 산문과 픽션 표본에서 *big, large, great* 바로 우측에 가장 높은 빈도로 반복 출현하는 연어들을 보여 주고 있다. 이에 관한 전체적인 분석을 하려면 완전한 연어 목록이 필요하겠지만, 여기에서는 빈도가 1,000,000 어휘당 1회 미만인 경우는 제외하고 각 레지스터에서 상위 10위까지의 연어들만을 대상으로 하였다.

두 레지스터에서 모두 *big*의 연어는 물리적 크기를 나타내기 위한 용법의 빈도가 가장 높다. 학술 산문에서는 높은 빈도를 보이는 *big*의 연어는 두 개뿐이다. *big enough*라는 조합은 6회(1,000,000 어휘당 2.2회) 출현하며, 예를 들면 다음과 같이 물리적인 크기를 나타내는 것이 보통이다.

(7) small trees which are not *big enough* to be converted into timber

학술 산문에서 그 다음으로 출현 빈도가 높은 연어는 *big traders*인데 3회만 출현하며 3회 모두 서아프리카 경제 발전에 관한 한 텍스트에서 대상인big traders과 소상인small traders을 대비하기 위해서 출현한다.

픽션에서는 *big*의 연어는 빈도가 더 높다. 대부분의 예가 *man, house, toe, boy, room*과 같은 물리적인 대상과 부정 대명사 *one*의 크기를 나타내기 위해 *big*을 사용하고 있음을 알 수 있다. 예를 들면,

(8) a. The *big man* gave me a raking glance and grinned.

b. …she was overawed by the *big house*.

c. …The sitting room was a *big room*.

표 2.6 Longman-Lancaster Corpus 내 두 레지스터의 *big, large, great* 직후 출현 공기 표현(1,000,000 어휘당 보정 빈도. 1,000,000 어휘당 빈도가 1회 미만인 공기 표현 제외)

학술 산문(2,700,000 어휘)

Big		Large		Great	
우측 연어	**1,000,000** 어휘당 빈도	우측 연어	**1,000,000** 어휘당 빈도	우측 연어	**1,000,000** 어휘당 빈도
enough	2.2	number	48.3	deal	44.6
traders	1.1	numbers	31.3	importance	12.5
		scale	29.4	number	8.9
		and	28.0	majority	8.1
		enough	15.9	variety	7.0
		proportion	11.8	extent	7.0
		amounts	10.7	part	4.1
		quantities	10.3	care	3.3
		part	10.0	advantage	2.6
		extent	8.9	detail	2.6
				interest	2.6

픽션(3,000,000 어휘)

Big		Large		Great	
우측 연어	**1,000,000** 어휘당 빈도	우측 연어	**1,000,000** 어휘당 빈도	우측 연어	**1,000,000** 어휘당 빈도
man	9.6	and	15.2	deal	40.4
enough	8.9	black	4.3	man	6.6
and	8.3	enough	3.6	burrow	5.6
black	8.3	house	3.0	big	4.6
house	7.6	room	2.7	aunt	4.3
one	7.0	white	2.7	care	4.0
toe	5.0	number	2.3	pleasure	4.0
old	4.6	for	2.3	and	3.0
red	4.3	man	2.0	relief	3.0
boy	3.6	one	2.0	black	2.7
room	3.6	in	2.0	to	2.7

게다가 *big*은 *black, old, red* 등의 서술 형용사와 함께 사용된다. 용례 검색 목록에서 이러한 연어 조합들을 살펴보면, 역시 대상의 물리적 크기를 나타내기 위해서 사용되고 있다는 것을 알 수 있다. 예를 들면,

(9) a. "The beast had teeth," said Ralph, "and *big black eyes*."

b. his *big black mongrel dog*

c. the *big black saucepan*

마찬가지로 픽션에서도 *big enough*라는 연어는 물리적 크기를 나타내기 위해 사용된다.

(10) a. The cart was not really *big enough*, he realized.

b. The revolver, which looked *big enough* to stop a florist's van, was supposed to serve as a deterrent...

c. "These idiotic beds aren't *big enough* for one person, let alone two."

마지막으로 픽션에서 등위 접속사 *and*는 빈도가 높은 *big*의 연어이다. 2.3에서 언급한 바와 같이 기능어는 코퍼스에서 가장 빈도가 높은 어휘이다. 이 경우에는 *and*가 고려 대상인 세 형용사 모두와 가장 연어를 구성하는 빈도가 높다. 그렇지만 등위 접속사 *and*는 전반적으로 매우 빈도가 높기 때문에 이 연어 연관의 중요성을 평가하기가 어렵다. 방법론 7에서는 이 문제에 대해서 논의하면서 짝을 이루는 각 어휘들의 전반적인 빈도와 상관하여 그 어휘들 사이의 연관 정도를 측정하는 통계 도구들을 소개하였다.

*big*과 대조적으로 학술 산문 내의 *large*의 연어들은 *large*가 어떤 사물의 분량이나 수량을 나타내기 위해 사용되는 경우가 가장 많다는 것을 알 수 있다. 상위 10위까지의 연어들 중에서 7개는 *large + number(s), proportion, amount(s), quantities, part, extent*와 같이 이 의미를 갖고 있다. 예를 들면,

(11) a. [... glutinous rices] are widely grown in Asia where a *large number* of varieties are recognized.

b. There are a *large number* of processes grouped together under the general term weathering.

c. A *large proportion* of his dependent clauses are in fact noun clauses.

*large + enough*도 역시 빈도가 높은데 (총 43회 중 29회) 다음의 예와 같이 분량이나 비율을 나타낸다.

(12) a. The ratio is *large enough*, however, to allow...

b. ...which will always tell in a finite number of steps (which may easily be *large enough* to require a computer) whether or not a given element of Q[x] is irreducible.

*large enough*는 또한 다음 예와 같이 물리적인 크기를 의미한다.

(13) a. The pore size of the agar gel and cellulose is *large enough* that the protein molecules are able to move freely...

마지막으로 *large scale*과 같은 연어짝은 학술 산문에서 빈도가 높다. 이 조합은 복합 형용사와 같이 사용되는데, 다음 예와 같이 다양한 과정들의 규모를 나타낸다.

(14) a. This is the type of industrial organization, according to Marx, which is most compatible with *large-scale* centralisation...

b. [these] can then be treated in the context of *large-scale* motions of lithospheric plates.

픽션에서 *large*의 가장 빈도 높은 용법은 물리적 크기라는 의미를 가지며, *house, room, man, black, white* 등의 명사나 형용사와 공기한다.

(15) a. a *large* black saucepan

b. the *large* black barrels of a sawn-off shotgun

c. a *large* white bird

(16) a. Apparently Philbrick has a *large house* in Carlton House Terrace.

b. It was a *large room*, totally silent save for the voice of one sister.

이러한 *large*의 용법은 픽션에서 찾아볼 수 있는 *big*의 가장 빈도 높은 용법과 동일한데, 많은 어휘가 이 두 형용사의 우측 연어로 나타난다. 그렇지만 전반적인 빈도로 볼 수 있는 바와 같이 *large*는 픽션에서 *big*보다 높은 빈도로 사용되지는 않아서 이 연어들은 *big*만큼 *large*와 자주 사용되지는 않는다. 예를 들어, *big man*은 1,000,000 어휘당 9.6회 출현하고 있으나 *large man*은 1,000,000 어휘당 2회만 출현한다. 마찬가지로 *big house*는 1,000,000 어휘당 7.6회 출현하지만 *large house*는 1,000,000 어휘당 3회만 출현할 뿐이다.

픽션에서는 *large*도 분량이나 수량의 의미로 사용된다. 연어쌍 *large number*는 비교적 빈도가 높은데, 우측 연어인 *amount, proportion, sum* 등은 개별적으로는 드물지만, 함께 사용되어 분량을 의미하는 연어 집단을 구성한다.

(17) a. A *large number* of people sat round a table…

b. …Ichiro was fascinated by the *large amount* of space in our house…

세 번째 형용사 *great*는 또 다른 연어 유형을 갖는다. 학술 산문에서 가장 빈도가 높은 용법은 총액이나 분량을 나타내는 것이다. 이 의미는 앞 절에서 언급했던 바와 같이 *great deal*이라는 연어로 훨씬 자주 출현한다. 그렇지만 *great number, great majority, great variety, great extent, great part* 등도 마찬가지로 반복적으로 출현한다. 예를 들면,

(18) a. There is not a *great deal* of information on the minimum size of pore into which a root can grow...

b. The *great majority* of mechanical problems give rise to matrices having distinct eigenvalues...

*large*는 절대 *deal*과 공기하지는 않으나 학술 산문에서의 *great*의 이 용법은 *large*의 용법과 유사하다. 그렇지만 *great* 또한 매우 상이한 의미, 즉 강도 intensity의 의미도 갖고 있다. 학술 산문의 경우 이 의미는 *importance, care, advantage, detail, interest* 등의 우측 연어들과 함께 출현한다.

(19) a. It is of *great importance* to control ectoparasites...

b. The figure have to be interpreted with *great care*.

c. ...the structure of some is now know in *great detail*...

픽션의 경우 *great*의 빈도가 가장 높은 것은 분량을 나타내는 경우인데 연어쌍인 *great deal*을 들 수 있다.

(20) a. He stood and drank a *great deal* of apple juice.

b. ...Sandy was a bright young woman who seemed to know a *great deal* about life in Alaska.

그러나 픽션에서 *great*의 연어들은 훨씬 광범위한 의미를 갖고 있다. 예를 들어 *great man*은 1,000,000 어휘당 6.6회 출현하는데, 매우 중요하다very important거나 혹은 매우 좋다very good는 의미를 나타낸다.

(21) a. We approach a *great man* through his servants.

b. "...He was a *great man*, and we all feel as though we've been orphaned."

*great care*에서 *great*도 역시 '매우 좋다very good'는 의미를 나타내는 것으로 여겨진다.

(22) …I promise you we will take *great care* of him.

게다가 *great*는 다음 예와 같이 물리적으로 큰 것을 나타내기 위해 사용되는 경우가 종종 있다.

(23) a. a *great, black* bird
b. his *great black* moustache

연어쌍인 *great burrow*의 *great*도 역시 물리적 크기를 나타낸다. 이는 또한 한 텍스트가 코퍼스 분석에 미칠 수 있는 영향력을 보여 준다. 즉, 이 표현은 전부 Richard Adams가 1972년에 발표한 *Watership Down*이라는 소설에서 나왔는데 토끼들이 '큰 토끼 굴the great burrow'이라는 장소에서 모인다.

(24) In the *great burrow*, however, things happened differently.

위 예에 추가하여 픽션에서의 *great*는 *great big*이라는 연어에서 강조사intensifier로 사용된다.

(25) a. It's *great big* country with a continent of promise.
b. …there're *great big* gaps where they cut the wire and come out at night.
c. …All those ones who live in those *great big* piecrust mock-two-door houses with His and Her Caddies parked out by the hydrangea bushes.

그리고 이것은 또한 예를 들어 *great care, great pleasure, great relief*에서처

럼 학술 산문에서는 강도intensity의 의미로도 사용된다.

(26) a. ...Jimmy found *great pleasure* in the society of one who had seen so much of the world.

b. He laid the conch with *great care* in the grass at his feet.

c. ...his finger were numb, and he had *great difficulty* in undoing his collar.

마지막으로 *great aunt*라는 연어는 가족 관계를 나타내는 데에 특화된 의미를 갖고 있다.

(27) a. He was almost as old as her *great aunt* had been.

b. ...my *great-aunt* has appeared unexpectedly and is carrying me off to her home in Surrey.

이와 같은 간단한 분석을 통해서도 표면상 동의어로 보이는 어휘들의 용법에 다양성이 있기는 하지만, 명확한 특정 유형이 있다는 것을 알 수 있다. *big*은 물리적 크기를 나타내는 데에 사용되는 것이 가장 많은 반면에, *large*는 총액이나 분량을 나타내는 데에 사용되는 경우가 가장 많다. *great*도 역시 *great deal*이라는 연어를 보면 분량을 나타내는 의미로 사용되기는 하지만, 이 형용사는 강도에서 크기를 거쳐서 가족관계에 이르기까지 폭넓은 범위의 의미를 갖고 있다.

이들 세 형용사가 선호하는 의미에 따라서 두 레지스터 간의 빈도 분포를 설명할 수 있다. 픽션 텍스트에는 사물이나 사람 그리고 장소의 크기에 대해 언급하는 물리적 묘사가 많이 포함되어 있다. 이와 대조적으로 학술 산문에서 크기를 다룰 때는 특정 단위를 사용할 가능성이 더 높다. 물리적 크기를 나타내는 것이 *big*이 선호하는 용법이라는 것을 고려하면 학술 산문보다 픽션에서 *big*의 출현빈도가 매우 높다는 것은 당연하다. 한편 학술 산문은 분량 및 수량에 관한 언급이 상대적으로 많아서 *large*의 빈도가 높다. 두 레지스터에서 모두 *great*는 *great deal*이라는 연어의 예를 통해서 논의하였듯이 분량을 나타내는 의미로 사용된다. 그렇지만 픽션에서는 더 다양한 *great*의 의미가 사용되는데, 이것은 학술 산문과 비교할 때 픽션 레지스터가 더 다양한 서술과 관심사를 포함하고 있다는 것과 일치한다.

이 절에서 논의한 내용을 요약하면, 실제 용법 유형을 경험적으로 분석해 보면, 동의어로 여겨지는 형용사들은 그 의미에 있어서 서로 전혀 동일하지 않다는 점이다. 더 정확히 말하면, 코퍼스-기반 분석은 각각의 형용사가 어떻게 선호하는 연어나 서로 다른 선호하는 의미를 가지며, 여러 레지스터 사이에서 상이한 분포를 보이는가를 살펴보기 위해서 이용될 수 있다.

2.6.3. *large*의 분리 연어

어휘가 서로 연관되기 위해서는 반드시 서로 인접할 필요는 없다. 즉 두 어휘 사이에 다른 어휘가 몇 개 있더라도 해당 두 어휘가 공기하는 경향을 가질 수 있다. 분리 연어들을 살펴보는 것이 얼마나 유용한지를 예시하기 위해서 이 절에서는 *large*의 우측 두 번째에 오는 어휘(예를 들어 *large X of*와 같은 연쇄에서 *of*)의 연어 유형에 대해서 설명한다.

〈표 2.7〉은 *large*의 우측 두 번째 어휘로 출현하는 빈도가 높은 연어들을 보여 준다. 이들 중에서 가장 빈도가 높은 것은 학술 산문에서 보이는 *large X of*이다(단 픽션 레지스터에서는 다소 적다). 실제로 이 연어 결합은 대단히 자주 출현하여 일종의 틀frame이라고 볼 수도 있는데 *large amount of, large proportion of, large group of*와 같이 중간의 어휘를 다양한 어휘로 대체하는 것이 가능하다.

이전 절에서 *large*는 분량 명사와 함께 사용하는 경우가 많다는 것을 확인했다. 이들 명사는 *large* + N + *of*라는 틀 속에서 사용되는 것이 일반적이다. 이와 같이 확장된 틀을 연구해 보면, 이들 연어 연쇄들이 두 가지 중요한 기능(1. 분량과 단위를 나타내는 기능, 2. 그보다 더 큰 존재의 부분을 나타내는 기능)을 수행하고 있다는

표 2.7 *large*의 두 어휘 우측에 출현하며 가장 빈도가 높은 연어 *large X* —(The Longman-Lancaster Corpus의 표본 분석을 기반으로 함. 빈도는 1,000,000 어휘 단위로 보정됨)

학술 산문 (2,700,000 어휘 표본)		픽션 (3,000,000 어휘 표본)	
연어	1,000,000 어휘당 빈도	연어	1,000,000 어휘당 빈도
of	167.4	of	31.1
in	19.9	and	7.9
and	16.6	in	5.6
to	14.4	eyes	4.3
the	7.7	on	3.3
are	7.0	which	3.0
with	6.6	with	2.7
on	5.5	for	2.0
is	4.1	room	2.0
open	4.1	the	2.0
small	4.1	to	2.0
that	4.1	was	2.0

것을 알 수 있다. 학술 산문의 *large*와 높은 빈도로 연어를 구성하는 대부분의 명사가 이 틀에 해당한다.

- 분량이나 단위를 나타내는 경우
  a large number of, large numbers of, large amounts of, large quantities of, a large volume of, large bundles of, large masses of, a large batch of, large areas of

- 보다 큰 존재의 한 부분을 나타내는 경우
  a large proportion of, a large part of, a large sample of, a large fraction of, a large segment of

이와 같이 *large*의 가장 강한 연어적 결합은 어느 정도 거리를 두고 기능어 *of*와 함께 출현한다. 그렇지만 중간에 오는 명사들을 살펴보면 이 틀은 분량이나 보다 큰 전체의 일부의 의미를 나타내기 위해서 전형적으로 사용된다는 것을 알 수 있다.

〈표 2.7〉은 그 밖에도 흥미로운 연어 결합을 많이 보여 준다. 여기에서는 그 중에서 픽션에서 출현하는 *large X eyes*에 초점을 맞추어 살펴본다. 이 결합이 특히 흥미로운 점은 직접 결합된 *large eyes*보다도 빈도가 훨씬 높다는 점이다. 구체적으로 *large X eyes*가 1,000,000 어휘당 4.3회 출현하는 데에 반해 *large eyes*는 1,000,000 어휘당 약 1.6회만 출현한다. 거리를 두고 출현하는 어휘와의 결합 빈도가 더 높은 이유는 *eyes*라는 명사가 수식어인 *large* 이외에 색채나 속성을 나타내는 형용사에 의해 수식되는 빈도가 높기 때문이다. 이와 같은 연결 유형을 통해 알 수 있는 것과 같이 이 수식어들은 '*large*+색채 혹은 속성 형용사 + *eyes*'라는 순서로 일관되게 출현한다. 그 예는 다음과 같다.

his large hazel eyes	large brown eyes
large black eyes	very large dark eyes
large watery eyes	

만일 지면에 여유가 있다면, 거리를 두고 출현하는 많은 다른 연어 유형에 대해서도 고찰하여 *large*의 다른 용법 유형을 찾거나, 형용사 *great*와 *big*과의 추가적인 차이점을 찾는 것도 가능할 것이다. 이 절의 주된 목적은 단지 특정 어휘의 용법이나 의미를 기술하는 데에 있어서 이와 같은 유형들이 얼마나 생산적인 연구 분야가 될 수 있는가를 구체적으로 설명하는 것이었다.

2.7. 마치며

이 장에서는 다양한 코퍼스-기반 어휘 연구에 대해서 구체적으로 설명했다. 이는 서론에서 언급한 바와 같이 코퍼스-기반 연구의 가장 기본적인 이용 방법

중 하나이다. 그리고 어떤 의미에서는 어휘 용법은 언어 학습자에게 있어서 가장 중요하기도 하다. 즉 학습자는 단순한 의미나 '동의어'라고 생각되는 어휘의 목록뿐만 아니라 어휘가 실제로 어떻게 사용되는지를 이해할 필요가 있다. 지금까지 보아 왔던 것처럼 이들 용법 유형들은 고도로 체계적이며 복잡하다. 코퍼스-기반 분석을 통해 이러한 유형들을 기록함으로써 더 정보적이고 유익한 언어 교육이나 교재 개발을 위해서 필요한 정보를 제공할 수 있다.

사전학의 문제들을 위해서 실제 용법 유형에 관한 경험적 증거가 필요하다는 것은 너무도 명백하다. 그렇지만 모든 문법 분야에 있어서도 유사한 문제들이 제기된다. 이어지는 장들에서는 문법 및 담화 자질들을 위한 언어 용법 유형들에 대해 연구하기 위해서 코퍼스-기반 연구가 어떻게 이용될 수 있는지를 보인다. 추가적으로 언어 용법 유형들이 문법의 상이한 수준들에 있어서 독자적이지 않음을 보일 것이다. 특히 4장에서는 어휘 연구 문제로 돌아와서 어휘 용법이 어떻게 문법적 특징의 변이와 밀접하게 얽매여 있는지를 살펴본다.

더 읽을 거리

사전학에 대한 코퍼스-기반 연구에 관한 구체적인 논의는 Francis(1992), Sinclair(1985, 1987, 1991), Stubbs(1995), Zernik(1991)에서 찾아볼 수 있다. 이에 더해 특정 어휘 문제에 관한 코퍼스-기반 연구 문헌들은 많다. 구체적으로는 다음의 연구가 있다.

— 다기능 어휘의 기능 구별에 관한 논문 (예, *actually*에 대해서는 Aijmer 1986; *such*에 대해서는 Altenberg 1994; *really*에 대해서는 Stenström 1986)

— 밀접한 관계에 있는 어휘의 분포와 용법에 관한 연구 (예, 확신 형용사들에 대해서는 Biber, Conrad & Reppen 1994; *between*과 *through*에 대해서는 Kennedy 1991; 서법 조동사modal verb에 대해서는 Coates 1993과 Collins 1991 참조)

— 상대적으로 고정적인 어휘 표현의 용법 규명과 특징 (예, Altenberg 1991, 1993; Kjellmer 1991; Nattinger & DeCarrico 1992; Renouf & Sinclair 1991)

3. 문법

3.1. 문법 연구

문법 연구란 언어의 구조를 이해하는 것으로 형태론morphology(어휘의 구조), 통사론syntax(문장을 구성하는 단위의 배열 양식), 그리고 품사grammatical class(예를 들어 명사, 동사, 형용사)를 포함한다.

사전학과 달리 문법은 경험적 연구의 전통이 그리 길지 않다. 최근까지도 모어 화자가 실제로 자신의 언어의 문법적 자원을 어떻게 활용하는가와 같은 연구에는 거의 주의를 기울이지 않았다. 그 대신 문법의 관심은 전형적으로 다음 세 가지 큰 관심사들 중 어느 한 가지에 치우쳐 있었다.

우선 문법 연구는 흔히 규범적prescriptive인 작업으로 인식되어, '올바른' 발화에 필요한 문법 규칙을 항목별로 분류하였다. '전치사로 문장을 끝내서는 안 된다'라든지 '문장 전체의 시제를 일치시킬 것' 등과 같은 규칙은 많은 학생들이 영문법이라 하면 연상하게 되는 규범적 규칙들이다.

그렇지만 언어학에서의 문법 연구는 대체로 규범적이라기보다는 오히려 기술적descriptive이다. 문법 연구는 전통적으로 특정 언어의 형태에 관한 비교적 완전한 목록과 형태를 결합시켜 주는 규칙에 관한 기술을 제공한다는 목적을 갖고 있었다. 이와 같은 문법의 경우 전형적으로 굴절 형태론inflectional morphology(예를 들어 동사에 인칭이나 시제의 표식을 하거나 명사에 수나 격의 표시를 하는)이나, 파생 형태론derivational morphology(예를 들어 동사를 명사로 전환하는 형태론적 과정)을 포함하는 형태론상의 모든 형태에 관해 기술하였다. 기술 문법descriptive grammar 역시 어순과 다양한 종류의 종속관계에 초점을 맞추어 어휘가 절이나 문장으로 결합되는 방법을 기술한다.[1]

최근 들어서 문법을 연구하는 많은 언어학자들은 더욱 이론적인 목표를 갖고 특정 언어의 통사 구조를 통제하는 근본 원리에 대해서 확인하고 분석하는 것에 초점을 맞추고 있다. 이런 종류의 연구는 언어의 구조와 언어를 산출하고 처리할 때 인간의 마음이 어떻게 움직이는가에 관한 연구이다.

언어학에서 문법 연구는 규범적이라기보다 오히려 기술적이라고 할 수 있지만, 일반적으로 언어 용법을 연구하는 데에는 경험적인 방법이 이용되지 않았다. 기술 문법 학자들은 전형적으로 언어의 다양한 계열 체계를 규명하기 위해 주로 '현장 연구 방법field method'을 이용했으나, 이론 문법 학자들은 전형적으로 언어에 대한 자신의 직관에 의존하였고, 때에 따라서는 만들어 낸 문장의 문법성 여부를 판단하기 위해 모어 화자의 의견을 물어봄으로써 이를 보충하였다. 어느 연구 방법도 텍스트 내에서의 문법 자질의 유형화된 용법에 대해서 분석하지 않았다. 게다가 이 연구 방법들 중 어떤 것도 언어 용법의 변이에 초점을 맞추지 않았다. 규범적 연구 방법론의 입장에서는 표준에서 벗어나는 것은 보통 오류로 여긴다. 반면, 기술적 연구 방법론의 입장에서는 (능동태와 수동태의 관계와 같이) 문법적으로 정확한 대체 표현에 주목하긴 해도 이 대체 표현들 중 어떤 하나를 선택하는 것에 대한 기능적 이유에는 거의 관심을 보이지 않는다.

결국 코퍼스-기반 문법 연구는 전통적으로 간과되어 온 분야들을 연구하는 데 장점이 있다. 대형 코퍼스와 컴퓨터를 이용하여 다양한 구조의 빈도 분포, 문법 구조와 그 외의 언어적·비언어적 요인과의 결합 유형, 그리고 구조적 이형태들 사이에서의 선택에 영향을 주는 요인들을 연구함으로써 화자가 언어의 문법 자원을 사용하는 유형화된 방법을 연구할 수 있게 되었다.

코퍼스-기반 연구는 어휘 수준, 문장 수준, 담화 수준의 문법에 적용하는 것

1 이러한 문법 기술은 언어 학습자들을 돕기 위해 종종 이용된다. 중세나 르네상스 시대의 학자들은 그리스어나 라틴어를 그 문법 학습을 통해 배웠다. 오늘날에도 제2언어를 안다는 것을 문법 규칙을 암송하는 것과 동일시하는 사람들이 있다.

이 가능하다. 5장에서는 담화와 관련된 문제에 대해 살펴본다. 이 장에서는 형태론, 문법 범주, 그리고 통사 구조와 관련된 연구 문제들을 예를 통해서 살펴본다. 특히 다음의 네 가지 연구 문제들에 대해서 살펴본다.

1. 어떻게 하면 레지스터 간 분포 분석을 통해서 형태론적 특징들의 용법과 기능을 더 잘 이해할 수 있을까?
   코퍼스를 이용함으로써 형태론적 특징의 분포를 그 용법 문맥과 관련지을 수 있고, 이를 통해 그것이 수행하는 기능을 더 잘 이해할 수 있다. 3.2에서는 이 연구 문제에 대한 예로서 세 개의 레지스터에 있어서의 명사화의 분포에 대해서 살펴본다.

2. 어떻게 하면 레지스터 간 분포 분석을 통해 품사의 용법과 기능을 더 잘 이해할 수 있을까?
   이 연구 문제에 대해서 연구함으로써 어휘들의 다양한 변이형들이 해당 어휘들별로 가능한 문법 범주들을 얼마나 잘 활용하는지를 이해할 수 있다. 예를 들어 이전 연구들에서는 특정 저자들이 명사나 동사 중 어느 것을 더 많이 사용하는가에 따라 문체를 '명사적' 혹은 '동사적'이라고 특징지었다. 3.3에서는 이 연구 문제에 대한 코퍼스-기반 연구의 예로 세 레지스터에서 명사와 동사의 비율에 관한 정량적 연구를 제시한다. 코퍼스를 이용함으로써 서로 상이한 어휘 범주들의 분포와 기능을 분석할 수 있고, 또한 이 다양한 어휘 범주들이 상이한 레지스터에서 의사 소통 기능을 충족시키기 위하여 하는 역할을 연구할 수 있다.

3. 어떻게 하면 레지스터 간 분포와 언어적 연관성을 분석함으로써 통사 구조의 기능에 대해서 더 잘 이해할 수 있을까?
   앞서 언급된 것처럼 종래의 문법 연구는 종종 변이와 담화 기능의 문제들을 등한시해 왔다. 여기에서는 *that*-절과 *to*-절에 의한 동사와 형용사의 보문화complementation(예를 들어 *I think that I'll go*와 *I want to go*)를 통해서 이 연구 문제들에 대해서 논의한다. 이 두 가지 유형의 보문절은 다양한 레지스터에 걸쳐서 서로 다른 기능적 연관성을 반영하기 위해서 그 분포가 어떻게 다른지를 보인다. 이 차이는 각 보문절 유형의 어휘·문법적 연관성을 살펴봄으로써 부분적으로 설명할 수 있다. 문법적 연관성은 3.4에서, 그리고 어휘·문법적 연관 유형은 4장에서 살펴본다.

4. 겉보기에 유사한 구조를 가진 변이형들variants 중에서 하나를 선택하게 하는 언어·비언어 자질들은 무엇인가?
어휘의 동의성과 마찬가지로 언어에는 종종 같은 것을 의미하는 문법적 변이형이 존재한다. 일반적으로 이들 변이형들은 서로 대체가 가능하다고 알려져 있다. 이 연구 문제를 살펴보기 위해서 이러한 구조적 용법이 얼마나 다양한 언어적·비언어적 원인에 의존하고 있는가를 알아본다. 특히 *that*-종속절 분석에 이어 주어절과 외치절 사이의 선택과 연관된 요인들을 살펴본다(예를 들어 *That we mustn't worry too much is clear*와 *It is clear that we mustn't worry too much*).

이 장에서는 표본 분석을 통해 모든 수준에 걸쳐서 문법 자질들과 관련된 중요하고 체계적인 용법 유형들이 있다는 것을 보인다. 이들 유형을 이해하는 것은 문법을 완벽하게 이해하기 위해서 반드시 필요하다. 즉 문법적 변이성은 모든 인간 언어에 내재한다. 그리고 경험적인 언어 용법 연구를 통해 비로소 이들 대체 가능한 구조들의 기능적 토대를 이해할 수 있다. 이와 같은 연구 관심은 순수한 학문적 연구뿐만 아니라 언어 교육에서도 분명히 중심적인 것이다. 그렇지만 인간의 직관은 언제 어떠한 변이형을 다른 것보다 우선하여 사용해야 하는가를 예측하는 데 있어서 종종 신뢰할 수 없는 경우가 있다. 이들 유형을 규명하기 위해서는 오히려 코퍼스-기반 실제 텍스트의 분석이 필요하다. 이 점을 명확히 하기 위해서 이 장의 결론에서는 전통적인 ESL 교과서에서의 주어 *that*-절과 코퍼스-기반 분석을 통해 밝혀진 실제 용법 유형들을 대조하여 비교한다.

3.2. 형태론적 특징 연구

코퍼스에서 형태론적 특징들에 대해서 연구함으로써 그 특징들의 빈도와 분포, 그리고 특정 변이형의 상이한 기능에 대해 알 수 있다. 다른 문법적 특징들과 비교할 때 형태론적 특징들에 관한 코퍼스-기반 분석은 비교적 단순하다. 사실 형태론적 특징들은 용례 검색 소프트웨어의 검색 기능을 이용하여 품사 정보 주석이 되어 있지 않은 코퍼스를 분석함으로써 쉽게 확인할 수 있다. 즉 거의 모든 용례 검색 프로그램은 *un+*, 혹은 *+ment*와 같은 특정 접두사나 접미사에 대한 검색이 가능하다. 그래서 형태론적 분석은 코퍼스-기반 문법 연구에 있어서 훌륭한 입문이 될 수 있다. 이 절에서는 형태론적 특징에 관한 연구의 예로 명사화형의 분포와 기능에 관해 살펴본다.

3.2.1. 명사화형의 분포와 기능

명사화형nominalization이란 형태론적으로 동사나 형용사와 관련된 명사를 일컫는 말로, 동사나 형용사에서 파생된 것이다. 예를 들어 *civilization*은 *civilize*에서 파생된 명사화형이고, *kindness*는 *kind*에서 파생된 명사화형이다.

이 절에서는 일반적인 네 개의 파생 어미 *-tion/sion, -ness, -ment, -ity* 및 이들 각각의 복수형에 초점을 두고 살펴본다. 이 파생 어미들은 영어에서 매우 생산적이며, 용례 검색 프로그램은 매우 높은 정확도로 이들 접미사로 끝나는 명사화형을 검색해 줄 수 있다. 그렇지만 항목에 따라서는(*nation*이나 *city*와 같이) 검색 대상과는 일치하지만 명사화형이 아닌 항목도 존재하기 때문에 자동 검색 후 반드시 수작업 편집을 해야만 한다. 자동 검색의 검색 대상을 신중하게 선택함으로써 수작업 편집의 작업량을 줄일 수 있다. 예를 들어 *-ion* 어미를 갖는 모든 어휘를 검색하면 명사화형이 아닌 어휘(예를 들어 *cushion, dandelion* 같은)도 많이 검색된다. 반면 *-sion*의 검색은 여전히 몇 가지 부정확한 항목(예를 들어 *mansion* 같은)들이 포함되기는 하지만 명사화형 어휘들(예를 들어 *decision, division, discussion, expansion, extension, submission* 같은)을 훨씬 더 정확하게 검색할 수 있게 해 준다.

비록 대부분의 용례 검색 프로그램은 특정 어미를 가진 모든 어휘를 검색할 수 있지만, 이 절에서는 예제 분석을 위해 필자들이 독자적으로 용례 검색 프로그램을 개발했다. 만일 독자들이 컴퓨터 프로그램 기술에 능숙해지게 되면 특별히 하고자 하는 분석을 위한 프로그램을 개발하는 것이 더 용이하다는 것을 알게 될 것이다. 이러한 프로그램들은 보다 정확한 검색이 가능하도록 설계할 수 있고 검색 결과는 원하는 대로 조정할 수 있으며, 분석 가능한 코퍼스의 크기 제한도 없다. 방법론 3에서는 개별적으로 설계된 컴퓨터 프로그램과 비교하여 기존 용례 검색 프로그램들의 장점과 단점들을 구체적으로 논의한다.

명사화형에 관한 분석은 세 레지스터에 대해서 실시되었다. 첫 두 학술 산문과 픽션 레지스터에는 2장에서 했던 것과 마찬가지로 Longman-Lancaster Corpus에서 각각의 레지스터별로 약 3,000,000 어휘의 코퍼스를 이용했다. 세 번째 레지스터인 구어는 문어 레지스터의 특징과 비교하기 위해 본 장에서 추가했다. 약 500,000 어휘의 독백과 대화로 구성된 구어 코퍼스 London-Lund Corpus(자세한 사항은 1장 참조) 전체를 이용했다. 이 절에서 얻어진 빈도는 1,000,000 어휘 텍스트를 기초로 하여 보정한 빈도(자세한 사항은 방법론 6 참조)이다.

〈표 3.1〉은 세 레지스터에 나타나는 명사화형의 빈도 분포를 보여 준다. 이 표를 통해, 픽션과 구어는 같은 빈도를 보이지만, 학술 산문은 약 4배 정도의 빈도를 보이는 것을 알 수 있다.

이들 레지스터가 서로 다른 분포를 보이는 이유는 특정 문맥에서 더 일반적인 형태를 조사해 보면 어느 정도 파악할 수 있다. 코퍼스 분석을 위해 독자적인 컴퓨터 프로그램을 제작하면 얻을 수 있는 많은 이점들 중의 하나는 이 프

표 3.1 세 레지스터에 출현하는 명사화형 빈도 분포(학술 산문과 픽션은 Longman-Lancaster Corpus, 구어는 London-Lund Corpus에서 추출)

	학술 산문 (2,700,000 어휘)	픽션 (3,000,000 어휘)	구어 (500,000 어휘)
명사화형 1,000,000 어휘당	44,000	11,200	11,300

로그램이 각각의 레지스터에 있어서 모든 명사화형의 빈도를 세어 각각의 명사화형의 용례 검색 목록을 작성함과 동시에 각 레지스터 안에 나타나는 모든 명사화형들의 전반적인 빈도를 계산해준다는 것이다. 따라서 각각의 문맥 속에서 각각의 명사화형 유형을 더 상세하게 연구하기가 용이해진다. (역시 방법론 3 참조)

어떤 레지스터에 자주 출현하는 특정 명사화형은 당연히 그 코퍼스의 텍스트에서 다뤄지는 주제에 따라 좌우된다. 2장에서 살펴본 바와 같이 사전 편찬 목적으로 대표성을 가지는 표본을 얻기 위해서는 매우 큰 코퍼스가 필요하지만, London-Lund Corpus는 대규모 사전 편찬 작업용으로는 너무 작다. 하지만 여기에서는 특정 어휘의 용법보다는 명사화형의 일반적인 역할에 대해 살펴본다.

명사화형의 전체 빈도뿐만 아니라 각각의 레지스터에서 출현하는 다양한 명사화형의 수를 고려함으로써 또 한 가지 사실을 알 수 있다. 그것은 학술 산문이 여타 두 레지스터와 현저하게 다르다는 점이다. 실제로 여섯 개의 서로 다른 명사화 어휘들[*movement*(1,000,000 어휘당 거의 900회), *activity, information, development, relation, equation*]은 학술 산문에서 1,000,000 어휘당 500회 이상의 빈도로 눈에 띄게 많이 사용되는 것을 알 수 있다. 이와는 대조적으로 픽션과 구어에서는 이렇게 높은 빈도를 보이는 명사화형은 없다.[2] 예를 들어 *movement*는 픽션에서는 1,000,000 어휘당 약 100회 출현하며, 구어 코퍼스에서는 약 60회

2 파생접사를 자동 검색해서 나온 일반적인 어휘들 중 몇 개는 생산적인 명사화형의 예로 볼 수 없다. 그 예로는 *condition, position, question, solution, university, department, apartment, parliament*를 들 수 있다.

출현한다. *development*는 픽션에서는 1,000,000 어휘당 약 10회만 출현할 뿐이며 실제로 구어 코퍼스에서는 거의 출현하지 않는다.

이 어휘들의 용례 검색 목록을 보면, 학술 산문에서는 명사화형이 행위나 과정을 인간 참여자들로부터 분리된 추상적 대상으로 다루기 위해 사용되고 있음을 알 수 있다. 이와 같은 유형을 *movement*의 용법을 통해 알아보자.

(1) a. If *movement* has occurred recently, the effect on topography, drainage patterns, vegetation and human artifacts can often be recognized.

b. The legs and hips, or arms and shoulders, may be used to initiate *movement* in any direction…

위에서 *movement*는 명사화된 과정이기 때문에 절 속에서 주어나 목적어로 사용될 수 있다. 이 텍스트들에서는 특정인의 움직임보다는 일반화된 행위에 대해서 논의하고 있다.

반면에 픽션과 구어 담화는 인간과 더 자주 관련되어 있어서 인간의 행동을 설명하기 위해 동사나 형용사를 사용한다. 그래서 이 레지스터들에서는 더욱 자주 특정인이 동작주로 사용되기 때문에 동사 *move*가 더 일반적으로 사용된다.

(2) a. Garth whistled breathily to himself and *moved* his hand crabwise along the table. (픽션)

b. He…gave a smile which barely *moved* his lips. (픽션)

c. When we *moved* into the new house and… (구어)

d. It's how much they *move* it that counts. (구어)

이와 동일한 유형은 *activity, development, information*과 같은 명사화형의 용법에도 보인다. 학술 산문에서는 이 명사화형들은 일반화된 과정을 언급하기 위해서 사용된다.

(3) a. The third important aspect of *information* is speed.

b. Sometimes algae can stop the *development* and growth of these plants.

c. The experimental results can be described quantitatively by defining the size and *activity* of the shoot and root systems...

이와 대조적으로 픽션과 구어 코퍼스에서는 종종 같은 과정이나 행동을 동사나 형용사를 사용하여 언급함으로써 특정인의 행동을 설명한다.

(4) a. I do hope you know that never in this country do we *develop* the sort of mob war that makes a protest against something however unjust *develop* into an organized riot. (구어)

b. I've *informed* the Soviet government of that visit. (구어)

c. "Aye, the big fellow is *active* again you'll be pleased to know." (픽션)

이 일반화는 픽션이나 구어에서는 명사화형을 사용하지 않는다거나, 학술 산문은 과정을 동사로 표현하지 않는다는 것을 말하려는 것이 아니다. 다만, 레지스터와 명사화형의 분포 사이에는 연관 유형이 존재한다는 것을 말해 준다. 학술 산문에서는 과정을 상태 명사화형stative nominalization으로 표현하지만, 픽션이나 구어 코퍼스에서는 동사나 형용사로 특정인의 행동을 표현한다. 즉 학술 산문의 초점은 보통 일반화된 과정, 상태, 관계에 있고, 다른 두 레지스터에서는 일반적으로 특정인이 어떤 행동을 하는가에 초점이 있다.

3.2.2. 명사화형 어미의 분포와 기능

앞 절에서는 명사화형의 분포에 대해서 집단적으로 살펴보았다. 명사화형에 관한 또 다른 견해는 개별 접미사 각각의 분포를 살펴봄으로써 얻을 수 있다. 이 견해를 통해서 다른 종류의 명사화형의 기능이나 명사화형들이 레지스터에서 하는 역할에 대해서 더 알아낼 수 있다.

〈표 3.2〉에는 각 레지스터별로 현재 논의 중인 네 개의 접미사 각각이 차지하는 모든 명사화형의 비율이 나타나 있다. 이 표에는 실제 빈도 대신 각 레지스터에 출현하는 해당 어미를 가지고 있는 명사화형들의 상대적인 비율을 보여 주고 있다.

〈표 3.2〉에서는 몇 가지 흥미로운 유형이 명확하게 보이는데, 그중에서 세 가지를 간단히 정리하면 다음과 같다.

1. *-tion/-sion* 접미사는 세 레지스터에서 가장 높은 비율을 차지하지만 학술 산문에서의 비율이 제일 높다(68%).
2. *-ment* 접미사는 학술 산문보다는 픽션과 구어 코퍼스에서 높은 명사화형 비율을 차지한다.
3. *-ness* 어미는 다른 두 레지스터에서보다는 픽션에서 더 중요하다.

비록 명사화 접미사를 선택할 때 기준이 되는 절대적 규칙은 없지만, 각각의 유형을 자세히 살펴보면 체계적인 의미 차이를 찾아볼 수 있는데, 이 차이를 통해서 〈표 3.2〉에 나타난 분포 유형들에 대해서 어느 정도 이해할 수 있다. 예를 들어 *-tion/-sion* 어미는 동사로 표현된 행위를 명사로 전환하는 데에 사용되어 보통 일반화된 과정이나 상태를 말한다. 전형적인 예로 *relate/relation*과 *educate/education*을 들 수 있다. 전 절에서 학술 산문은 이와 같은 상태나 과정을 설명하는 데에 최대의 관심을 둔다는 것을 살펴보았다. 따라서 이 레지스터

표 3.2 각 접미사별 명사화형 비율

	학술 산문	픽션	구어
-tion/-sion	68%	51%	56%
-ment	15%	21%	24%
-ness	2%	13%	5%
-ity	15%	15%	15%

에 이 어미들로 끝나는 명사화형이 가장 많이 포함되어 있다는 것은 이해할 수 있다. 다른 예를 들면 다음과 같다.

(5) a. the *conclusion* is incorrect…

b. it must be noted that the natural division of *expansion* between a compressor turbine and power turbine may not…

c. designers can make a choice of cycle for a particular *application*.

d. it provides a direct *indication* of fuel *consumption*…

*-tion/-sion*과 마찬가지로, *-ment* 어미도 동사를 명사로 전환하기 위해 사용된다. *-ment*로 만들어진 가산 명사는, 종종 무엇인가를 만들거나 이루는 과정을 말한다. 이러한 명사화형은 세 레지스터 모두에서 많이 찾아볼 수 있는데, 예를 들어 *movement, government, achievement, agreement, argument*가 있다.

그렇지만 *-ment* 어미로 만들어진 많은 명사화형은 불가산 명사이며, 보통 정신 상태를 나타낸다. 예를 들면, *amazement, agreement, astonishment, disappointment, embarrassment, excitement*가 있다. 이와 같은 종류의 명사화형은 학술 산문과 구어 코퍼스에서는 드물다. 하지만 픽션에서는 비교적 흔한데 등장인물의 정신 상태를 묘사하기 위해서 사용된다.

(6) a. Patrick shrugged in *embarrassment*.

b. The assembly cried out savagely and Ralph stood up in *amazement*.

c. So they're gone, she thought, sighing with relief and *disappointment*.

구어 코퍼스의 경우에도, 이 명사화형들은 때때로 동일한 목적으로 사용된다.

(7) a. …I can quite see there's cause for *disappointment*.

b. …the *excitement* of the recurrence of the seasons…

그렇지만 구어 코퍼스의 경우 동사나 형용사로 정신 상태를 서술하는 것이 더 일반적이다.

(8) a. You'll be *amazed*.

b. Are you *disappointed* by not getting honors yourself?

c. It would have been *embarrassing* to have had to tell him later that he wouldn't have got it.

마지막으로 픽션에서 높은 비율을 보이는 *-ness*에 관해 살펴본다. 전체적으로 픽션은 명사화형의 출현 빈도가 가장 낮음에도 불구하고 *-ness* 명사화형의 보정 빈도는 해당 레지스터에서 가장 높다(1,000,000 어휘당, 학술 산문에서는 890회, 구어 코퍼스에서는 480회인 것에 비해, 픽션에서는 약 1,430회 출현). *-ness* 어미는 일반적으로 형용사를 인물의 자질을 나타내는 명사로 변화시킨다. 픽션에는 타 레지스터에서 거의 보이지 않는 *-ness* 명사가 많이 사용된다. 예를 들어 *awareness, bitterness, darkness, goodness, happiness, politeness, weakness* 등을 들 수 있다. 다시 언급하지만, 이 어휘들은 픽션에 나타나는 상세한 묘사에서 중요한 역할을 한다.

(9) a. The *bitterness* in his heart was now mixed with a kind of childlike excitement.

b. He could see Phyllis's face in profile, and it radiated energy and *happiness*.

c. They spoke to each other with the wary *politeness* of uncongenial strangers stranded in an airport lounge.

사람의 감정이나 자질 표현은 구어 코퍼스에서도 중요하다. 그렇지만 구어 레지스터에서는 이러한 설명은 일반적으로 화자나 청자의 성격을 직접적으로 나타내는 형용사로 표현된다.

(10) a. We feel frustrated and *bitter* and annoyed.

b. I'm not too *happy* about this lauding of language...

명사화형의 용법에 대해서는 언급할 수 있는 것은 더 많다. 예를 들어 각각의 어미와 공기하는 많은 어휘들을 검토하여 가장 생산성이 높은 어미가 어떤 것인지를 알아보거나, 또는 시간의 흐름에 따른 명사화의 발전과 용법에 대해 살펴보기 위해서 역사적 연구를 할 수 있다. 그렇지만 이와 같은 간단한 표본만으로도 형태론 연구를 위한 코퍼스-기반 연구의 장점들을 볼 수 있다. 특히 이 절에서는 개별 파생접사들뿐만 아니라 명사화형들이 한 집단으로서 상이한 레지스터들과 강한 연관 유형을 가지면서 해당 레지스터의 기본적인 의사소통 기능을 반영하는가에 대해서 살펴보았다.

3.3. 문법 범주의 분포

전 절에서 학술 산문이 픽션이나 구어보다 명사화형이 많이 쓰여서 추상적인 상태, 과정, 대상에 더 큰 초점을 둔다는 것을 확인하였다. 한편 픽션과 구어는 특정 개인이 지니는 개인적인 묘사나 행위를 포함한다는 특징을 갖고 있다. 이와 같은 특징이 정확하다면, 이 세 레지스터들에 있어서의 명사와 동사의 전체적인 빈도의 차이도 살펴보아야 한다. 실제로 문체 연구에서는 특정 저자나 텍스트의 문체적 특징을 파악하기 위해 때때로 명사나 동사의 빈도를 비교하였다. 이 절에서 예로 들었던 것처럼, 이와 같은 빈도 비교는 레지스터의 차이를 설명하기 위해서도 이용될 수 있다.

3.3.1. 문법 범주 계산의 문제

문법 표식 주석을 단 코퍼스를 이용하여 명사와 동사를 세는 것은 비교적 쉽다. 명사는 모두 "n"으로 시작하는 주석이 붙으며, 동사는 모두 "v"로 시작하는 주석이 붙기 때문이다. 따라서 독자적인 프로그램을 짜거나 시판 프로그램을 이용하여 이 "주석"들 중 하나가 붙어 있는 모든 어휘를 세는 것은 매우 쉽다.(주석 코퍼스에 대한 설명은 방법론 4, 그리고 주석 절차에 대한 설명은 방법론 5 참조)

그러나 더 복잡한 문제는 정확하게 어떤 것을 명사나 동사에 포함시킬 것인가라는 점이다. 이 문제에 대한 유일한 정답은 없다. 중요한 것은 원칙에 따른 결정을 내린 후 일관되게 계산해야 한다는 것이다.

명사와 동사의 숫자를 어떻게 계산할 것인가를 결정하는 데에는 몇 가지 중요한 현안들이 문제이다. 첫 번째 현안은 뒤에 오는 명사를 수식하는 형용사로 기능하는 명사를 명사로 계산할 것인가이다. 예를 들어 *grasshopper ecology*나 *animal group*를 한 개의 명사로 셀지 아니면 두 개의 명사로 셀지가 문제이다. 한편으로는 *grasshopper*나 *animal*은 다음에 오는 명사를 수식하는 기능을 하기 때문에 그 점에서는 *general ecology*나 *small group* 같은 구에 사용되는 형용사와 유사하다. 다른 한편으로는 *grasshopper ecology*와 같은 구는 두 개의 명확한 지시 대상인 *grasshopper*와 *ecology*가 포함되어 있기 때문에 *general ecology*와 같이 전치 수식어로 기능하는 형용사 구와는 다르다. 이 절에서의 목표는 명사 참조어와 동사 참조어가 어떤 범위로 사용되는지를 계산하는 것임을 고려하면 다른 명사를 수식하는 명사도 명사에 포함시키는 것이 타당할 듯하다.

대명사도 또한 문제가 있다. 대명사는 명사를 대신하므로 어떤 의미에서는 명사적 실체나 추상적 개념을 지시한다. 그렇지만 독자적으로 사용되면 아무것도 참조하지 않는다는 점에서 명사와는 다르다. 예를 들어 *grasshopper*와 달리 *he*의 지시 대상은 특정 문맥을 벗어나서는 알 수 없다. 따라서 직접 실물을 나타내는 어휘 수를 셀 때는 대명사를 제외하는 것이 타당할 듯하다.

동사를 세는 경우에도 비슷한 종류의 질문을 할 수 있다. 한 가지 문제는 조동사를 전체 동사 수에 포함시켜 셀 것인가이다. 예를 들어 픽션에서 가져온 다음 문장들 각각에는 어휘적 내용을 갖는 본동사 외에 이탤릭체로 된 조동사를 포함하고 있다.

(11) a. He *had* left home a little before eight.

b. Joanne and her mother *were* talking.

c. He *did*n't stop.

이들 조동사는 아무런 어휘적 내용을 제공하지 않는다. 그 대신 완료상이나 진행상과 같은 상aspectual과 관련된 의미를 나타내는 기능만을 하거나, *do* 동사의 경우 부정 표현에 필요하다. 따라서 명사보다는 동사를 중심으로 세는 경우에 전체 숫자에서 조동사를 제외하는 것이 타당하다.

이미 언급한 바와 같이, 어떤 것들을 명사나 동사로 셀 것인가에 관한 한 가지 완벽한 정답은 없다. 연구의 주제를 고려하여 원칙에 따라서 결정하는 것이 가장 중요하다. 그리고 다른 연구와 비교하기 전에 그 연구에서는 어떤 기준으로 숫자를 계산했는지를 파악하는 것이 중요하다. 뒤에서 논의하게 되지만, 출현 개수를 세는 방식에 따라서 특정 레지스터가 얼마나 "명사다운nouny"가에 관해 상이한 관점을 제공하게 된다.

〈표 3.3〉은 세 가지 다른 방법으로 명사와 동사의 숫자를 세어서 얻은 명사와 동사의 비율을 보여 준다. A열은 모든 명사와 동사를 포함했고, B열은 조동사를 제외했으며, C열은 조동사와 그 외의 명사들의 전치 수식 명사로 이용되는 명사들을 제외하였다(대명사는 총 명사 숫자에서 제외됨). 각 열별로 총 명사 숫자를 총 동사 숫자로 나누어서 각 동사당 상대적인 출현 명사의 횟수를 보여 주고 있다.

어느 한 방법에 집중하기보다는 세 계산 방법 모두에 동일한 상대적인 관계가 적용된다는 점에 주목해야 한다. 픽션과 구어 코퍼스는 매우 유사한 명사·동사 비율을 보이지만 학술 산문은 이의 두 배에 가깝다. 어떤 방법을 택하더라도 레지스터 간에 유사한 유형을 발견하게 된다.

반면에, 정확한 비율은 차이를 보여서 레지스터의 "명사다움"에 관해 다른 느낌을 준다. 모든 명사들은 포함시키고 조동사들은 제외시키면 학술 산문은 거의 3 대 1의 비율을 보인다. 그렇지만 모든 명사와 동사들을 포함시키면 학

표 3.3 세 레지스터에서 명사와 동사 비율

	학술 산문	픽션	구어
A. 모든 명사와 동사	2.2:1	1.2:1	1.2:1
B. 모든 명사와 조동사를 제외한 동사	2.9:1	1.5:1	1.6:1
C. 전치 수식 명사를 제외한 명사와 조동사를 제외한 동사	2.5:1	1.3:1	1.3:1

술 산문의 비율은 2 대 1을 조금 넘는다. 앞에서 언급한 바와 같이 다른 연구와 비교할 경우 특히 중요한 것은 이러한 차이들이다.

3.3.2. 레지스터 간 명사·동사 비율 비교

이 경우 목적에 맞는 명사와 동사를 세는 가장 타당한 방법은, 대명사는 명사 숫자에서 제외시키고 조동사는 동사 숫자에서 제외시키는 것이다. (즉 〈표 3.3〉의 B) 학술 산문은 다른 두 레지스터와 비교하여 명사·동사의 비율이 매우 높다 (2.9:1과 1.5:1)는 결과는, 3.2에서의 명사화형에 관한 연구 결과와 비슷한 방식으로 해석할 수 있다. 예를 들어 10개의 명사(이탤릭체)와 1개의 본동사(볼드체)만을 갖는 다음 학술 산문 텍스트에서 인용한 문장을 통해 살펴보자.

(12) In planning a livestock *building* or conversation, the psychological and *health requirements* of the *livestock* should undoubtedly be **given** absolute *priority* together with the basic *needs* of the *stockman*.

이 예문을 통해서 학술 산문이 인간 동작주나 동사로 표현되는 행동보다도 오히려 모두 명사로 표현되는 대상, 상태, 과정에 중점을 두고 있다는 것을 알 수 있다. 예를 들어 사람이 '어떻게' 어떠한 건물을 짓고, 개축하는 것을 계획했는가를 표현하는 것이 아니라 *planning, conversation* 등과 같이 일반적인 과정을 나타내는 명사적 표현이 사용된다.

그에 반해 픽션이나 구어 코퍼스의 전형적인 문장에는 행동에 대한 표현이 더욱 많이 포함되어 있다. 다음 픽션의 한 절에는 특정 인물의 행동을 표현하기 위해서 7개의 명사와 5개의 동사가 사용되고 있다.

(13) He **emerged** and **locked** the *door*, He **unsnapped** the protective *strap* on his *holster* and **scanned** the parking *lot*. He **walked** quickly to the *glass door* of the *bank*.

다음의 짧은 대화문에는 명사보다도 동사가 더 많이 사용되어 14개의 본동사와 4개의 명사가 나타난다.

(14) A : Oh, yeah, it's **called washing** your *hair*. Don't you **know** how to **wash** your *hair*?

B : Might **be**.

C : I **know**, I **know** how to **have** a *bath*.

B : ***Go*** away, I'm **cooking**...**Excuse** me please, I'm **trying** to **cook**. I haven't **got** enough *potatoes*.

픽션과 구어 문장에서는 분명히 대명사가 많은 명사들을 대신하는데, 그 때문에 명사·동사의 비율이 감소하게 된다. 예를 들어 앞의 대화 예문에는 *I, me, you, I* 가 8회로 명사보다 대명사가 더 많이 출현한다. 하지만 위 학술 산문의 문장 예문에서는 대명사를 찾아볼 수 없다. 이와 같이 단지 명사·동사의 비율만으로는 이들 레지스터 전반에 걸친 특징을 적절하게 파악할 수 없다. 이들 짧은 인용문에서조차 다른 문법 자질들이 명사나 동사와 공기하고 있음을 보여 준다. 명사와 동사의 분포에 대해서는 6장에서 다루는데, 이 품사들이 레지스터들 사이에서 광범위한 다른 언어 자질들과 어떻게 공기하는가를 보인다.

3.4. 통사 구조의 분포와 기능

코퍼스-기반 통사 구조에 관한 연구의 예로서 영어의 종속절의 몇 가지 특징에 대해서 간단히 살펴본다. 종속절은 동사나 형용사의 의미를 완결해 준다. 예를 들어 다음 문장을 보자.

(15) Convention requires *that precedents be followed...*

(15)의 이탤릭체로 된 *that*-절은 필요한 것이 무엇인지를 설명함으로써 동사 *requires*의 의미를 완결해 준다. 다음 문장의 경우,

(16) I'm sure *that you know he would be awfully grateful...*

(16)의 이탤릭체로 된 절은 화자가 확신하는 것이 무엇인가를 구체적으로 밝힘으로써 형용사적 술어인 *be sure*의 의미를 완결시킨다.

가장 일반적인 종속절 유형으로 *that*-절과 *to*-절이 있다. 문맥에 따라서 이 두 절의 의미는 유사할 수 있다. 다음 예문들을 비교해 보자.

(17) a. I hope that I can go.

b. I hope to go.

그렇지만 코퍼스-기반 연구에 의하면 위 두 구조의 실제 용법은 매우 다르다는 것을 알 수 있다.

3.4.1에서는 우선 *that*-종속절과 *to*-종속절의 구별 및 주석과 관련된 몇 가지 방법론적인 문제들을 살펴본다. 이어서 3.4.2에서는 레지스터 간에 이들 두 절의 분포를 비교하여 이러한 분포와 다양한 구조적인 요인들과의 연관성에 대해서 간단히 살펴본다. 참고로 이들 두 종속절 유형들의 상이한 기능이나 분

포를 설명하는 데 있어서 어휘적 연관성이 대단히 중요하다는 점을 먼저 지적하지만, 그 요인들에 관한 구체적인 논의는 4장으로 미룬다. 마지막으로 3.5에서는 거의 동일한 의미를 갖는 두 개의 구조적 변이형(주어 위치에 오는 *that*-절과 아래에서 설명할 외치 구문)들에 관해 보다 자세히 논의한다. 이 모든 경우에 있어서 다른 분석 방법으로는 미처 발견할 수 없었을지도 모르는 연관 유형을 밝히기 위해서 코퍼스-기반 분석이 어떻게 이용될 수 있는가를 살펴본다.

3.4.1. *that*-종속절과 *to*-종속절의 구별과 주석

대부분의 통사 구조와 마찬가지로 품사 주석을 달지 않은 코퍼스에서 *that*-종속절이나 *to*-종속절을 구별하기 위해서 용례 검색 프로그램을 이용하기는 매우 어렵다. 종속절 여부를 판단하기 위해서 용례 검색에 나오는 모든 *that*과 *to*를 주의 깊게 살펴보아야 한다. 이 작업이 어려운 이유는, 이들 어휘가 다의어라는 사실에 있다. 예를 들어 *that*이라는 어휘는 지시 한정사(*that horse*), 지시 대명사(*that is ridiculous*), 관계 대명사(*the person that I like*) 외에도 복합적으로 절을 연결하는 *such that*이나 *so that* 등 다양한 문법적 기능을 갖고 있다. *to*도 마찬가지로 그 기능이 복합적이다(예를 들어 부사절, 관계절, 그리고 전치사구 등을 나타냄).

그리고 *that*-종속절의 *that*은 다음과 같이 임의로 생략하는 것이 가능하다.

(18) a. I thought *you were going to go and pick them up.*

b. I don't think *we will see any very dramatic changes…*

c. I'm sure *you'll do very well…*

용례 검색 프로그램을 이용하여 *that*이 생략된 절을 확인하기 위해서는 *that*-절을 취하는 모든 동사들과 형용사들 다음에 *that*이 생략된 종속절이 오는지를 확인해야 할 것이다. 이러한 작업은 엄청나게 많은 시간이 걸리기 때문에 대형 코퍼스에서 실행하는 것이 불가능하다.

주석된 코퍼스나 컴퓨터 기법을 이용하면 보다 신속하게 분석할 수 있다. 종속절을 취하는 동사나 형용사의 온라인 사전을 이용하면 문법 주석 프로그램은 높은 정확도로 *that*-절이나 *to*-절을 확인해 준다. 이와 동일한 방법은 *that*이 생략된 *that*-절에도 이용될 수 있다.

그렇지만 아직까지 대화에서 사용된 *that*-절이나 *to*-절의 확인은 어려운 작업으로, 수작업 편집이 필요하다. 반복, 시작 오류falst start, 코퍼스 전사 규약 등이 자동 주석 작업을 어렵게 한다. 예를 들어 London-Lund Corpus에서 찾은 다음 문장을 있는 그대로 살펴보자.

(19) B : Oh, no. I have never said that – in fact I went to great pains I will be perfectly frank with you . I went to great pains to put it . about – quite publicly that you were the one who in fact was supporting me in the interview.

이 전사문에서 마침표는 짧은 정지를 의미하고 대시 기호는 긴 정지를 의미한다. 이와 같이 구어 코퍼스 전사문의 구두점은 통사적 단위를 확인할 때 도움이 되지 못한다. 그 결과 자동 품사 주석 프로그램에 이용하기에는 불분명하거나 중의적인 구조들이 흔히 존재한다. 예를 들어 상기 예문의 첫 줄은 두 가지로 상이하게 해석될 수 있다.

1. "I have never said that I went to great pains"
   와 같이 *that*이 동사 종속절의 시작 부분에 오는 경우와
2. "I have never said that. I went to great pains to…put it about"
   와 같이 *that*이 지시 대명사인 경우가 있다.

광범위한 문맥을 보고 나서야 인간 분석자는 두 번째 해석이 맞다는 것을 알 수 있다. 즉 화자 B는 화자 A의 다음과 같은 진술에 응답하고 있는 것이다.

(20) A : I've heard from a number of sources that you [...] think you did not get the job here because of me -

이와 같이 화자 B의 진술에 대한 올바른 해석은, "Oh no. I have never said that. In fact, I went to great pains to say you supported me."인 것처럼 보인다. 따라서 이 경우의 *that*은 *that*-종속절의 *that*이라기보다는 지시 대명사이다. 그러나 이러한 경우 오직 사람만이 문장을 올바르게 분석하는 것이 가능하다. 따라서 자동 주석 프로그램을 통해 이와 같이 복잡한 구문에 부여된 주석은 특히 구어 텍스트를 다루는 경우에는 수작업으로 편집해야 한다.

게다가 인간조차도 확실하게 분석할 수 없는 중의적인 구문도 존재한다. 구어체 문장에서 *I mean, you know, you see*와 같은 표현은 *that*-절과 관련해서 특히 문제가 된다. 예를 들어 다음의 발화에서는 *I mean*이 어떻게 사용되는지에 대해 확신하기가 불가능하다.

(21) oh no I don't guarantee them I mean you can't do that

이 화자는 "I mean that you can't do that"이라는 문장과 같이 자신이 의도하는 바를 문자 그대로 명백히 하고자 하는 것인지, 아니면 *I mean*을 절 경계 담화 표지로 사용하고 있는지를 알 수가 없다. 마찬가지로 *you know*와 같은 구도 다음 문장과 같이 "you know that"이라는 의미를 가질 수 있다.

(22) well you know I don't know very much about what he does

즉 이 발화는 청자가 알고 있는 것에 관한 문자 그대로의 진술, 다시 말하면 "you know that I don't know very much..."로 해석할 수 있다. 한편 *you know*라는 구는 종종 다음과 같이 대화 채움어filler[3] 혹은 담화 표지로 기능한다.

(23) you know I'm just - I literally I was there this morning…

여기에서는 화자가 청자가 알고 있는 것에 대하여 진술하고 있다고 보기는 어렵다.

대부분의 경우 어떠한 해석이 올바른 것인가 혹은 특정 해석만이 유일하게 '올바르다'는 것을 명백하게 판단할 수 있는 방법은 없다. 따라서 이와 같은 표현들을 일관되게 판단하는 것이 최선이다. 예시용 분석의 경우에는 *you know, I mean, you see*와 같은 애매한 표현은 생략했다.

위와 같은 이유로 많은 복잡한 문법 구조들은 자동적인 기법을 이용하여 일관적으로 확인하기가 어렵다. 따라서 이러한 구문들의 빈도를 세기 전에 몇 가지 분석 절차가 필요하다. 우리가 살펴본 예를 본다면 첫 번째 단계는, 컴퓨터 프로그램을 이용하여 *that*-종속절이나 *to*-종속절이라고 생각되는 구조를 자동으로 찾아내는 것이다. 그리고 자동으로 검색된 각각의 구문들에 대해서 대화형 프로그램을 이용해 확인하였다. 비록 시간은 걸리지만 대화형 확인 프로그램을 이용하면 단순히 텍스트를 읽어 가는 것보다는 훨씬 빠르다(대화형 프로그램에 대한 구체적인 내용에 대해서는 5장 참조). 마지막으로 주석 편집을 끝낸 후 다른 프로그램을 이용하여 각각의 구조적 변이형의 빈도를 세었다.

3.4.2. 여러 레지스터들 사이에서의 *that*-종속절과 *to*-종속절의 분포와 기능

that-절과 *to*-절의 분포와 기능을 비교하기 위해 Longman-Lancaster Corpus에서 추출한 대략 4,000,000 어휘의 표본을 기반으로 한 학술 산문 레지스터와 British National Corpus에서 추출한 대략 5,000,000 어휘의 표본을 기반으로 한 대화 레지스터에서의 용법을 분석한다. 〈도표 3.1〉에 나타난 바와 같이 이 두 가지 종속절 유형의 전체적인 빈도조차 현격한 차이를 보인다. *that*-절은 대화

3 '음~', '그러니까', '어~' 등과 같이 발화의 중간중간에 넣는 의미 없는 말 — 역자 주.

	대화	학술 산문
that-절	**************	****
to-절	********	*********

도표 3.1 대화와 학술 산문에 있어서의 *that*-절과 *to*-절의 전반적인 분포 (* 하나는 1,000,000 어휘당 500회의 출현 빈도를 나타냄)

에서는 매우 빈도가 높지만 학술 산문에서는 그렇게 빈도가 높지는 않다. 반면 *to*-절은 대화와 학술 산문 모두 중간 정도의 빈도를 보인다.

이와 같은 전체적인 분포의 차이는 부분적으로는 두 가지 유형의 종속절이 갖는 상이한 어휘 연관과 관련될 수 있다. 사실 이 *that*-절과 *to*-절을 둘 다 통제할 수 있는 동사는 *hope, decide, wish*와 같은 소수의 동사들뿐이다. 그 대신 대부분의 동사는 어느 한 유형의 종속절만을 통제한다. 예를 들어 *imagine, mention, suggest, conclude, guess, argue* 같은 동사는 *to*-절이 아닌 *that*-절을 통제할 수 있다. *begin, start, like, love, try, want* 같은 동사의 경우에는 *that*-절이 아니고 *to*-절을 통제할 수 있다. 문법 구조와 일련의 어휘들 사이의 어휘·문법상의 연관 유형은 매우 중요하기 때문에 이에 대해서는 4장에서 별도로 *that*-절과 *to*-절의 어휘 연관의 차이에 관하여 논의한다.

that-절과 *to*-절의 분포상의 차이는 각각의 문법적 연관과도 관련되어 있을 수 있다. 이와 같은 상이함을 보여 주는 예로 '외치 구문'과 '비외치 구문'에서 각각의 절의 용법을 들 수 있다. 외치 구문에서는 가주어 *it*이 문장의 주어로 사용되며, 동사구 다음에 종속절이 온다.

(24) *That*-절

a. 비외치 구문

I think that you might be wrong.

b. 외치 구문

It's possible that it'll happen again.

(25) *To*-절

a. 비외치 구문

I want to sleep here.

b. 외치 구문

it's possible to adjust the limit upwards.

〈도표 3.2〉는 실제로 *that*-절보다 *to*-절이 특히 학술 산문에서 외치 구문으로 매우 많이 사용되고 있음을 보여 준다.

학술 산문에서 *to*-절의 외치 구문과의 연관은 〈도표 3.2〉에서 보여 주는 것보다도 한층 더 특화되어 있다. 즉 앞에서 언급한 바와 같이 종속절은 동사 술어 혹은 형용사 술어의 의미를 완결하기 위해서 사용될 수 있다. 그러나 〈도표 3.3〉에서는 외치 *to*-절은 특히 학술 산문에 있어서 형용사 술어와 매우 강하게 연관되어 있음을 보여 주고 있다. 이러한 구조는 특히 *possible, impossible, difficult, hard* 같은 형용사와 함께 자주 발생한다.

(26) a. It is impossible to know how these levels wiil be viewed.

b. It is often difficult to find a suitable donor.

c. It is hard to resist the temptation…

	대화	학술 산문
외치 *that*-절	**	******
외치 *to*-절	**	***************

도표 3.2 외치 구문에서 *that*-절과 *to*-절의 빈도
(단, '*' 기호 하나는 1,000,000 어휘당 100회의 출현 빈도를 나타냄)

	대화	학술 산문
동사 술부를 가진 외치 *to*-절	*	*
형용사 술부를 가진 외치 *to*-절	*	**************

도표 3.3 동사와 형용사에 통제되는 외치 구문에서 *to*-절의 빈도
(단, '*' 기호 하나는 1,000,000 어휘당 100회의 출현 빈도를 나타냄)

to-절이 외치 구문과 연관되고, 이 외치 구문은 다시 형용사 술어와 연관되는 것과 같은 이러한 문법적 연관은 학술 산문에서 *that*-절보다도 *to*-절이 일반적으로 선호되는 현상을 설명하는 데에 도움이 된다. 사실 이러한 유형은 본 장의 초반부에서 예시한 바와 같은 일반적인 용법 유형들과 잘 부합된다. 따라서 앞서 논의한 바와 같이 학술 산문에서는 동적 정보보다는 정적 정보 모음이 더욱 선호된다는 사실을 명사화형 빈도가 더 높고 동사에 비해서 명사가 사용되는 비율이 훨씬 높다는 점을 통해 확인할 수 있다. 마찬가지로 픽션과 대화에서는 특정인의 행위에 대해서 서술하지만 학술 산문에서는 일반화된 상태나 과정을 선호한다는 것을 알 수 있었다. 형용사 술어를 가지는 외치 구문은 다음의 두 가지 기능을 수행한다. 즉, 이들은 특정인에게 귀속될 수 없는 명제를 제시하며, 또한 *think*나 *feel* 같은 동적 행위 혹은 과정보다는 *possible*이나 *difficult* 같은 형용사 술어를 사용하여 정적인 상황에서의 명제의 틀을 구성해 준다. 이처럼 *to*-절의 전형적인 문법적 연관성은 의사 소통을 우선으로 여기는 학술 산문에 부합하기 때문에 학술 산문 레지스터에서는 *to*-절 의존도가 훨씬 강한 결과를 보여 준다.

that-절과 *to*-절을 보다 완전하게 비교하기 위해서는, *that*-절의 유형을 유사한 수준으로 상세하게 해석해야 하는데, 이를 통해 대화에서 그 구조들이 전반적으로 더 선호된다는 것을 설명할 수 있게 된다(이 문제에 대해서는 4장에서 어휘 연관에 초점을 맞추어 다시 논의한다). 여기에서 중요한 것은 레지스터 사이에서 문법 자질들의 용법 유형을 설명하는 데 있어서 문법 연관 유형의 체계성과 중요성을 간단히 보이는 것이다.

3.5. 동의적인 구조적 변이형들 간의 선택에 연관되는 요인들

모든 언어의 문법에는 의미가 거의 동일한 수많은 구조적 변이형이 포함되어 있다. 예를 들어 능동태와 수동태 구문들은 다음 예문에서와 같이 그 의미가 매우 유사한 경우가 많다.

(27) a. 능동태

A split exhaust pipe had caused Brundle's trouble.

b. 수동태

Brundle's trouble had been caused by a split exhaust pipe.

마찬가지로 두 개의 목적어를 갖는 절은 다음 예문과 같이 의미 변화가 거의 없이 직접 목적어와 간접 목적어를 사용하여 대체 표현이 가능하다.

(28) a. 동사 + 명사구 + 명사구:

The strain of unrelenting analytical effort gave Mr. Sammler a headache.

b. 동사 + 명사구 + 전치사구:

The strain of unrelenting analytical effort gave a headache to Mr. Sammler.

That-절 또한 의미가 거의 동일한 주어 위치에 출현하는 구문과 외치 구문이라는 두 개의 구조적인 변이형을 갖고 있다. 앞 절에서 소개한 구조적 대체 표현에 추가하여 *that*-절은 주어 위치에 출현할 수 있다.

(29) *That these identifications are circular* is unimportant at the moment.

앞 절에서 소개했던 외치 구문은 주어 위치에 있는 *that*-절과 구조적으로 대체가 가능한 표현이다.

(30) It is unimportant at the moment *that these identifications are circular*.

용법의 관점에서 제기될 수 있는 명백한 의문은 왜 언어는 구조적으로 대치

가능한 동일한 혹은 동등한 의미를 갖는 표현을 갖고 있는가라는 것이다. 즉, 이 대체 가능 표현들은 어떤 다른 목적을 갖고 있으며, 화자는 어떤 표현을 언제 사용해야 하는지를 어떻게 아는가이다. 이러한 의문들은 2장에서 다루었던 '동의적' 어휘들 중에서 어떤 어휘를 선택하는가와 관련된 문제와 유사하다. 이 절에서는 주어 위치 *that*-절과 외치 *that*-절의 용법을 비교함으로써 이러한 문법적 문제들을 코퍼스-기반 연구 방법으로 설명하는 예를 보인다. 우선 대체 표현들 중에서 어떤 한 가지를 선택하는 것에 영향을 미치는 다양한 담화 요인들에 대해서 검토하고, 이어서 그 결과를 엄선된 ESL 교과서에서 이러한 구조적 대체 표현들이 어떻게 다루어지는지와 비교한다.

3.5.1. 주어 위치 *that*-절과 외치 *that*-절의 선택 요인

주어 위치 *that*-절은 모든 레지스터에서 그 출현 빈도가 매우 낮다. 학술 산문에서는 주어 위치 *that*-절은 1,000,000 어휘당 약 5-10회 정도 나타날 뿐이고, 외치 *that*-절은 그보다 20배나 많이 출현한다. 구어 코퍼스에서는 주어 위치 *that*-절은 사실상 존재하지 않는다.

외치 구문 선호에 대해서는 일반적으로 비중 있는 구성 요소를 문장 끝에 놓는 것을 선호하는 경향으로 부분적으로나마 설명할 수 있다. 문장 처리 관점에서 보면, 이 외치 구문 선호 현상은 독자들이 문장의 본동사를 더 빨리 찾을 수 있게 해 준다. 주어 위치 *that*-절의 경우, 독자는 문장의 본동사를 처리하기 전까지 주어 위치에 있는 길고 복잡한 구조를 처리해야 하기 때문에 의미 이해에 어려움을 겪을 수 있다. 예를 들어서 다음 예문을 비교해 보자.

(31) a. 외치 *that*-절

It follows *that frequentist probability is conceptually inadequate for the design or licensing of hazardous facilities.*

b. 주어 위치 *that*-절

That frequentist probability is conceptually inadequate for the design or licensing of hazardous facilities follows.

그렇지만 이와 같은 전반적인 선호 경향을 고려한다 해도 어떠한 이유로 화자가 주어 위치 *that*-절을 사용하는가라는 점은 의문으로 남는다. 그 용법에 관련된 요인들은 무엇인가? 이런 종류의 문제들은 세밀한 코퍼스-기반 연구 방법을 이용하여 밝힐 수 있다. 여기에서는 Longman-Lancaster Corpus에서 나타나는 모든 주어 위치 *that*-절의 용례 목록을 작성하였다. 주어 위치 *that*-절 구조는 드물기 때문에 체계적인 용법 유형을 찾기 위해 출현한 모든 예를 살펴보기가 용이하다. 그러나 이 방법은 앞 장에서 설명한 방법과 상이한 연구 방법임을 알아야 한다. 한편에서는 수백 개에 이르는 예에서 일반적 유형을 찾아내는 컴퓨터 검색 기법을 이용하는 대신 문맥 속에서 출현하는 모든 예를 검사하였다. 그리고 다른 한편에서는 용법 유형을 설명하는 데에 정량적 방법은 이용하지 않는다. 출현 빈도가 낮은 용례의 경우 정량적 유형들이 다른 코퍼스에서도 반복될 가능성은 없다.

그렇지만 상세한 정성적 연구 방법을 이용한다고 해서 명백한 용법 유형 검색을 배제하는 것은 아니다. 여기에서는 두 가지 유형이 합쳐져 있다. 주어 위치 *that*-절은 다음의 경우 사용된다.

1. 본동사 뒤에 나오는 문장의 술어가 흔히 다른 *that*-절과 같이 길고 복잡할 때

그리고

2. 주어 위치 *that*-절이 앞에서 알려져 있거나 또는 이미 알려져 있는 것으로 여겨지는 정보, 즉, "주어진" 정보를 서술할 때

예를 들어 다음 텍스트의 이탤릭체 문장에는 하나는 주어, 그리고 다른 하나는 술어인 두 개의 *that*-절이 들어 있다. 그리고 [ ] 안에 표시된 주어 위치 *that*-절은 그 앞 문장에서 바로 직전에 정해진 생각(즉, that labor power is a commodity라는)을 다시 한 번 서술하고 있다.

(32) Under the capitalist process of production, labour power itself becomes a commodity belonging to the capitalist and "the right to use that power for a day belongs to him, just as much as he has a right to use any other commodity... *[That labor power is a commodity] means that the worker functions as a thing...*

이 문장을 외치 구문으로 전환한다면, 본동사 뒤에 두 개의 복잡한 구문 즉, 두 개의 *that*-절이 오게 되어 처리하기가 매우 어렵다.

(33) *It means that the worker functions as a thing that labor power is a commodity.*

다음의 인용문에서 주어 위치 *that*-절을 가지는 문장도 역시 본동사의 뒤에 오는 길고 복잡한 구조를 가지고 있다.

(34) The location and other characteristics of the schools associated with the project suggested that the sample of low attainers drawn from them would be representative of the lowest 40 per cent of attainers nationally. *[That this was so] was demonstrated by using a reference test of APU items which had parameters established in national surveys.*

여기에서는 대괄호로 표시되어 있는 주어 위치 *that*-절에서 이미 알려져 있는 정보는 "the sample was representative"라는 의미를 가진 지시 대명사 *this*로 간단하게 지시되어 있다. 이 문장의 경우 본동사인 *was demonstrated* 뒤에 오는 구문은 *by* 전치사구로서 그 안에 *of APU items*라는 다른 전치사구와 또 다른 전치사구인 *in national surveys*를 포함하고 있는 관계절 *which had parameters...*를 포함하고 있어서 대단히 복잡하다.

마지막으로 어떤 경우에는 주어 위치 절에 부여되는 정보는 확정된 사실을 지시한다는 점에서 '주어진' 것이라고 볼 수 있다. 다음 예문은 날개 달린 곤충의 진화에 대한 논의인데, 단순한 주어 위치 *that*-절 대신에 실제로 *the fact that*으로 시작하는 주어 명사구를 사용하였다.

(35) The remains of the earliest winged insect from the Upper Carboniferous give no indications of how and where the Pterygota arose. *[The fact that in many insect groups the newly emerged adults show a slow gliding type of flight linked to dispersal] suggests, however, that the earliest winged insects may have evolved in temporary habitats of small, erect plants...*

이 문장의 경우 전달하고자 하는 명제는 '새롭게 출현한 성충은 천천히 활공하다가 사방으로 흩어진다'는 것인데, 이 명제는 앞선 담화에서 소개되지 않았다. 그렇지만 이 구문을 사용하여 이미 알려진 사실을 전제하게 된다. (이 예문에서도 본동사 뒤에 *that*-절이 오는데, 이를 외치 구문으로 전환하면 처리하기가 매우 어려워진다.)

이들 두 담화 요인은 하나 혹은 둘 다 Longman-Lancaster Corpus 내에서 검색되는 주어 위치 *that*-절의 거의 모든 예문에서 찾아볼 수 있다. 만일 100,000,000 어휘 혹은 그보다 더 큰 대형 코퍼스를 분석한다면, 이 각각의 요인들이 확고하다는 것을 정량적으로 더 정확하게 계산하기에 충분한 예를 확보할 수 있을 것이다. 그렇지만 앞에서 요약한 상세한 담화 분석은 이러한 요인들이 외치 구문보다는 주어 위치 *that*-절의 선택에 중요한 영향을 미친다는 점을 보여 주기에는 충분하다.

3.5.2. ESL 교과서와의 비교

앞 장에서 현대 사전들은 구어와 문어 텍스트에서 가장 일반적으로 찾아볼 수 있는 실제 용법 유형을 보여 주는 데 있어서 그 효과가 고르지 않다는 것을 살펴보았다. 마찬가지로, 코퍼스-기반 연구 결과는 ESL 학생용 교재에서 제시하는 데에 활용될 수 있다. 이 경우 문법적 구문들에 대한 연구 결과들이 특히 중요하다.

예를 들어, 앞 절에서는 주어 위치 *that*-절의 용법이 언어적, 비언어적 특징 모두와 깊게 관련되어 있다는 점을 보여 주었다. 우선 이들 절은 해설적인 문어 레지스터에서 주로 나타나고 대화에서는 실제로 전혀 나타나지 않았다. 둘째, 전문적인 문장에서 이들의 용법은 복합 술어와 이미 알려진 정보 표현이라는 두 가지 담화 요인들과 관련되어 있다. 이러한 유형들은 ESL 학생들에게는 매우 유익할 수 있다. 왜냐하면 적절한 구문을 적절한 때에 사용하는 것은 한 언어의 의사 소통 능력 개발에 필수적인 부분이기 때문이다.

그러나 ESL 교과서들은 언어 용법에 관한 신뢰할 만한 정보를 제공해 주지 못하는 경우가 흔하다. 예를 들어 〈표 3.4〉는 4권의 ESL 교과서에서 주어 위치 *that*-절을 어떻게 다루고 있는가를 간략하게 요약하여 제시하고 있다. 이 교과서들 중 두 종은 문법에 중점을 두고 있고, 다른 두 종은 학술·대학의 쓰기 능력에 중점을 두고 있다. 네 종의 교과서 모두 주어 위치 *that*-절에 관한 예문을 들거나 설명을 싣고 있다. 추가적으로 두 종은 주어 위치 *that*-절에 관한 연습문제(그중 하나는 구두 연습문제)를 포함하고 있다. 그렇지만 이들 중 어느 교과서도 주어 위치 *that*-절을 어떤 경우에 사용하는가에 대해서는 설명해 주지 않는다. 학생들은 이와 같은 구문이 존재한다는 것은 알지만, 그 기능이 무엇이고 또 그것을 언제 사용하는 것이 적절한가에 대해서는 모른다.

코퍼스-기반 연구 결과를 이용하면 두 가지 점에서 이 교과서들을 개선할 수 있다. 첫째, 대상 레지스터에서 가장 보편적으로 발견되는 구문을 교과서에서 강조할 수 있다. 학생들은 대부분 예를 들어, 일상 대화를 유창하게 할 수 있도록 해 주는 영어 대화나 교육적 읽기와 쓰기 과제를 능숙하게 수행하게 해 줄

표 3.4 4권의 ESL 교과서에서 주어 위치 *that*-절의 용법 비교

교과서 종류	예문과 설명	연습문제의 수	변이형에 대한 설명
문법 (Azar 1989)	있음	구어 2 문어 1	없음
학술 문법 (Danielson & Porter 1990)	있음	0	없음
대학 글쓰기 (Jenkins 1986)	있음	문어 1	없음
학술적 쓰기 (Spack 1990)	있음	0	없음

수 있는 학문 목적 영어 등의 특정 목적을 가지고 영어를 공부한다. 학생들의 의사 소통 목적을 고려하여 이를 달성할 수 있게 하기 위해서 학생들이 가장 많이 마주치게 될 문법 구문을 가르칠 수 있는 방향으로 교과서를 만들 수 있다. 이 경우에 모국어 화자들이 구어 담화에서 거의 사용하지 않는다는 것을 고려하면 주어 위치 *that*-절을 학생들이 구두 연습하여 얻을 수 있는 것은 거의 없다.

둘째, 학생들은 어떤 경우에 상이한 구조적 변이형을 사용해야 하는가에 관한 설명을 제공받을 수 있다. 이 경우에 주어 위치 *that*-절에 관한 기본 정보와 복잡한 술어들 간의 관련성에 대해서 설명할 수 있으며, 이들 유형에 해당하는 예문이나 연습문제도 포함시킬 수 있다. 이러한 방법은 학생이 읽기에서 접하는 주어 위치 *that*-절의 정보적 함의implications를 이해할 수 있게 해 줄 것이며, 또한 결과적으로 쓰기에서 그러한 구조들을 적절하게 사용할 수 있도록 도움을 주게 될 것이다.

요약하면 코퍼스-기반 연구는 언어의 기능과 용법에 관한 학문적 이해를 위해서 유용할 뿐만 아니라 언어 교육에도 도움이 된다. 실제 용법 유형을 교육의 기본으로 삼음으로써 학생들이 다양한 문맥에서도 언어를 적절하게 산출하고 이해하기 위해서 필요로 하는 도구들을 갖춰 줄 수 있다.

3.6. 마치며

이 장에서는 무엇보다 경험적인 문법 연구에 초점을 두었다. 형태 자질들, 문법적 품사, 그리고 통사 구조 등의 다양한 수준에 있어서의 문법 연구를 위해 코퍼스-기반 연구 방법이 어떻게 이용될 수 있는가를 예를 들어서 제시했다. 문법 자질들이 다양한 레지스터들 사이에서 체계적으로 분포하고 있다는 것을 보임으로써 레지스터 사이의 차이점이 매우 중요하다는 반복되는 주제에 대해서 예를 들어 설명했다. 반복하여 말한다면, 모든 영어에 일반화시킬 수 있는 유형들은 어느 특정 텍스트나 레지스터에는 해당되지 않을 수 있다. 오히려, 이렇게 일반화된 유형들은 다만 레지스터들 사이에서 발견되는 중요한 용법 유형들의 차이를 줄여 주게 될 것이다. 더 나아가서, 이 장에서는 레지스터별로 상이한 의사 소통 목표와 특징들의 측면에서 이 레지스터 유형들을 기능적으로 해석할 수 있는 방법을 예와 함께 제시했다.

이어지는 두 개의 장에서도 언어적 특징에 관한 심도 있는 고찰을 계속한다. 4장에서는 어휘론과 문법의 접합면에서의 용법 유형을 조사하여 문법 자질과 품사 사이에 어떤 체계적인 연관 유형들이 있는가를 제시한다. 그리고, 5장에서는 상위 구조로 옮겨, 코퍼스-기반 연구 방법을 이용하여 담화적 특징을 연구할 수 있는 방법에 대해서 논의한다.

더 읽을 거리

코퍼스-기반 문법 연구 문헌 중에서 단행본 정도의 길이를 갖는 문헌: 조동사(Coates, 1983), 분열문(Collins, 1991b), 수동태(Granger, 1983), 부정사 종속절(Mair, 1990), 동격문(Meyer, 1992), 부정(Tottie, 1991).

명사 구조에 관한 몇 가지 단행본과 논문들: 후치 수식절의 구조적 선택 개괄(de Haan, 1989), 대화문의 관계절(Fox and Thompson, 1990), 관계 부정사(Geisler, 1995), 레지스터 사이의 명사의 고정 비율(Hudson, 1994), 관계사 *whose*와 *of which*(Johansson, 1995), 기술적technical 영어에 있어서의 명사구 구조(Varantola, 1984).

그 밖에도 영문법 연구를 위해 코퍼스-기반 방법을 이용하여 다수의 연구 논문이 발표되었다. (보다 많은 논문에 관한 자세한 사항은 다음의 연구 논문을 참조할 것. Aijmer & Altenberg 1991, Johansson & Stenstrom 1991, Aarts & Meyer 1995. *The Longman Grammar of Spoken and Written English*(Biber, Johansson, Leech, Conrad, & Finegan, 1999)는 이 장에 나온 분석과 유사한 다수의 분석을 포함하여, 코퍼스-기반 관점에서 영문법을 포괄적으로 연구한 결과를 제공해 준다.

4. 어휘 · 문법

4.1. 어휘·문법 문제 연구

2장과 3장에서는 코퍼스-기반 연구 차원에서 특정 어휘와 문법 자질에 대해 알아보았다. 특히 2장에서는 어휘가 어떻게 다른 어휘와 강력한 연관 유형, 즉 "연어collocation"를 구성하는가에 대해서 검토했다. 그렇지만 이러한 유형뿐만 아니라 어휘와 문법 구조 사이의 연관, 즉 어휘·문법lexico-grammatical 연관에도 역시 유형이 존재한다. 이 장에서는 어휘와 그 문법 환경, 혹은 문법 구조와 어휘 환경의 관계에 대해 초점을 두고 살펴본다.

어휘·문법 연관에 관한 연구는 의미가 거의 동일한 어휘 혹은 구조를 구별하고자 할 때에 특히 유용하다. 그리고 어휘·문법 연관에 관한 연구는 어휘와 문법의 두 가지 측면에서 고려할 수 있다. 즉, 의미가 거의 동일한 두 어휘와 상이한 문법 구문들과의 연관, 그리고 의미가 거의 동일한 두 개의 문법 구문들과 다른 품사에 속하는 어휘들과의 연관을 살펴봄으로써 의미가 거의 유사한 두 어휘를 구별할 수 있다.

이 장에서는 이 두 가지 연구 문제를 예를 통해서 살펴본다.

1. 거의 동일한 문법 특징과 의미를 갖는 어휘들은 문법적 연관과 관련되는 용법 유형의 관점에서 어떻게 구별될 수 있는가?

이 유형에 대해서는 두 가지 예를 통해 살펴본다. 첫째, 4.2에서는 의미가 거의 동일한 형용사인 *little*과 *small*의 문법 연관에 대해 자세히 살펴본다. 이 두 어휘는 의미가 매우 유사하여 한정적 위치와 서술적 위치에 모두 출현할 수 있어서 두 어휘가 거의 동의어라는 것을 뒷받침하고 있다. 그렇지만 코퍼스-기반 연구를 통해서 이 두 어휘는 한정적 위치와 서술적 위치에 대한 선호도가 다르고, 또한 이러한 선호도는 여러 레지스터에 걸친 분포와도 명백하게 연관되어 있다는 것을 밝힌다.

둘째, 4.3에서는 의미가 거의 동일한 두 개의 동사 *begin*과 *start*의 문법적 연관에 대해 살펴본다. 이 두 동사는 동일한 결합가 유형 범위를 가질 때 문법적이다. 즉 이 두 동사는 문법적으로 같은 종류의 절 구성 요소를 가지기 때문에 문법적이다. 예를 들어 두 동사 모두 자동사 혹은 직접 목적어를 갖는 타동사로 사용할 수 있다. 그렇지만 코퍼스-기반 연구를 통해서 이들 두 동사는 실제로 각각 선호하는 문법 연관에서 매우 다르다는 점을 밝힌다.

2. 상이한 어휘 연관이라는 관점에서 의미가 거의 동일한 문법 구문 용법을 어떻게 이해할 수 있는가?

이 문제는 앞 장에서 시작한 *that*-종속절과 *to*-종속절에 관한 연구의 연속으로서, 4.4에서는 이들 종속절 유형의 전체적인 분포 차이가 상이한 어휘 연관과 어떻게 관련되는지에 대해 밝힌다. 이 분석을 통해서 각각의 종속절 유형은 자주 공기하는 특징적인 동사 집단을 갖고 있음을 보이고, 특정 동사가 두 가지 종속절 유형과 공기할 수 있는 경우에도 실제 용법에서는 두 종속절 중 어느 한 가지를 매우 선호한다는 것을 밝힌다.

4.2. 거의 동의어인 어휘들의 문법적 연관: *little*과 *small*

2장에서는 의미가 거의 같은 어휘들이 어휘 연관 유형, 혹은 "연어"의 관점에서 어떻게 구별될 수 있는가를 검토했다. 그 결과 형용사 *big, large, great*가 각기 다른 명사군과 주로 공기하는 경향이 있다는 것을 밝혔다. 또한 관련된 어휘들은 또한 상이한 문법 연관을 통해 구별된다는 것도 알게 되었다. 이 절에서는 형용사 *little*과 *small*을 비교하여 이 형용사들의 한정적 기능과 서술적 기능과의 연관 관계에 대해 연구한다.

한정 형용사는 명사에 선행하여 해당 명사에 관한 정보를 부여한다. 예를 들면 다음과 같다.

(1) a. The *little* girl next door pulled him through the fence.

b. But I'm not a *small* person.

한편 서술어 위치에 오는 형용사는 연결 동사copula의 뒤에 위치하여 문장의 주어인 명사에 대한 정보를 제공한다는 점에서는 한정 형용사와 유사하다. 예를 들면 다음과 같다.

(2) a. When she was *little*, she couldn't say Jessica.

b. Did you think it would be too *small*?

한정 형용사를 사용하면 결과적으로 서술 형용사보다 훨씬 통합적 구조를 갖는 구문을 만들게 된다. 즉, 서술 형용사는 한정 형용사가 사용된 명사구와 동일한 정보를 표현하기 위해서는 절 전체를 필요로 한다.

서술 형용사: 명사구 BE 동사 형용사
한정 형용사: 형용사 + 명사

형용사 *little*과 *small*을 구별해 줄 수 있는 요인을 살펴보면서 이 두 어휘가 한정 위치와 서술 위치에서 달리 사용될 수 있는지를 생각해 보았다. 이 가능성을 조사하기 위해서 대화문과 학술 산문 코퍼스 내에서 이들의 분포를 분석했다. 즉 British National Corpus(BNC)의 대화문에서 약 5,000,000 어휘, Longman-Lancaster Corpus의 학술 산문에서 약 5,000,000 어휘를 이용했다. 이 코퍼스의 텍스트에는 주석 프로그램을 이용하여 각 어휘의 품사 주석, 형용사의 한정 용법과 서술 용법에 대한 주석도 함께 자동적으로 부여했다.(방법론 4와 5 참조) 그러나 *little*과 *small*의 분석은 실제 언어 사용의 복잡성 때문에 자동화 기술을 이용할 때 발생할 수 있는 문제들을 보여 주는 좋은 예이다. 그러므로 4.2.2에서 *little*과 *small*의 분석 결과를 논의하기 전에 4.2.1에서 우선 잠재적으로 중의적인 구조를 분석할 때 고려해야 할 방법론적인 문제들에 대해 논의하고, 수작업 분석과 자동 분석의 통합에 대해서 설명한다.

4.2.1. 자동 분석 기술과 수작업 분석 기술의 통합

앞의 여러 장과 방법론 5에서 설명했던 바와 같이 자동 분석 결과의 정확성을 확인하고, 결과에 영향을 미칠 수 있는 부정확한 분석을 수정하는 것은 중요하다.

자동 분석을 조사하는 편리한 방법은 KWIC(Key Word in Context) 파일을 이용하는 것이다. 이 경우 주석 코퍼스의 텍스트를 모두 검색하여 각 문법 기능 범주별로 각각의 형용사의 KWIC 파일을 만들기 위해 독자적인 프로그램을 작성했다. 다만 *little*과 *small*의 한정 용법과 서술 용법의 범주에 한정 혹은 서술 그 어느 쪽 주석도 부여되지 않은 경우가 가끔 있었기 때문에 세 번째 범주인 '무주석no tag'이라는 주석을 설정했다.

KWIC 파일은 주석과 문맥 모두를 쉽게 볼 수 있기 때문에, 주석의 정확성을 확인하기에 효과적인 방법이다. 〈도표 4.1〉은 한정 형용사 주석이 부여된 *small*의 KWIC 파일의 예를 보여 준다. "type"은 "Atrb"를 의미하며(즉 목표 어휘는 한정 형용사 주석이 부여되어 있다), "file"은 텍스트 확인 번호이며, 목표어 *small*은 화살표 뒤에 위치한다.

〈도표 4.1〉의 세 가지 예는 모두 주석이 정확하게 부여되어 있다. 실제로 한정 용법이라고 할 수 있는 거의 모든 어휘는 주석이 정확하게 부여되어 있었다. 그렇지만 '서술 용법'과 '무주석' 두 범주의 경우 문제가 있었다.

첫 번째 문제는 서술 용법이라고 주석된 예들이었다. 이 예들 중에서 몇 개

Type = Atrb
File = 00116 . TEC

worthless . In a single spikelet two to seven pistils
develop and are generally inherited as monogenic recessives . The
··········► small
misshapen grains add nothing to yield and break up
on milling . Plural embryos within a single ovule also

Type = Atrb
File = 00141 . TEC

generated in the soil , for it enters the plant
roots and affords extra nutrient over and above what the
··········► small
leaves are taking in . Hence a supply of
humus , which continuously yields carbonic acid , is advantageous

Type = Atrb
File = 00208 . TEC

cm in diameter (fig . 27) . On
section . at the centre of each lesion is a
··········► small
bronchus containing lungworms and mucopurulent exudate .
Microscopically , the epithelium is hyperplastic with an increase

도표 4.1 한정 형용사로 주석된 *small*의 KWIC 파일

는 실제로 한정 형용사였다. 예를 들어 대화에서는 다른 화자의 말 끼어들기로 인해서 어떤 형용사들은 그 머리 명사head noun로부터 분리되었는데, 다음 예와 같이 자동 분석에서는 한정 형용사로 인식되지 않았다.

(3) A: Cos they have little

B: We -

A: milk bottles at nursery school don't they?

게다가 학술 산문에서는 전혀 형용사가 아님에도 불구하고 서술 형용사로 틀리게 인식된 *little*을 많이 찾아볼 수 있었다. 이 경우에 *little*은 실제로는 대용형pro-form[1] 혹은 부사였다.

(4) 대용형pro-form 용법의 *little*:

There is *little* in the way of printed and audio-visual material that the clearing-houses do not attempt to acquire.

(5) 부사 용법의 *little*

The output for training patterns F'1 to F'3 is *little* affected by removal of XI…

서술 용법의 형용사 중에서 주석이 잘못 부여된 것은 *small*보다 *little*이 더 많은 것 같았다. 그렇지만 분명한 것은 두 형용사 모두 수정해야 할 예가 무척 많았다는 점이었다.

두 번째 문제는 한정 용법, 서술 용법의 어느 쪽 주석도 없는 "무주석"의 범주에 관한 것이다. 해당 KWIC 파일을 자세히 검토해 보면 이 "무주석" 범주에는 네 가지 유형이 있음을 알 수 있었다. 첫 번째 유형은, 실제로는 한정 형용사인 경우인데, 이 경우는 복잡하거나 비문법적인 명사구 때문에 자동 분석이 불가능한 경우가 자주 발생하였다. 대화에서는 명사구들이 흔히 구두점으로 표시되는 휴지pause, 대화 채움어filler, 담화 표지(예를 들어 *you know*)가 중간에 포함되어 있는 경우가 있으며, 학술 산문에는 길거나, 하이픈이 달려 있거나, 등위 전치 수식어가 포함되어 있는 경우가 있었다.

(6) 대화에서 중단된 명사구:

a. Shut up you *little*…cow.

b. It turns into one of those *little* you know turtles.

(7) 학술 산문에서 하이픈으로 연결되거나 혹은 등위 전치 수식어:

1 문장이나 문맥 속에서 보이는 다른 부분에 의해 그 의미가 결정되는 어휘. e.g. 'I like Ruth but I don't love her.'에서 *her* — 역자 주.

a. The *small* rough-shelled larvated eggs are characteristic…

b. Or it may have *little* or no practical effect.

"무주석" 파일에서 찾을 수 있는 두 번째 유형은 실제로는 서술 형용사인 경우이다. 동사와 서술 형용사 사이에 구두점이나 부사가 오면 다음 예와 같이 자동 분석에 많은 문제가 발생하게 된다.

(8) a. Sterility is, however, *small* if the day temperature is high.

b. …it is by no means *small* for a brachiopod.

세 번째 유형은 실제로는 형용사가 아닌 *little*과 *small*의 용법이다. 이 경우 앞에서 서술 용법으로 오인된 예와 마찬가지로 이 예들은 학술 산문에서 더 자주 발생하는데, 실제로는 대용형 혹은 부사였다.

(9) a. Endosperm, this, the "kernal," is the part of the plant of greatest value but comparatively *little* is known of the genes involved in its characters.

b. Rooting depth alone is rarely a good indicator of root growth and function so that radioisotopes are currently *little* used.

네 번째 유형도 마찬가지로 서술 용법의 오류와 유사하였는데, 다음 예에서처럼 대화 문장의 불연속성 때문에 자동 분석이 불가능한 형용사들이었다.

(10) a. A: Cottage industries. What do you think I mean by cottage industries?

B: A small???

C: *Small*. you know what a cottage is, it's a small house.

b. A: go on again then if you

B: Big and *small*.

C: Big and small well done.

이 경우에는 수작업 분석을 통해서도 한정적 기능과 서술적 기능 중 어느 쪽을 의도한 것인가를 결정할 수 없다. 자연스러운 대화에서는, 사람들은 자주 반복해서 이야기하거나 어휘를 반복한다. 이는 사람들이 대화를 나눌 때에는 문제되지 않지만, 그 대화를 분석하는 언어학자들에게는 문제가 된다. 이 경우에는 대화에서 이런 예들이 발생하는 것은 주석 부여 프로그램이 잘못 분석했다기보다 오히려 이 예들이 문법적으로 불명확하기 때문이라서 차라리 이들을 다른 범주로 분류하거나 정량적 분석에서 전부 제외시켜야 한다.

서술 용법과 "무주석" KWIC 파일을 보면 자동 분석 결과는 여러 측면에서 왜곡될 수 있는 가능성이 있다는 것을 명확히 알 수 있다.

- 서술 용법의 수가 부자연스러울 정도로 적은데, 이는 일부 한정 용법의 예를 서술 용법 혹은 무주석으로 잘못 분석했기 때문이다.
- 서술 용법의 수가 의심스럽다 — 한정 용법이나 형용사가 아닌 것을 포함하고 있어서 부자연스러울 정도로 많은 경우도 있을 것이나, 서술 용법을 무주석으로 해석한 경우도 있어 오히려 감소된 경우도 있을 것이다.
- 형용사의 수가 부자연스러울 정도로 많았는데, 이는 형용사가 아닌 것이나 문법적으로 불명확한 것을 포함하고 있기 때문이다.
- 많은 예가 '무주석'의 범주에 포함된 탓에 전혀 분석되지 않은 경우가 많았다(학술 산문에서 *little*의 경우, 전체 예의 27%에 이른다. 자세한 통계는 〈표 4.1〉 참조).

이런 유형의 문제와 자동 분석 결과 수치를 수동 편집할 필요가 명백하게 있음을 생각하면 자동 분석의 유효성에 대해서 의문을 품을 수도 있다. 그러나 이 경우 8,020개의 출현 예 중 6,000개 이상의 예가 올바르게 분석되었다는 점을 주목해야 한다. 즉 한정 형용사로 인식된 6,090개의 예 중 대부분은 정확하게 분석되었다는 것을 의미한다. 더 나아가서 다음에 설명하는 바와 같이 출현 예 모두를 수작업으로 분석하는 것보다는 약간의 수작업을 거쳐서 숫자를 조정하는 것이 더욱 효율적이다.

표 4.1 자동 분석을 통한 문법 기능별 형용사 *little*과 *small*의 출현 빈도

	한정 용법	서술 용법	'무주석'(문법 기능의 주석 없음)	합계
대화(약 500만 어)				
little	2,101	104	405(16%)	2,160
small	399	72	158(25%)	629
학술 산문(약 500만 어)				
little	1,033	65	411(27%)	1,509
small	2,557	316	399(12%)	3,272
합계	6,090	557	1,373	8,020

대형 코퍼스를 대상으로 작업할 경우 수작업 편집은 매우 지루하고 많은 시간이 걸릴 수 있다. 예를 들어 앞의 예시용 연구에서는 '무주석' 범주로만 1,400개가 출현한다. 다행히도 이 출현 예들을 거의 비슷한 수준의 정확도를 유지하면서도 효율적으로 확인하는 다른 방법이 있다. 이 방법은 전체 출현 빈도를 조정하기 위해서 소규모 표본에서의 출현 빈도 비율을 이용한다. 일반적으로 작업 순서는 다음과 같다.

1) 수작업 편집이 필요한 범주를 대상으로 하여 출현 표본을 무작위로 추출한다. 2) 수작업으로 그 추출한 표본의 문법 자질을 분석한다. 3) 그 무작위 표본에서 각 변이형의 사용 비율을 계산한다. 4) 3 단계에서 계산한 비율을 해당 범주의 전체 출현 빈도와 곱한다. 5) 마지막으로 4단계에서 계산한 숫자를 더하거나 빼서 원래의 빈도를 조정한다. 완벽한 연구를 위해서는 표본 간의 비율을 비슷하게 맞추기 위해서는, 한 개 이상의 무작위 표본을 각 범주로부터 추출해야 한다. 여기에서는 간략하게 표본 한 개만을 사용하여 연구하는 방법을 예로 들었다.

이와 같은 분석을 통해 *little*과 *small*의 서술 용법과 '무주석'의 출현 예에 문제가 있음을 확인했다. 따라서 각 레지스터에서 각각의 형용사에 대한 무작위 표본 100개씩을 수작업으로 분석했는데, 구체적으로는 대화의 서술 형용사

little 100개, 대화의 '무주석'의 *little* 100개, 그리고 대화의 서술 형용사 *small* 100개, 대화의 '무주석' *small* 100개를 각각 추출하여 분석하였으며, 학술 산문도 동일한 방식으로 무작위 표본 분석을 실시했다. 다만 전체 예가 100건보다 적거나 혹은 약간 넘는 범주의 경우, 모든 출현 예를 분석했다.

이 분석에서의 출현 예는 다음의 세 집단 즉, 한정 용법, 서술 용법 그리고 형용사가 아니거나 문법적으로 불명확한 집단 중 하나로 분류되었다. 각 집단의 출현 빈도를 합산한 후, 각 범주 내 집단별 비율을 이용하여 자동 추출한 빈도 결과를 조정하였다.

이 과정을 살펴보기 위해서, 우선 대화에서 *little*의 조정 단계를 생각해 보자. 우선 서술 용법으로 주석된 104개의 예 전체를 확인했다. 그 중에서 41개는 정확했으나 44개는 실제로 한정 형용사였으며, 19개는 형용사가 아니거나 문법적으로 불명확한 것이었다. 이어서 100개의 무작위 표본을 '무주석' 범주로 분석했다. 이 분석을 통해서 알게 된 것은 100개 중 57(57%)개가 한정 용법이며, 4%는 서술 용법이고 이어서 39%가 형용사가 아니거나 문법적으로 불명확한 것이었다. 이들의 비율에 '무주석'의 출현 수(405개, 〈표 4.1〉 참조)를 곱하면 다음과 같다.

한정 용법 출현 수: 0.57×405 = 231

서술 용법 출현 수: 0.04×405 = 16

즉 회화에 있어서 *little*의 실제 출현 수를 다음과 같이 조정할 수 있다.

	한정 용법	서술 용법	정보 출처
	2101	104	자동 산정 수(표 4.1에서)
	+44	-63	조정한 서술 용법의 수
	+231	+16	'무주석' 조정
합계	2376	57	

표 4.2 서술 용법 *little*과 *small*의 용법 비율

	대화	학술 산문
자동 산정 기반		
little	5%	6%
small	15%	11%
수작업 편집 후		
little	2%	〈1%
small	23%	13%

이러한 조정은 각 레지스터의 형용사별로 실행한다.

이와 같이 조정이 끝난 후에 각각의 문법 기능에 사용된 형용사의 비율을 계산할 준비가 되었다. 수작업 조정의 영향을 조사하기 위해 〈표 4.2〉에서는 우선 처음에는 자동 산정 결과, 그리고 이어서 조정 후의 형용사 서술 용법의 출현 비율을 보여 주고 있다.

〈표 4.2〉에서 알 수 있듯이 자동 산정과 조정 후의 결과 유형이 서로 유사하다는 것을 알 수 있다. 즉 *small*은 *little*보다 대화와 학술 산문 모두에서 서술 용법과 강하게 연관된다는 것을 알 수 있다. 그러나 이를 더 정확하게 조정한 수치에 따르면, 이와 같은 유형의 경향이 자동 산정 방식이 시사하는 것보다 더 강하다는 것을 알 수 있다. 게다가 조정한 숫자에 의해 *small*과 서술 용법이 학술 산문보다 대화에서 더욱 강하게 연관된다는 것도 알 수 있다.

4.2.2. *little*과 *small*의 문법 연관 유형의 해석

전 절의 끝부분에서 언급한 결과와 같이 형용사 *little*보다 형용사 *small*이 양쪽 레지스터에서 서술 용법과 한층 더 강한 연관을 가지며, 이와 같은 연관은 특히 대화에서 현저히 강하다는 것을 알 수 있었다. 그리고 이와 같은 문법 연관이 이들 두 형용사의 연어 연관과 흥미로운 방식으로 상호 작용하고 있다는 사실도 알 수 있다.

일반적으로 *little*은 *thing(s), boy(s), girl(s)* 같은 구상 명사 및 유정 명사들과

공기하는 경향이 있다는 점에서 *big*과 유사하다(2장 참조). 다음 예문을 보자.

(11) Can you imagine a *little* boy being called Horace?

이와 대조적으로 *small*은 일반적으로 *quantity(ies), amount(s), number, proportion* 같은 계량 명사와 공기하는 경향이 있다는 점에서 *large*와 유사하다. 예를 들면 다음과 같다.

(12) a. It's only a *small proportion* of what it costs.

b. Even very *small quantities* can be troublesome.

그러나 용례 검색 목록을 자세히 검토해 보면, 대화에서 서술 위치에 오는 *small*의 용법은 이러한 전형적인 어휘 연관은 없다. 그 대신에 대화에서 서술 위치에 오는 *small*은, 한정 위치에 오는 *little*의 용법과 유사하게 물리적인 크기를 묘사하는 경우에 자주 사용된다. 그러나 서술 용법의 *small*과 한정 용법의 *little*은 서로 다른 기능을 갖고 있다. 서술 위치에 오는 *small*의 발화 중심점은 서술 대상 인물의 '작음'을 중요한 특징으로 밝히는 데에 있다. 그러나 이와 대조적으로 한정 위치에 오는 *little*은 서술 대상 명사의 특징을 밝히는 기능을 수행하지만 발화 그 자체는 다른 목적을 갖는다. 다음을 비교해 보자.

(13) 서술 위치에 오는 *small*:

a. She's *small* and really skinny.

b. He's really *small*, isn't he?

(14) 한정 위치에 오는 *little*:

a. She's known me since I've been a *little* girl.

b. Well, he's like any *little* kid I think.

문맥을 고려하지 않으면 이 두 어휘는 거의 동의어라고 볼 수 있지만, 코퍼스-기반 분석에 의하면 두 어휘는 문법적 연관 유형과 어휘적 연관 유형에 있어서 중요한 차이점을 갖고 있다는 것을 알 수 있다. 그리고 이와 같은 두 집단의 연관 유형은 매우 중요한 상호 작용을 하는데, 그 결과로 인해서 이들 두 어휘는 레지스터 간에 다른 분포를 보인다.

4.3. 거의 동의어인 *begin*과 *start*의 문법 연관

이 절에서는 거의 동의어인 *begin*과 *start*의 용법에 대해 살펴본다. 대부분의 상황에서 이 두 동사는 대체 가능하다(예를 들어, "After the race started..."와 "After the race began..."). 사실 이 두 동사는 다른 절 구성 성분과 결합하는 데 있어서 완전히 동일한 문법적 가능성 즉, 동일한 결합가valency를 가지고 있다. 전통적인 관점에서 볼 때 기술 문법서에서는 이 두 동사의 가능한 문법 유형을 설명하는 것으로 그친다. 어떠한 이유로 언어에는 거의 동일한 의미를 가지면서, 같은 문법 유형 영역에서 사용되는 동사가 두 개 존재하는가에 대해서는 의문이 남는다. 그러나 코퍼스-기반 연구는 결코 이것이 결론이 아니라는 것을 보여 준다. 의미와 문법적 가능성이 유사함에도 불구하고 이 두 동사는 실제로 매우 다른 구조에서 쓰인다. 즉 각각의 동사는 다른 동사와 차별화되는 그 자체만의 강한 문법 연관을 갖고 있다. 이 두 동사들의 실제 용법이 완전히 다르다는 것을 지금부터 논의를 통하여 밝힌다.

동사는 그 결합가, 즉 다른 절 구성 요소와의 조합 가능성에 따라 구분할 수 있다. *carry*나 *buy* 같은 타동사는 직접 목적어를 한 개 갖지만 *come*이나 *sit*과 같은 자동사는 직접 목적어를 갖지 않는다.[2] *begin*이나 *start* 같은 동사들은 타동사와 자동사 유형을 둘 다 취할 수 있다.

2 예를 들어 *bring*이나 *give*와 같은 이중 타동사는 두 개의 목적어를 갖는다.

(15) 타동사 유형 — 명사구를 직접 목적어로 동반([ ] 안에 표시한 부분):

Then they *started/begin* [the quota system].

(16) 자동사 유형 — 직접 목적어 없음:

I had better issue a survival kit before we *start/begin*.

타동사 유형의 직접 목적어로는 위의 예와 같이 명사구가 가능하다. 그렇지만 *to*-절이나 *ing*-절도 직접 목적어가 될 수 있다. 그리고 *begin*과 *start*는 이 두 가지 변이형이 다 가능하다는 점에서 더욱 유사하다.

(17) 타동사 유형 — 직접 목적어로 *ing*-절을 동반([ ] 안에 표시한 부분):

They'd *started/begun* [leaving] before I arrived.

(18) 타동사 유형 — 직접 목적어로 *to*-절을 동반([ ] 안에 표시한 부분):

One of the wheels had *started/begun* [to wobble].

이 절에서는 *begin*과 *start*가 자동사, 명사구를 직접 목적어로 갖는 타동사, *ing*-절을 직접 목적어로 갖는 타동사, 그리고 *to*-절을 직접 목적어로 갖는 타동사로 쓰이는 경우 그 결합가 전위들과 어떻게 연관되는지에 대해서 살펴본다. 이 분석에는 Longman-Lancaster Corpus의 픽션과 학술 산문 레지스터(각 레지스터에서 약 2,000,000 어휘)를 이용한다. 형용사 *little*과 *small* 분석의 경우와 마찬가지로 결과와 해석에 대해 논하기 전에 몇 가지 방법론적 절차를 재검토한다.

픽션과 학술 산문 텍스트에서 분석 대상인 두 동사의 결합가 유형을 부호화하기 위해서 컴퓨터 프로그램을 작성했다. 하지만 어떤 결합가 유형들은 자동 분석 프로그램으로 정확하게 확인하는 것이 매우 어렵다. 이러한 예상 가능한 부정확성 때문에 *little*과 *small*을 분석할 때처럼 비율에 의한 조정을 하기보다는 전체 출력 파일을 수작업 편집하기로 하였다. 이 표본 연구의 편집 작업을 처리 가능한 범위로 한정하기 위해서 레지스터별 각 동사의 최대 출현 빈도를 250개로 제한했다. 그리고 연구 결과가 개별 텍스트나 작가의 특이한 성향에 전혀 영향을 받지 않도록 하기 위해서 대상 동사가 세 번째 출현할 때마다 부호화하도록 프로그램을 작성했다(특정 레지스터에서 동사 하나가 비교적 낮은 빈도로 나타나는 경우, 그 총 빈도가 최대 출현 빈도인 250개가 안 되는 경우도 있었다).

이 컴퓨터 프로그램으로 작성된 출력 파일은 KWIC 용례 검색 파일과 유사하다. 예를 들어 〈도표 4.2〉는 픽션의 *begin*의 미편집 파일 표본을 보여 주고 있다. 문맥 내 키워드를 제공해 줄 뿐만 아니라 출력 파일은 파일 이름(예를 들어 용례 검색 목록의 00002.FCT)과 자동 분석을 통해서 찾아낸 결합가 유형(〈valency= 표시 다음에 오는 I는 자동사, T는 명사구를 갖는 타동사, TCLS는 *to*-절을 갖는 타동사, 그리고

00002 . FCT
〈valency = TCLS
had begun to travel through the endless canefields , she had
==〉 begun
to fed afraid . For suddenly the skies had opened up

00018 . FCT
〈valency = T
come close to shutting itself . "er, excuse me ,"
==〉 began
the youth . Garth stared at him without speaking."

00018 . FCT
〈valency = I
hath her in thrall , "After a minute the trio
==〉 began
rather carefully to cross the room . The level of atmospheric

00021 . FCT
〈valency = ING
stations , shops , roadhouses , all closed . A dog
==〉 began
barking and , having begun , went on . Other dogs

도표 4.2 픽션의 *begin*의 결합가 유형의 미편집 KWIC 파일

ING는 *ing*-절을 갖는 타동사)을 보여 준다.

이들 출력 파일들은 수작업 편집을 거쳐서 오류를 수정하였다. 예를 들어 〈도표 4.2〉의 세 번째 예(텍스트 00018.FCT)는 자동적으로 '자동사 용법'으로 부호화되었는데, 컴퓨터 프로그램은 중간에 두 개의 부사가 나타나는 경우 이를 정확하게 판단하지 못하여 결과적으로 *to*-절을 직접 목적어로 인식하지 못했다. 이와 같이 자동적으로 부여된 기호는 TCLS로 수정하였다.

모든 항목을 편집한 후 레지스터별 각 동사에 사용된 결합가를 집계해 줄 별도의 프로그램을 작성했다. 그 결과는 〈표 4.3〉에 제시하였다.

〈표 4.3〉을 통해 알 수 있는 것은 두 동사는 가능한 모든 결합가 유형으로 출현한다는 점이다. 그러나 두 동사의 상대적인 용법에는 몇 가지 확실한 차이가 있다. 여기에서는 표본 연구를 위해 〈표 4.3〉에서 보이는 두 가지 중요한 유형에 대해서 간단히 살펴본다.

1. *start*는 *begin*보다 더 일반적으로 자동사로 사용된다.
2. *begin*은 *start*보다 더 일반적으로 *to*-절을 목적어로 수반하는 타동사로 사용된다.

〈표 4.3〉은 비록 학술 산문에서 특히 현저하게 사용되긴 하지만 두 레지스터에서 *start*가 더 일반적으로 자동사로 사용되고 있다는 것을 보여 주고 있다. *start*는 픽션에서 40%, 학술 산문에서 64%가 자동사로 이용된다. 그러나 대조적으로, 동사 *begin*은, 픽션에서는 겨우 22%, 학술 산문에서 43%가 자동사이다.

전형적으로는 학술 산문에서 자동사로 출현하는 *start*는 다음 예와 같이 어떤 과정이 시작한다는 것을 서술한다.

(19) a. …the soil formation process may *start* again in the fresh material.

b. Blood loss *started* about the eighth day of infection…

c. Tillering *starts* about a week or earlier after broadling.

표 4.3 동의어 동사 *begin*과 *start*의 결합가 유형
(%는 레지스터 내에서 집계하였으며, 근사치 정수로 반올림하여 보정됨)

	자동사	타동사 유형			합계
		+ 명사구	+ *to*-절	+ *ing*-절	
begin					
픽션	22%(54)	3%(8)	72%(178)	4%(10)	100%(250)
학술	43%(82)	12%(22)	34%(66)	12%(22)	100%(192)
start					
픽션	40%(101)	22%(55)	20%(50)	18%(44)	100%(250)
학술	64%(91)	16%(22)	15%(21)	6%(8)	100%(142)

(19)의 예와 같이, 문장의 주어는 종종 명사화된 과정이고 부사가 동사 뒤에 나타난다. 픽션에서는 보다 구체적인 명사나 인간이 주어로 사용되고, 역시 부사가 동사 뒤에 나타난다.

(20) a. As he *started* down the hill, he could see it…

b. …the train had *started* again.

보다 흥미로운 연구 분야는 이들 동사의 자동사 출현 예와 공기하는 부사의 용법일 것이다.

〈표 4.3〉의 *begin*은 양쪽 레지스터 모두에서 *start*보다 *to*-절을 동반하는 타동사로 더욱 일반적으로 사용된다는 것을 보여 준다. 동사 *begin*은 픽션에서는 72%이지만 *to*-절과 함께 사용되며, 학술 산문에서는 34%가 함께 사용된다. 한편 *start*는 픽션에서 20%, 학술 산문에서 15%만 *to*-절과 함께 사용된다.

이 유형은 대형 코퍼스 분석을 통해서 쉽게 검증할 수 있다. 다시 말하면, 앞에서 언급한 자동화된 컴퓨터 프로그램은 높은 정확도로 *to*-절의 유형을 찾아내었다. 그래서 수작업 편집을 거친 표본의 숫자와 대형 코퍼스의 숫자를 비교하고, 그 두 유형들 사이의 일치 여부를 확인한다. 〈표 4.4〉는 Longman-

Lancaster Corpus의 10,000,000만 어휘 표본에서 도출된 유형을 보여 준다.

〈표 4.4〉는 대형 코퍼스의 용법 유형과 하위 코퍼스의 편집된 표본의 용법 유형(〈표 4.3〉 참조)이 동일하다는 것을 보여 준다. 즉 동사 *begin*은 *to*-절과 강하게 연관되어 있고, *start*는 다른 결합가 유형들과 강하게 연관되어 있다. 그러나 이와 같은 연관 양상은 *to*-절이 *begin*의 대부분의 용법에서 반드시 출현한다는 것을 의미하는 것은 아니다. 왜냐하면 학술 산문에서 *to*-절 유형은 단지 36%의 출현율을 보이기 때문이다. 그렇지만 *start*와 비교했을 때 *begin*이 *to*-절 유형과 보다 강하게 연관되어 있다는 점은 사실이라고 할 수 있다(학술 산문에서 *start* 출현 예의 14%만이 *to*-절과 연관되어 있다).

to-절의 용법은 다음 픽션의 예에서와 같이 동사 *begin*, 그리고 *to*-절의 동사를 통해서 두 가지 행동을 포함할 수 있다.

(21) a. Then I *began* to *laugh* a bit

b. They pulled away from the siding and *began* to *move* through the back yards of Worcester…

c. A cloud *began* to *cover* the sun slowly…

학술 산문에서 *to*-절을 동반하는 *begin*의 용법은, 앞서 설명한 자동사 *start*

표 4.4 Longman-Lancaster Corpus의 *to*-절을 동반하는 타동사 *begin*과 *start*의 용법 비교

	+ *to*-절	그 외의 패턴	합계
begin			
픽션	60%(1,871)	40%(1,267)	100%(3,138)
학술 산문	36%(221)	64%(387)	100%(608)
start			
픽션	17%(294)	83%(1,462)	100%(1,756)
학술 산문	14%(90)	86%(541)	100%(631)

의 용법과 매우 현저한 대조를 보인다. *begin to*-절의 출현 예는 명사화된 과정의 시작이라기보다는 행동을 시작하는 인간 혹은 다른 구체적인 동작주를 일반적으로 갖는다.

(22) a. First, *one begins* to *question* the need for frequent rote regurgitation of words...

b. Elsewhere, *sociologists have begun* to *disclose* the social conditioning of the natural sciences.

c. *The original mass of gas* cooled and *began* to *contract*.

*begin*과 *start*의 결합가 유형에 대해서는 훨씬 더 많은 것을 이야기할 수 있으나, 지금까지의 간단한 검토만으로도 명백하게 동의어라고 할 수 있는 어휘들이 실제 텍스트에서 상당히 다른 용법으로 사용된다는 것을 알 수 있다. 이 두 동사는 거의 동의어로 동등한 결합가 전위를 갖고 있음에도 실제의 용법 유형은 판이하게 다르다. 뿐만 아니라, 인간의 직관은 이와 같은 용법 유형에 대한 믿을 만한 정보를 제공해 주지 못한다. 모어 화자들은 보통 어떤 동사가 어떠한 결합가와 연관되는가를 예측하지 못할 뿐만 아니라, 체계적인 연관 유형의 존재조차도 예측하지 못한다. 그러나 코퍼스-기반 연구는 거의 유사한 의미를 갖는 어휘들이 용법의 연관 유형에서 고려하면 사실 전혀 동등하지 않다는 것을 보여 준다.

4.4. 거의 대등한 문법구조를 지닌 *that*-절과 *to*-절의 어휘 연관

이 장의 서론에서 어휘·문법 연관은 어느 "방향"에서도 연구가 가능하다고 밝혔었다. 지금까지의 절에서는 거의 동일한 의미의 어휘들을 구별하기 위해서 문법 연관을 어떻게 이용할 수 있는지에 대해서 설명하였다. 여기서는 정반대의 연구 문제에 초점을 맞추어 서로 다른 어휘 연관을 통해 거의 대등한 문법 구조가 어떻게 구별될 수 있는가를 살펴본다.

3장에서 언급한 바와 같이 대부분의 경우 거의 대등한 문법 구조는 용법 유형에 의해 구별될 수 있다는 점에서 거의 동일한 의미의 어휘의 경우와 유사하다. 3장에서는 *that*-절과 *to*-절 비교에 초점을 맞추어 예로 제시하였다. 그러한 분석을 통해 이 두 가지 종속절 유형은 레지스터 간에 매우 상이한 분포를 보여 준다는 점을 살펴보았다. 즉 *that*-절은 대화에서 특히 일반적으로 사용되지만, 학술 산문에서는 비교적 드물게 사용되고, *to*-절은 대화와 학술 산문 양쪽에서 거의 같은 빈도로 사용되지만 대화의 *that*-절보다는 덜 일반적이다. 또한 3장에서는 이와 같은 두 가지 절 유형이 외치, 비외치 구문과 어떻게 서로 상이한 문법 연관을 갖고 있는가를 논의했다.

that-절과 *to*-절을 구별하는 또 다른 요인은 어휘 연관이다. 우선 어느 한 가지 유형의 종속절만을 통제할 수 있는 동사들이 많이 있다. 예를 들어 동사 *suggest, conclude, guess, argue*는 *that*-절은 통제할 수 있지만 *to*-절은 통제하지 못한다. 반면에 동사 *begin, start, try*의 경우 *to*-절은 통제할 수 있지만 *that*-절은 통제하지 못한다. 그렇지만 *decide, agree, expect*와 같이 두 종속절을 모두 통제할 수 있는 동사들도 또한 많이 있다. 따라서 광범위한 연관 가능성이 존재하여서 실제 용법 유형을 예측하기는 어렵다.

그러므로 이 절에서는 어휘·문법적 관점에서 *that*-절과 *to*-절에 대해서 계속 살펴본다. 이 연구에 이용된 코퍼스는 앞에서와 동일하다. 즉 Longman-Lancaster Corpus 학술 산문 약 4,000,000 어휘, British National Corpus 대화 약 5,000,000 어휘가 이용되었다. 그리고 3장에서 언급된 동일한 컴퓨터 프로그램이 각 유형의 종속절과 공기하는 주절 동사matrix verb를 세기 위해 이용되었다.

〈도표 4.3〉에서는 각각의 절을 취하는 가장 일반적인 동사들을 보여 주고 있다. 어휘 유형이 두 유형의 절을 차별화시켜 주는 가장 중요한 요인의 하나라는 것을 볼 수 있다. 즉 〈도표 4.3〉에서 두 가지 완전히 다른 동사 집단이 가장 일반적으로 *that*-절과 *to*-절을 통제하고 있다.

〈도표 4.3〉의 *want, try*와 같은 몇 개의 동사들은 한 가지 유형의 종속절만을 통제해야 문법적이며, 이 동사들은 그러한 구조 유형과 강한 어휘 연관을 갖는다. 다른 *think, say, know* 같은 동사들은 두 가지 유형의 종속절을 통제할 수 있지만, 이들 동사는 오직 한 가지 종속절 유형과 강한 연관 유형을 갖는다. 비록 두 가지 유형의 종속절 사이에는 문법적인 통제 동사들이 중복되지만, 코퍼스-기반 분석을 통해서 보면 실제로 일반적으로 출현하는 어휘 연관에서는 거의 중복되는 경우가 없다는 것을 알 수 있다.

어휘 연관을 살펴봄으로써 전 장에서의 분석을 통해서 발견된 두 가지 절이

that-절을 통제하는 가장 빈도 높은 동사		
	대화	학술 산문
think	********************	*
say	************	**
know	*********	*
see	**	**
show	*	***
find	*	**
believe	*	*
feel	*	—
suggest	—	**
***to*-절을 통제하는 가장 빈도 높은 동사**		
	대화	학술 산문
want	**********	—
try	***	*
like	**	*
seem	*	*
tend	—	**
appear	—	**
begin	—	*
attempt	—	*
continue	—	*
fail	—	*

도표 4.3 종속절을 통제하는 가장 빈도 높은 동사 (단 '*' 기호 하나가 100만 어휘당 100회의 출현 횟수를 나타냄. '—'는 100만 어휘당 100회 이하의 출현 횟수를 나타냄)

보이는 상이한 레지스터 유형을 설명할 수 있다. 특히 대화의 *that*-절이 극단적으로 빈도가 높은 것은 세 개의 주절 동사 *think, say, know*와 높은 빈도로 공기하는 것과 직접적으로 관련되어 있다. 이 동사들은 인간의 행동들과 상태들 중에서 가장 중요한 두 가지, 즉, 생각하는 것/아는 것, 그리고 말한 것에 대해서 알리기 위해서 사용된다. 다음의 예를 보자.

(23) a. I **thought** *that she only wore jeans*.

b. She **thinks** *he's sweet*.

(24) a. It would be a long time before you **knew** *that you weren't getting anything*.

b. She **knew** *that I was teasing her*.

(25) a. I would't **say** *I know most of the poetry of Eliot*.

b. She **said** *you wouldn't notice it*.

c. Archbishop Temple used to **say** *that the modern world reminded him of a shop window*.

대화에서 *that*-절과 함께 사용되는 *believe, feel, mean, tell* 같은 다른 일반적인 동사들도 이러한 해석을 뒷받침한다. 다음 예를 보자.

(26) a. She just really **felt** *that it was better for David to learn at school*.

b. I **believe** *it's something to do with speech therapy*.

c. Do you **mean** *that you were better equipped to answer some of the questions that Professor Hart put to you*?

d. I'**m told** *he's an absolutely grand chap*.

that-절과 연관되는 어휘 중 가장 빈도가 높은 어휘가 무엇을 생각하고, 느

끼고, 또한 말하는가를 알리고자 할 때에 전형적으로 사용된다는 점을 고려하면, *that*-절이 학술 산문에서 비교적 드물게 사용되는 것은 놀라운 일이 아니다. 즉 인간의 사고·감정 혹은 발언을 설명적인 글로 전달하는 것은 일반적이지 않다. 그 대신 *that*-절이 학술 산문에서 나타나는 경우, 이들은 연구 결과에서 도출된 추론을 전달할 때에 사용되는데, 그 예는 다음과 같다.

(27) a. Laboratory studies **show** *that rocks vary in strength...*

b. The data **indicate** *that grain products are the major contributing source of sodium.*

c. A recent study from Boston **suggests** *that these patients have a better immediate prognosis...*

d. When organisms are examined, it **is seen** *that they form natural groups with features, usually morphological, in common.*

이와 대조적으로 *to*-절과 공기하는 가장 일반적인 동사는 보다 광범위한 의미 영역을 다룬다. 대화에서는 *want*, *wish*와 같이 욕망을 나타내는 두 동사가 *to*-절과 자주 공기하는 한편 세 번째 동사 *try*는 노력을 나타내는 데에 쓰인다. 이들 세 가지 동사 모두는 다음의 예와 같이 인간 주어와 자주 공기한다.

(28) a. I **want** *to get some minced beef.*

b. Zoe **wants** *to do it.*

c. I would **like** *to see it all actually.*

d. Glynn **is trying** *to copy Tommy's work.*

이와 다르게 학술 산문의 경우 종종 *to*-절을 통제하는 동사가 많이 있지만 그 어느 것도 출현 빈도가 극단적으로 높지 않다. 이들 동사는 크게 두 개의 주요한 의미 영역 차원으로 구별할 수 있다. 즉 어느 정도의 확률(혹은 완화hedging)

을 표현하는 의미 영역과 진행중인 단계를 나타내는 상aspect과 관련된 의미 영역이 바로 그 두 가지 의미 영역이다. 특히 이 두 집단의 동사들은 전형적으로 무생물 주어와 공기하는데, 그 예는 다음과 같다.

(29) 확률을 나타내는 경우:

a. The "societal response" **seemed** *to determine the outcome*.

b. Classical physics **tends** *to express things in terms of second order differential equations*.

c. The Great Lake **appears** *to function as a sort of gigantic regulator*.

(30) 진행 중인 단계를 나타내는 경우:

a. Matter **began** *to drift toward the center*.

b. Traditional beliefs **continue** *to be important*...

c. Much of the seed will therefore **fail** *to germinate*.

요약하면 이들 두 구조는 양쪽 모두 동사와 형용사의 종속문으로 기능한다는 점에서 문법적으로 대등한 것으로 볼 수 있지만, 실제로 조사해 보면 이 둘은 전혀 대체적으로 사용되지 않는다는 것이 밝혀졌다. 3장과 이 장의 분석을 통해서 *that*-절과 *to*-절은 레지스터 연관, 문법 연관, 그리고 어휘 연관이라는 측면에서 다르다는 것을 알게 되었다. 모든 것들을 고려한다면 이 연관 유형들을 이용하여 복잡하지만 독특한 각 절 유형의 용법 유형들을 정리할 수 있다.

4.5. 마치며

이 장에서는 어휘와 문법 구조의 연관 연구가 언어 용법의 이해를 위해서 중요한 정보를 제공한다는 것을 예를 통해서 제시하였다. 본 장에서 제시한 표본 연구를 통해, 어휘·문법 연관은 서로 매우 유사한 어휘 혹은 거의 대등한 문법 구조의 차이를 이해하는 데에 특히 유용하다는 점을 설명하였다. 동의어는 문법 연관에 있어서 서로 매우 다른 용법 유형을 가질 수 있다. 즉 *little*과 *small*의 형용사와 서술어 위치에서의 다른 문법 연관, 그리고 동사 *begin*, *start*와 결합가 유형 간의 상이한 문법 연관들처럼 서로 매우 다른 용법 유형을 갖는다. 마찬가지로 *that*-절, *to*-절과 가장 자주 공기하는 다른 동사 집단들을 통해서 살펴보았던 것처럼 유사한 문법 구조가 어휘 연관 측면에서는 매우 다른 용법 유형을 가질 수 있다.

이 세 가지 표본 연구 또한 코퍼스-기반 연구의 유용성을 보여 주는 예들이다. 예를 들어서 컴퓨터의 도움 없이 수천 번씩 출현하는 *little*과 *small*의 예들을 분석하거나 *to*-절과 *that*-절을 통제하는 모든 동사의 빈도를 정확하게 추적하는 것은 매우 어려울 것이다. 비록 파일 몇 개를 수작업으로 편집하는 경우가 있다 해도, 역시 코퍼스-기반 기법은 새로운 유형의 연구와 이전에는 불가능했던 연구도 할 수 있게 해 준다.

더 읽을 거리

2장과 3장의 끝에서 언급했던 다수의 어휘 연구나 문법 연구도 마찬가지로 어휘·문법적 연구 결과물들을 소개하고 있다.

5. 담화 특징 연구

5.1. 담화 특징 연구

담화 분석은 절 경계를 넘어서는 언어 특징에 초점을 맞춘다. 그래서 하위 수준의 어휘나 문법 자질과 비교해 볼 때 담화 특징을 찾아내고 분석하는 것은 더 어렵다. 그렇지만 그러한 분석은 기술 언어학뿐만 아니라 응용 언어학 측면에서도 중요하다. 실제로 많은 어휘와 문법 자질들의 용법은 그 기능들을 보다 큰 담화 문맥 속에서 분석함으로써 더 잘 이해할 수 있다.

대부분의 담화 연구는 눈에 띄는 담화 구조를 찾아서 그 담화 구조들을 보여 주는 텍스트 예문들을 제시한다. 그 예로는 대화 참여 순서의 구조를 찾거나 문어 텍스트의 주제를 추적하는 것을 들 수 있다. 그렇지만, 이러한 기술을 텍스트에 적용하여 일반화가 가능한 결과를 얻는 것은 매우 어렵다. 이렇게 거의 모든 담화 연구는 실제 텍스트 분석에 기반을 두고 있으나 전형적인 코퍼스-기반 연구라고 할 수는 없다. 거의 대부분의 연구는 상이한 담화 구조가 사용되는 정도를 기술하기 위해서 정량적인 방법을 이용하지는 않으며, 여러 텍스트에 해당되는 결론을 도출하는 것을 목적으로 하는 연구는 비교적 소수에 불과하다.

일반화가 가능한 연구 결과가 없기 때문에 여러 텍스트와 레지스터 간 담화 유사점이나 상이점에 관해 지금까지 밝혀진 사실은 놀라울 정도로 적다. 그렇지만 이 장에서 제시하는 바와 같이 코퍼스-기반 분석은 이 분야에서 중요한 공헌을 할 수 있다. 이러한 기술을 대규모 텍스트에 적용시켜 보면 개별 텍스트가 해당 레지스터에서 예상되는 담화 유형과의 일치 정도뿐만 아니라 선택한 레지스터의 담화 특징도 정확하게 기술할 수 있다.

과거에 담화 연구가 일반적으로 코퍼스-기반으로 이루어지지 않았던 데에는 몇 가지 이유가 있는데, 첫째, 많은 담화 자질들이 자동으로 확인되지 못하였다. 그러한 자질들의 분석은 보다 넓은 텍스트 문맥 속에서 언어 자질들에 대해서 상세하게 살펴보아야 했던 까닭에 종종 매우 노동 집약적이었다. 예를 들어, 담화 분석의 목적 중 하나는 흔히 지시 정보를 담고 있는 가장 중요한 요소인 명사구에 초점을 맞추어서 텍스트 정보의 종류를 분류하는 것이었다. 이러한 분석을 통해 정보의 어떠한 부분이 독자나 청자에게 '이미 알려져 있는' 것이고 어떠한 부분이 '새로운' 정보를 제공하는 명사구인가에 대해 결정하려고 하였다. 이러한 것들을 자동적으로 구별하는 것은 불가능하다. 담화 분석자는 선행 문맥과 또 때로는 독자나 청자가 텍스트를 이해하기 위해서 이용하는 배경 지식까지도 고려해야 한다. 그러므로 광범위한 텍스트를 이러한 방식으로 분석하는 데에는 대단히 긴 시간과 노력이 필요하다.

또한 구입할 수 있는 코퍼스 분석 도구들은 담화 수준의 자질을 연구하는 데에 별로 도움이 되지 않는다. 표준 용례 검색 프로그램은 전후 문맥을 동반하는 지정된 대상 어휘의 목록을 생성하도록 설계되어 있다. 이러한 도구들은 복잡한 문법 또는 의미 분석용으로 설계된 것이 아니기 때문에 담화 분석에 적합하지 않다. 예를 들어서, 용례 분석 프로그램 패키지들은 명사들을 구정보와 신정보로 분류하는 것은 고사하고, 텍스트 안에 나타나는 모든 명사들을 찾아내는 것조차도 못한다.

이와 같은 난점을 고려하면 코퍼스-기반 연구 방법은 담화 연구에는 쓸모가 없고, 일반화가 가능한 결과를 얻을 수 있는 더 광범위한 연구를 하는 것이 현실적으로 불가능하다고 생각할 수도 있다. 그렇지만 코퍼스-기반 연구 방법을 이용하여 담화 자질을 조사하는 주요 방법이 두 가지 있다. 첫째, 담화 자질 분석을 위한 대화형 컴퓨터 프로그램(철자 교정 프로그램과 유사한)을 개발하여 이용할 수 있다. 이와 같은 프로그램들은 인간보다도 더 확실하고 신속하게 특정 담화 자질을 찾아낼 수 있으며, 또한 동시에 컴퓨터를 이용하여 자동적으로 분석할 수 없는 부분에 대해서도 분석자가 판단할 수 있는 방법을 제공해 준다. 둘째, 길게 이어지는 텍스트에서 표면적 문법 자질들의 용법을 추적하기 위하여 자동 분석 방법을 이용할 수 있다. 실제로 이러한 분석 방법들을 이용하면 여러 텍스트에 걸친 담화 유형의 발전 양상을 정확히 살펴볼 수 있다. 즉, 여러 텍스트들을 비교하거나 한 레지스터에 출현하는 전형적 유형들을 찾거나, 혹은 특정 텍스트를 해당 레지스터의 일반적인 유형과 비교하는 방법을 알아내기 위해서 이러한 분석 방법들을 이용할 수 있다.

이들 두 종류의 분석에 대해서는 다음과 같은 연구 문제들을 통해 이 장에서 구체적으로 소개한다.

1. 텍스트의 종류에 따라서 지시 대상references은 어떻게 상이하게 표시되는가?
   이 연구 문제에 대해서는 5.2에서 영어의 네 레지스터에서의 명사와 대명사의 용법 연구를 통해서 살펴본다. 이 문제에 관한 구체적인 질문들은 다음과 같다. 텍스트에서 명사와 대명사의 선택에 영향을 미치는 요인은 무엇인가? 그리고 어떤 명사구가 이미 알려진 구정보를 제공하며 또한 어떤 명사구가 신정보를 제공하는가? 신구 정보를 지시하는 표현들은 여러 텍스트에 어떻게 분포되어 있는가?

2. 텍스트 내에 출현하는 동사들은 시제나 태의 표시가 어떻게 변화해 가는가?
   이 연구 문제에 관한 구체적인 질문들은 다음과 같다. 한 레지스터의 모든 텍스트들에서 동사들의 원형적 연쇄성a prototypical sequence of verbs 혹은 동사들의 "담화 지도discourse map"는 어느 정도 존재하는가? 그리고 그러한 담화 지도는 텍스트 안에서 표시된 기저 수사 구분underlying rhetorical divisions과 어느 정도 일치하는가?
   두 번째 연구 문제는 5.3에서 과학 연구 논문에 이용된 동사의 시제와 태에 대해서 살펴보면서 구체적으로 논의한다.

5.2. 구어 레지스터와 문어 레지스터의 지시 유형

명사구는 텍스트에서 사람, 사물 혹은 다른 대상을 지시하기 위해 사용되는 주요 문법 장치이다. 그렇지만 텍스트의 레지스터가 달라지면 각각의 텍스트의 지시 표현도 극적으로 달라지는 경우가 자주 있다. 예를 들어 뉴스 기사와 대화에서 인용한 다음의 두 예를 살펴보자. 모든 명사구는 이탤릭체로 표시했다.

텍스트 표본 5.1: 뉴스 기사

Thortec International Inc. said it reached *agreements* with *an investor group* and *Wells Fargo Bank* under which *it* will receive loans and *an equity infusion* in return for *stock* that will reduce *the number of shares in public hands* by as much as 85 percent. *The engineering and consulting firm*, which has been plagued by *losses* for *five years*, said *the restructuring* is required to relieve *its debt burden* and "*acute shortage of cash.*"

텍스트 표본 5.2: 대화

A: Right, *I*'m ready. Have *you* locked *the back door*? [pause] *I* thought *we* were walking.

B: Well do *you* want to walk or do *you* want to go in *the car*?

A: Well *I* have to go to *the paper shop*.

B: Well *I*'ll drop you at *the paper shop* while *I* go round.

A: Oh *that's a good idea*.

이들 두 텍스트 표본 사이에서 나타나는 분명한 하나의 차이는 명사구의 형태에 관한 것이다. 뉴스 표본은 주로 완전한 명사구(*Thortec International Inc., agreements, an investor group* 등), 그리고 대화 표본에서는 대명사(*I, you, we, that*)를 보다 높은 빈도로 사용하고 있다.

이 표본들에서는 이 차이뿐만 아니라 상이한 종류의 지시 방법을 사용하는 경향이 있다는 점도 명확하게 보인다. 특히 대화 표본의 경우, 텍스트에서 앞서 언급된 대상을 지시하는 대명사(자세한 설명은 5.2.1 참조)보다는 오히려 '담화 외적 지시어exophoric reference' 혹은 텍스트 외적 지시어의 비율이 높고, *I*나 *you* 같은 대명사는 화자나 청자를 직접 지시한다. 뉴스 표본의 경우에는 이러한 종류의 지시 방법은 나타나지 않는다. 게다가 대화 표본에서는 '담화 외적 지시어'에 대한 의존도가 더 높기 때문에 처음 언급되는 경우조차도 대화에 참여하고 있는 두 사람에게 더 많은 지시 대상들이 이미 알려져 있는 경우가 많다(예: *I, you, the back door, the paper shop*). 반면에 뉴스 표본에서는 처음에는 알려지지 않은 지시 대상들이 더 많다(예: *agreements, an investor group*).

이 절에서는 지시 표현의 특징들을 연구하고 또 레지스터에 따라서 지시 표현 용법이 어떻게 다른 지를 결정하기 위하여 코퍼스-기반 분석 방법을 이용할 수 있는 방법에 대해서 살펴본다. 이를 위해서 영어의 네 가지 레지스터 간 구정보나 신정보 및 상이한 종류의 지시 표현을 나타내는 명사와 대명사의 용법을 예로 들어서 검토한다. 자료는 London-Lund Corpus에서 두 개의 구어 레지스터를, 그리고 LOB Corpus에서 두 개의 문어 레지스터를 이용하는데, 구체적으로는 London-Lund Corpus에서 대화와 연설을 LOB Corpus에서는 뉴스 기사와 학술 산문을 이용한다.

본 절에서는 이 연구를 진행하는 데 필요한 분석 절차를 단계적으로 소개한다. 5.2.1에서는 분석을 위해 포함되어 있는 정보적 특징(즉, 신정보인가 구정보인가라는 문제)에 대해 설명한다. 이어서 5.2.2에서는 텍스트에 출현하는 모든 명사들과 대명사들의 특징들을 분석하기 위해서 이용하는 대화형 컴퓨터 기법에 대해서 설명한다. 마지막으로 5.2.3에서는 분석 결과에 대해 논의한다.

5.2.1. 지시 표현의 특징

텍스트나 레지스터에서의 지시 표현의 용법을 보다 잘 이해하기 위하여 연구할 수 있는 특징들이 많이 있다. 그 표본 분석을 위해서는 다음과 같은 네 가지 요인에 집중한다.

- 정보 상태: 구정보와 신정보
- 구정보인 경우 지시 종류: 전방 참조anaphoric, 담화 외적 참조exophoric, 추론 가능 참조inferrable
- 전방 참조인 경우 표현 형태: 대명사, 동의어, 반복 표현
- 전방 참조인 경우 전방 참조 표현과 그 선행어 사이의 거리

텍스트 내의 각각의 명사구는 해당 명사구가 표현하는 정보의 종류가 구정보인지 신정보인지에 따라 분류될 수 있다. 예를 들어 신문 기사에서 발췌한 5.1의 예를 재검토해 보면, 명사구의 대부분이 신정보를 나타내고 있으며, 텍스트에서 앞서서 언급되지 않은 인물이나 사물을 지시하고 있다는 것을 알 수 있다. 이러한 명사구에는 *Thortec International Inc., an investor group, Wells Fargo Bank, loans, an equity infusion, stock* 등이 포함된다. 다른 지시 표현들은 구정보로서 이미 인지된 대상을 나타낸다. 5.1의 첫 번째 문장에서 대명사 *it*은 '이미 알고 있는' 지시 대상을 가리키고 있기 때문에 두 번 이용되고 있는데, *Thortec International Inc.*라는 회사를 지시한다.

구정보를 나타내는 표현에는 세 종류의 지시 관계가 있다. 이들 표현의 대부분은 전방 참조이다. 다시 말하면 이들은 이미 텍스트에서 언급된 인물이나 사물을 선행어로 지시한다. 예를 들어 5.1의 첫 문장에서 대명사 *it*은 전방 참조이며 선행어 *Thortec International Inc.*를 지시한다.

그렇지만 다른 지시 표현은 문맥 외적인 인물이나 사물을 지시하여 이미 알고 있는 정보를 제시한다. 예를 들어 5.2의 대화 용례에서 대명사 *I*와 *you*는 직접적으로 화자와 청자를 가리킨다. *The back door, the car, the paper shop*은 두 명의 담화 참가자들이 분명하게 알고 있는 포괄적인 물리적 환경에 존재하는 사물을 가리킨다. 이것은 '담화 외적 참조' 지시 표현이다. '담화 외적 참조' 지시

대상들은 그 존재가 물리적 환경에서 알 수 있기 때문에 이미 알려진 정보이다. 이와 대조적으로, 전방 참조 지시 대상들은 이들의 존재가 텍스트 앞 부분에서 언급되기 때문에 이미 알려진 정보이다.

'전방 참조 지시 표현'이나 '담화 외적 참조 지시 표현'에 추가해서, 이들보다 분류가 더 어려운 구정보를 나타내는 다른 표현들이 있다. 예를 들어 표본 5.1의 두 번째 문장에서 언급된 *the restructuring*은 첫 문장에서 언급된 사건에서 유추 가능하다. 그렇지만 이 명사는 그 앞에 있는 어떠한 명사구와도 대응 관계에 있지 않고, 외적 문맥도 지시하지 않는다. 마찬가지로 *its debt burden*이라는 표현은 회사가 '적자에 시달린다'는 사실에서 추론 가능하지만 역시 대응 관계가 없다. 그러므로 지시 대상들을 분류할 때에는 '추론 가능 참조'라는 범주도 필요하다.[1]

세 번째 관심 영역은 전방 참조 지시 대상을 나타내기 위해 이용하는 다양한 형태에 대한 고찰이다. 전방 참조 지시 대상은 *Thortec International Inc.*를 지시하는 데에 이용된 *it*의 경우와 같이, 대명사로 표현되는 경우가 많다. 그렇지만 전방 참조 지시 표현도 표본 5.1의 두 번째 문장에서 *The engineering and consulting firm*이 *Thortec International Inc.*를 지시하기 위해 이용된 것과 같이 역시 동의어 표현인 경우도 있다. 마지막으로 전방 참조 지시 대상은 원래의 표현이 그대로 반복될 수도 있다.

본 표본 분석에서 살펴볼 네 번째 영역은 지시 표현과 그 선행어 간의 거리이다. 예를 들어 앞에서 논의한 뉴스 기사의 예에서 대명사 *it*은 선행어 *Thortec International Inc.*와 비교적 가까운 곳에서 발생했다. 그러나 한층 더 완전한 동의적 표현인 *The engineering and consulting firm*은 회사를 가리키는 원래의 지시 표현보다 더 먼 거리에 위치한다.

종합하자면, 이들 네 가지 요인에 의한 지시 표현의 용법 유형은 각 레지스

1 대명사의 지시 표현으로 네 번째 유형이 있다. 이는 '후방 참조cataphoric'라는 것으로 대명사가 텍스트 뒤에 오는 명사를 지시하는 경우를 가리킨다. 논의를 단순화하기 위해 이런 종류의 지시 표현은 본 장의 표본 분석에서 제외했다.

터마다 다수 찾아볼 수 있다. 그렇지만 독자들도 알 수 있는 바와 같이, 이 경우에 추적해야 하는 정보가 매우 많아서 2천 어휘 정도밖에 안 되는 텍스트를 분석하는 데에도 매우 시간이 많이 걸릴 수 있다. 다음 절에서는 코퍼스-기반 분석 기술이 지시 표현의 특징을 연구하는 데에 어떻게 도움을 줄 수 있는가에 대해서 설명한다.

5.2.2. 대화형 분석 기법: 지시 표현의 특징에 부호 부여하기

이 장에서는 텍스트에 나타나는 지시 표현의 특징에 부호를 부여하는 대화형 분석 프로그램 이용법에 대해 설명하고자 한다. 분석 예로는 London-Lund Corpus와 LOB Corpus의 텍스트에서 가져온 비교적 작은 표본에 부호를 부여했다. 구체적으로 40개의 텍스트(5개의 대화 텍스트, 9개의 연설 텍스트, 10개의 뉴스 기사, 16개의 학술 산문 텍스트) 중 최초 200 어휘를 이용했다.[2]

이 조사에서는 텍스트의 표현 형식이나 레지스터에 추가하여 앞 절에서 이미 알아보았던 네 가지 정보상의 특징에 연구 초점을 맞추었다. 대화형 프로그램은 각 명사구의 특징을 6개까지 분석하고 기록할 수 있도록 설계되었다.

1. 텍스트의 레지스터
2. 명사 형태: 대명사와 명사
3. 정보 상태: 구정보와 신정보
4. 구정보인 경우 지시의 종류: 전방 참조, 담화 외적 참조, 추론 가능 참조
5. 전방 참조이며 대명사가 아닌 일반 명사인 경우의 표현 종류: 동의어, 반복 명사(대명사는 이미 위 2에서 확인됨.)
6. 전방 참조인 경우, 대상 지시 표현과 그 선행어 사이의 거리

2 관련된 결과에 관한 자세한 해설은 Biber(1992)에 언급되어 있으나, 그 연구에서는 약간 다른 분석 방법을 취하고 있어서 출력된 파일 중에는 수작업으로 부호를 부여한 것이 있다.

대화형 텍스트 분석 프로그램은 워드 프로세서의 맞춤법 검사와 유사하다. 실제로 대화형 텍스트 분석 프로그램을 이용할 때의 장점을 간단히 설명한다면 맞춤법 검사 프로그램 없이 논문 교정을 본다면 어떠할 것인가를 생각해 보면 된다. 맞춤법 검사기는 수작업보다 몇 배나 빠를 뿐만 아니라 수작업 교정의 경우 오탈자를 놓치기 쉽기 때문에 몇 배나 정확하다. 동일한 장점은 대화형 텍스트 분석 도구를 이용할 때에도 해당된다.

분석의 첫 단계는 모든 텍스트에 문법 주석을 다는 것이다(3장과 방법론 4와 5에 자세히 설명). 그 다음, 대화형 프로그램을 이용하여 주석된 텍스트 내용을 하나씩 차례로 확인하면서 명사 혹은 대명사(문법 주석 프로그램으로 확인됨)가 나타날 때마다 정지한 후 사용자에게 해당 명사구에 맞는 부호를 선택하게 한다. 맞춤법 검사기와 마찬가지로, 이러한 대화형 텍스트 분석 프로그램을 이용하는 데에는 몇 가지 장점이 있다. 첫째로, 이 프로그램은 명사구를 자동적으로 찾아준다(따라서 분석자가 명사구를 찾기 위해서 텍스트를 읽을 필요가 없다). 둘째로 이 프로그램은 명사구의 정보적 특징에 관련된 1차 분석을 해 주는데, 그 1차 분석이 정확하면 이용자는 그 부호를 그대로 수용하기만 하면 된다. 셋째, 이 대화형 프로그램은, (1차 분석이 정확하지 않은 경우) 다른 선택 가능한 올바른 분석 목록을 제공해 주고, 이용자는 정확한 분석에 해당하는 번호를 선택하기만 하면 된다.

〈도표 5.1〉은 이 대화형 프로그램의 전형적인 화면 표시의 예로 부호가 어떻게 부여되거나 편집되는가를 나타낸다. 부호가 부여되고 있는 중인 지시 표현은 전후 문맥이 같이 보이면서 화살표로 구별되어 있다(〈도표 5.1〉에서 대명사 *them*에 대한 부호가 부여되고 있다). 텍스트의 인용 예의 하단에는 자동적으로 부여된 부호가 목록으로 표시되고(이 예에서는 "전방 참조ANAPHORIC"), 대체 가능한 부호들의 목록이 표시된다. 이들 대체 부호들 중에서 하나를 선택하기 위해서 사용자는 단지 그 선택된 항목의 번호를 입력하거나, 혹은 이 예에서처럼 엔터키를 눌러 자동적으로 부여된 부호를 수용할 수 있다.

이러한 대화형 텍스트 분석 프로그램은 자동 분석이 가능한 부분은 컴퓨터에, 그리고 의미 구별을 해야 하는 어려운 분석 부분은 인간의 판단에 맡긴다.

```
*** Code Check ***  (processing file 00057 . TEC; word #366)
  impressive that quantum mechanics can take that in its stride
  . The problems of interpretation cluster around two issues ;
  the nature of reality and the nature of measurement .
  Philosophers of science have latterly been busy explaining that
  science is about correlating phenomena or acquiring the power
  to manipulate
===> them
  . They stress the theory - laden character of
  our pictures of the world and the extent to which
  scientists are said to be influenced in their thinking by
  the social factor of the spirit of the age .
  Such accounts cast doubt on whether an understanding of reality

Automatically assigned code is:  REF= ANAPHORIC

ALTERNATE CODES ARE:
1) REF= ANAPHORJC            2) REF= EXOPHORIC
3) REF= INFERRABLE           4)
5)                           6)
7)                           8)

Type number 1-8 to select alternate code
Push <ENTER> to accept code; * to terminate file;
c for more context __
```

도표 5.1 지시 표현에 코드를 부여하는 대화형 프로그램 표본 화면

구체적으로 말하자면 앞서 언급한 6가지 특징에 부호를 부여하기 위해서 프로그램은 다음 〈도표 5.1〉과 같이 작동된다.

특징 1. 텍스트 레지스터

레지스터는 각각의 텍스트의 시작 부분에 기록되어 있기 때문에 대화형 프로그램으로 더 이상 분석할 필요는 없다.

특징 2. 명사 형태: 대명사와 일반 명사

프로그램은 문법 주석 프로그램에 의해 텍스트에 부여된 정보를 이용하여 명사구의 문법 범주(명사와 대명사)를 자동적으로 기록한다.

특징 3. 정보 상태: 구정보와 신정보
대명사는 자동적으로 구정보 부호가 부여된다. 프로그램은 각각의 명사의 텍스트 내 사전 출현 여부를 자동적으로 확인한다. 사전 출현이 확인되면 반복된 명사는 자동적으로 구정보로 부호가 부여된다. 다른 모든 일반 명사는 신정보로 부호가 부여된다. 그리고 나서 이용자가 이 명사들이 실제로 구정보를 표시하는지 여부를 대화 형식으로 확인한다.

특징 4. 구정보인 경우 지시 종류: 전방 참조, 담화 외적 참조, 추론 가능 참조
대명사 *I*나 *you*는 담화 외적 참조(즉 화자·작가 혹은 청자·독자를 직접 가리키는)로 자동적으로 부호가 부여된다. 3인칭 대명사는 자동적으로 전방 참조 부호가 부여되지만 담화 외적 참조나 추론 가능 참조 여부를 이용자가 대화 형식으로 확인한다.
정보 상태가 구정보인 명사들은 자동적으로 전방 참조의 부호가 부여되지만, 담화 외적 참조나 추론 가능 참조 여부를 이용자가 대화 형식으로 확인한다.

특징 5. 전방 참조 일반 명사의 경우: 동의어와 반복 명사
만일 명사들이 전방 참조로 부호가 부여되었는데 같은 명사가 이미 텍스트 앞부분에 출현하는 경우에는 그 지시 표현은 자동적으로 반복 명사로 판단된다. 다른 전방 참조 명사들은 동의어 부호가 부여된다.

특징 6. 대상 참조 표현과 선행어 사이의 거리
이 분석을 위해서는 모든 전방 참조 명사나 대명사의 선행어들이 확인되어야만 한다. 반복 명사의 경우 그 선행어는 먼저 출현하는 동일 명사와 같은 부호가 자동적으로 미리 부여된다. 이들 선행어는 가까운 거리에 같은 의미

표현의 존재 여부를 이용자가 대화 형식으로 확인한다. 다른 모든 명사나 대명사들은 대화형 프로그램의 이용자가 해당 선행어를 입력해야 한다.

그 후에 대상이 되는 지시 표현과 해당 선행어 사이의 거리는 컴퓨터가 자동으로 계산한다. 프로그램이 단순히 각각의 지시 표현과 해당 선행어 사이에 존재하는 명사구의 수를 계산한다. 각각의 명사구가 분석되면 해당 부호들은 다음과 같은 행을 이용하여 텍스트에 기록된다.

〈〈Ref = anaphoric

그리고

〈〈Status = given

그 다음 별도의 프로그램으로 부호가 부여된 텍스트를 분석하여 각각의 명사구가 신정보인지 아니면 구정보인지 등의 특징을 목록으로 제시한 파일을 생성한다. 마지막으로 통계 분석 프로그램을 이용하여 이들 특징의 상호 작용을 나타내는 빈도를 집계한다.

5.2.3. 구어 레지스터와 문어 레지스터의 지시 표현 용법 유형

모든 명사구의 특징을 나타내는 빈도를 집계하면 그 결과를 통해 레지스터별로 다른 종류의 지시 표현들의 용법에 대해서 많은 것들을 알 수 있다. 예를 들어 〈도표 5.2〉는 네 개의 레지스터 간의 구정보와 신정보 지시 표현의 분포를 보여 준다. 우선 지시 표현의 전체 빈도만을 살펴보아도 놀랄 만큼 다른 점이 몇 가지 존재한다는 것을 〈도표 5.2〉는 보여 준다. 네 레지스터 중에서도 뉴스 기사는 지시 표현 수가 가장 많은 반면 학술 산문은 가장 적다. 흥미롭게도 대화와 연설에는 명사보다는 동사적 특징이 더 일반적임에도 불구하고 양쪽 모두 지시 표현의 빈도가 상대적으로 높다.[3]

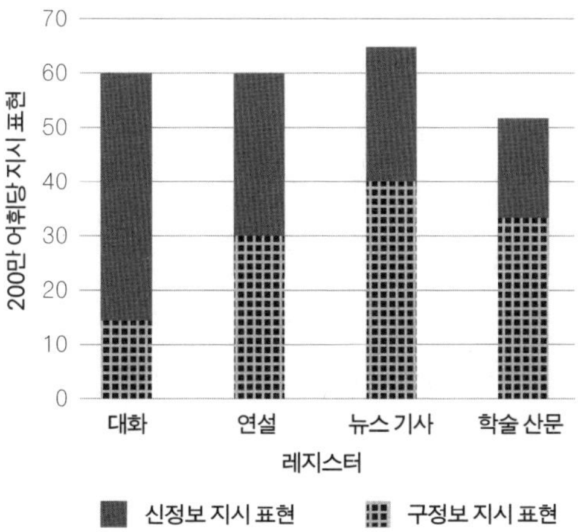

도표 5.2 신정보와 구정보 지시 표현 빈도

그리고 더욱 흥미로운 점은, 이들 네 가지 레지스터가 신, 구 지시 정보에 대한 의존도가 서로 확연히 다르다는 점이다. 극단적인 예로, 대화의 모든 지시 표현의 70% 이상이 구정보이다. 이와는 정반대의 극단적 예로, 학술 산문은 모든 지시 표현의 65%가 신정보이다. 뉴스 보도에서는 새로운 지시 표현이 이용되는 빈도가 가장 높다. 다만 그 비율은 학술 산문에서보다는 약간 낮다.

대화에 있어서 지시 표현은 총 수가 놀랄 만큼 많을 뿐만 아니라 구정보에 대한 의존도가 매우 높다는 대단히 특징적인 유형을 보이는데, 이는 구정보 지시 표현의 종류가 상이하다는 것을 고려하면 잘 이해할 수 있다. 〈도표 5.3〉은 구정보 지시 표현들의 출현 빈도를 담화 외적 참조 대명사, 전방 참조 대명사, 전방 참조 명사로 세분하여 각각의 빈도를 보여 주고 있다.[4]

---

3 지시 표현 전체의 분포는 London-Lund Corpus와 LOB Corpus에서 네 가지 레지스터 모두를 분석한 결과에서도 확인되었다. 완전한 분석에서는 뉴스 기사와 학술 산문에서 표본 분석보다 약간 높은 빈도를 나타내는 결과가 나왔으나 전체 분포 유형의 경우 변함이 없었다.

4 앞서 언급한 바와 같이 '추론 가능inferrable'은 또한 구정보에 있어서도 중요한 범주라고 할 수 있다. 그렇지만 추론 가능한 것인지 아닌지에 대한 판단은, 이 장에서 다루는 내용의 범주를 넘는 많은 방법론상의 문제를 야기하기 때문에 여기에서는 결과에 관한 논의 중에서 '추론 가능'을 제외하고자 한다. 관심이 있는 독자는 Prince(1981)를 참조한다면 도움이 되는 논의를 찾아볼 수 있을 것이다.

〈도표 5.3〉에서 알 수 있듯이 담화 외적 참조 대명사는 대화의 모든 구정보 명사의 절반 이상을 점하고 있다. 이들 대명사는 비록 상황 문맥 속에 존재하는 3인칭이나 사물을 가리키는 담화 외적 참조 지시 표현(예: *she*, *he*, *it*)도 있긴 하지만 거의 대부분 화자(*I*) 혹은 청자(*you*)를 가리키는 데에 이용된다. 텍스트 표본 5.3에는 대화에서 매우 빈도가 높은 전형적인 담화 외적 참조 지시 표현의 예를 제시하고 있다. 화자나 청자를 나타내는 지시 표현은 이탤릭체로 표시하였고, 3인칭 담화 외적 참조 지시 표현은 '[ ]' 안에 볼드체로 표시했다(담화 외적 참조의 부사 용법 명사도 마찬가지로 표시했다).

텍스트 표본 5.3: 대화

A: What are *you* doing [**this afternoon**]?

B: *I*'m going [**home**], *I*'ve got to teach about half past one. Can *you* pick [**your own trousers**] up?

A: no *I* don't think it'll be likely. *I*'ve got [**this meeting**] at three thirty and…

B: well what are *we* doing [**this weekend**]? [**Tomorrow**] *I*'ve got dancing class in the morning.

A: well *I*'ve nothing down anyway at all.

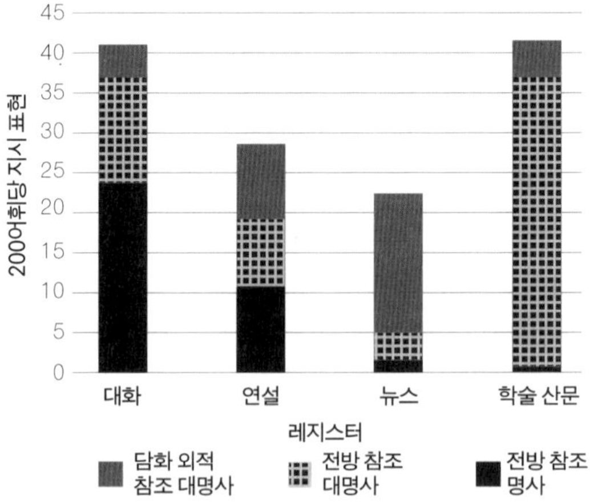

도표 5.3 담화 외적 참조 지시 표현과 전방 참조 지시 표현의 빈도

B: well **[they]**'re open **[tomorrow afternoon]** up till three o'clock. *you* remember **[last time]** *we* went, and **[they]** were closed.

반면 〈도표 5.3〉을 보면 담화 외적 참조 지시에 대한 의존은 어느 쪽의 문어 레지스터에서도 찾아볼 수 없다는 것을 보여 준다. 실제로 담화 외적 참조는 때때로 저자(*I*)를 가리키는 것 이외에 문어 레지스터에서는 거의 존재하지 않는다. 그 대신 문어 코퍼스는 전방 참조 지시에 대한 의존도가 훨씬 높다. 게다가 〈도표 5.3〉에서 보는 바와 같이 전방 참조 지시를 위해 주로 사용되는 명사의 형태는 문어 레지스터와 구어 레지스터에서 차이가 있다. 즉 대화와 연설에서는 전방 참조 대명사와 일반 명사가 거의 비슷하게 사용되고 있으나 문어 레지스터에는 거의 대부분 일반 명사가 사용된다.

텍스트 표본 5.4는 문어 설명문의 전형적인 유형을 구체적으로 나타낸 것으로서 일반 명사를 사용하는 경우가 많으며 신정보를 나타내는 지시 표현의 비율이 높다. 이 표본 문장에서 유일한 담화 외적 참조 표현들은 저자(*us*: 소유격 *our*의 이용도 주목할 것)를 가리키는 데에 사용된다. 다음의 텍스트 표본에서 신정보의 일반 명사구는 이탤릭체로 표시하였고, 전방 참조 지시 표현은 [ ] 안에 볼드체로 표시하였으며, 담화 외적 참조의 지시 표현은 대문자 볼드체로 표시했다.

텍스트 표본 5.4: 학술 산문

The NPL Russian-English automatic dictionary is organized on a *stem-paradigm basis* wherein there is for most nouns and *adjectives a single entry* for all *their inflected forms* and *for most verbs* only *one or two entries*. **[This]** is in contrast to *the full-form type of dictionary organisation* wherein *each inflected form* of *every word* has *a separate entry*. The decision to organise **[our dictionary]** on **[this basis]** was made so as to be able to accommodate **[it]** on *the magnetic tape store* available to **US** on *the ACE digital computer of our laboratory*…

이 예문에는 두 가지 유형의 전방 참조 지시 표현을 찾아볼 수 있는데, 하나는 앞에서 소개한 특정 사물을 한 번 더 지시하는 것으로, 예를 들어 *Russian-English automatic dictionary*는 그 뒤에 오는 *our dictionary*나 *it*으로 지시된다. 또 하나의 전방 참조 지시 표현 유형은 선행 담화에서 이미 언급된 의미 내용을 한 번 더 지시하는 것이다. 예를 들어 대명사 *this*나 명사구 *this basis*는 둘 다 러-영 사전의 구조를 지시한다. 게다가 *the decision*과 같은 명사구는 추론 가능한 정보로서 연구자들이 사전의 구조에 관해 어떤 결정을 내렸다는 것을 독자들이 알고 있음을 전제로 한다.

앞에서 언급한 바와 같이 컴퓨터 프로그램은 텍스트 내의 전방 참조 지시 표현과 그 선행어 사이의 거리를 그 사이에 있는 명사구의 수로 부호를 부여한다. 예를 들어 앞서 들었던 표본 5.1에서 *Thortec International Inc.*라는 회사는 한 번은 회사의 이름, 두 번은 대명사 *it*, 그리고 또 한 번은 *The engineering and consulting firm*이라는 동의어 구로 총 네 차례 언급되었다. 편의상 그 문단을 다음에 반복해서 제시하는데 지시 표현들은 이탤릭체로 표시했다.

> *Thortec International Inc*. said *it* reached [agreements] with [an investor group] and [Wells Fargo Bank] under which *it* will receive [loans] and [an equity infusion] in [return] for [stock] that will reduce [the number] of [shares] in [public hands] by as much as 85 percent. *The engineering and consulting firm*...

두 요소 사이에 오는 지시 표현들은 [ ] 안에 표시되어 있다. 그런데 *Thortec International Inc.*와 처음 나타나는 *it* 사이에는 어떤 지시 표현도 없기 때문에 이 경우에 거리는 '0'이다. 그리고 이 회사를 가리키는 세 번째 지시 표현(대명사 *it*이 다시 사용됨)의 거리는 '3'이다. 왜냐하면 출현한 두 개의 *it* 사이에는 3개의 지시 표현(구체적으로 *agreements, an investigator group, Wells Fargo Bank*)이 있기 때문이다. 마지막으로 동의어 표현인 *the engineering and consulting firm*과 그 회사를

표 5.1 네 개의 레지스터의 평균 측정 거리 값

	평균 거리
대화	4.5
연설	5.5
뉴스 기사	11.0
학술 산문	9.0

가리키는 선행 지시 표현과의 거리는 '7'이다.

이와 같은 각각의 전방 참조 지시 표현의 거리 측정에 기초해서 각 텍스트와 레지스터의 평균 거리를 계산할 수 있다. 〈표 5.1〉을 통해 알 수 있는 바와 같이 평균 거리 값은 네 레지스터가 서로 전혀 다르다. 대화나 연설에서는 평균 거리가 문어체 설명문 레지스터보다 상당히 짧다. 이와 같은 결과는 문어 레지스터와 구어 레지스터에서는 문장 산출이나 이해 상황이 상이하다는 점을 고려하면 이해할 수 있다. 대화나 연설은 그 내용이 실시간으로 이해되어야 하며, 대화도 역시 실시간으로 산출되어야 한다. 이와 같은 상황에서는 참조 거리가 짧은 편이 상호 참조 관계를 이해하기에 수월하다. 이와 대조적으로 저자와 독자 모두 문어체 설명문 텍스트를 쓰거나 이해할 때에는 필요한 만큼의 시간을 충분히 가질 수 있다. 그 결과 뉴스나 학술 산문과 같은 문어체 설명문 텍스트에서는 상호 참조 표현들 사이의 거리가 더 멀다.

화자나 청자를 지시하는 담화 외적 참조 지시 표현이 높은 빈도로 사용되는 것은 대화에서 평균 거리가 짧아지게 하는 주된 요인이다. 예를 들어 표본 5.2를 다시 한 번 살펴보자. 화자 A를 가리키는 담화 외적 참조는 모두 이탤릭체로, 그리고 화자 B를 가리키는 담화 외적 참조는 모두 대문자 볼드체로 표시했다. 다른 모든 지시 표현은 [ ]로 표시했다.

A: Right, *I*'m ready. Have **YOU** locked [the back door]?
I thought *we* were walking.

B: Well do *you* want to walk or do *you* want to go in [the car]?

A: Well *I* have to go to [the paper shop].

B: Well I'll drop *you* at [the paper shop] while **I** go round.

위의 짧은 발췌문에서는 화자 A를 지시하는 많은 표현이 1 이하의 평균 거리를 갖고 있다. 왜냐하면 이들 대부분의 지시 표현은 어떠한 지시 표현도 사이에 두지 않고 연속하여 출현하기 때문이다. 이와 대조적으로 화자 B를 지시하는 표현은 여러 개가 둘 사이에 끼어들기 때문에 약 '5' 정도의 높은 평균 거리 값을 갖는다.

두 개의 상호 참조 표현 사이의 거리는 전방 참조 지시 표현의 형태와 밀접하게 연관되어 있다. 즉 대명사들은 반복되는 일반 명사들보다도 훨씬 가까이 출현하는 경향이 있다. 그리고 〈표 5.2〉에서 보이는 바와 같이 이러한 일반적 경향은 모든 레지스터에 해당된다. 즉 대화든 설명문이든 대명사는 선행어와 비교적 가까운 거리에 나타나는 경향이 있고, 반면에 일반 명사구는 거리가 멀 때 사용되는 경향이 있다. 이러한 유형에 대해서는 자연스러운 설명을 할 수가 있다. 즉, 둘 사이에 끼어드는 지시 표현의 수가 증가하면 증가할수록 대명사가 의도한 지시 대상을 찾는 것이 애매하고 혼동될 가능성이 높기 때문이다. 그래서 일반 명사 표현들은 레지스터와 관계없이 거리가 먼 전방 참조 지시 표현으로 선호된다.

〈표 5.2〉에서 보이는 유형(즉, 대명사는 명사보다 짧은 참조 거리에서 연관되는 것)을 통해서 평균 거리 측면에서 전반적인 레지스터 차이를 설명할 수 있다. 즉 대화에서는 대명사 참조에 대한 의존이 매우 높다. 특히 화자와 청자를 반복하여

표 5.2 대명사 참조 표현과 일반 명사 참조 표현의 평균 측정 거리 값

	대명사의 평균 거리	일반 명사의 평균 거리
대화	3.0	9.0
연설	3.5	10.0
뉴스 기사	3.0	13.5
학술 산문	2.5	10.5

지시하기 때문에 해당 레지스터의 전반적인 평균 거리는 짧다. 이와 대조적으로 설명문 문어 레지스터는 신정보를 나타내는 지시 표현을 많이 포함하고 있기 때문에 두 개의 상호 참조 표현들 사이에는 일반적으로 다른 많은 표현들이 끼어든다. 그 결과 뉴스 보도나 학술 산문에서 상호 참조 관계에 있는 표현들의 평균 거리는 길고, 전방 참조 대명사보다 전방 참조 일반 명사가 선호된다.

이와 같은 결과를 통해 텍스트 내부의 참조 관계에 있는 담화의 특징을 연구하기 위해서는 다수의 요인을 포함하는 것이 중요하다는 것을 알 수 있다. 분명 이와 같은 분석은 다방면으로 확장할 수 있다. 일반화가 가능한 결론을 도출하기 위해서는 더 많은 텍스트와 더 긴 텍스트 표본이 필요하다. 그 외에도 예를 들어 다양한 종류의 지시 표현이 문법 환경(예를 들어 주절에 있는 경우와 종속절에 있는 경우)에 따라 어떻게 그 분포가 달라지는가와 같은 수많은 차이점들에 대해서도 연구할 수 있다.

이 표본 분석에서도 역시 자동 처리 기술과 결합한 대화형 컴퓨터 분석이 담화 체계의 분석에 유용하다는 것을 예를 들어 살펴보았다. 다음 절에서는 코퍼스-기반 기법을 담화 연구에 적용할 수 있는 다른 응용 가능성으로서 실제로 텍스트 내에서 담화 자질들의 변화를 추적하는 것에 대해서 살펴본다.

5.3. 수사 구조의 언어학적 상관 관계: 동사 시제와 태의 담화 지도

담화 분석의 주된 관심 중 하나는 의미가 텍스트의 흐름 속에서 어떻게 전개되는가라는 점이다. 담화의 관점에서 보면 텍스트의 의미는 단순히 그 텍스트의 개개의 문장의 의미에서 파생될 수 있는 것이 아니다. 오히려 문장의 문법 자원들이 담화 수준에서 상호 작용하는 체계적인 방법이 있다. 앞 절에서 구정보와 신정보를 표시하는 것과 관련하여 명사 형태를 선택하는 것에 대해서 논의했는데 그것도 이러한 담화 체계의 하나이다.

본 절에서는 동사의 시제와 태 표시에 대해서 살펴보는데, 주어진 시제와 태의 선택 가능성들 중에서 하게 되는 선택들이 텍스트 내의 큰 수사적 구별을 반영하는 방법에 대해서 살펴본다. 즉 문어 텍스트는 보통 명확하게 제목이 붙는 장이나 절과 같은 더 작은 하위 텍스트로 나뉘어진다. 그렇지만 이와 같은 구별은 텍스트를 단순히 형식적인 방식으로 나누는 것만은 아니다. 오히려 그보다는 텍스트의 흐름 안에서 의사 소통 목적의 큰 변화를 종종 반영한다.

의사 소통 목적의 차이는 또한 언어적 차이와도 통한다. 그렇지만 언어 자질들은 의사 소통 목적을 반영하는 데에 있어서는 제목을 붙인 절 구별보다는 훨씬 더 미묘한 성격을 지니고 있기 때문에 결과적으로 아직 미숙한 독자들이나 저자들이 이와 같은 용법 차이를 제대로 통제하는 것은 더 어렵다. 게다가 의사 소통 목적은 표시된 절이나 장의 경계에서 갑자기 변하는 것이 아니라 실제로는 텍스트의 흐름 안에서 연속적으로 변해 가기 때문에 언어 자질들이 의사 소통 목적의 차이를 반영하는 방식을 이해하는 것이 더 중요해진다. 이 절에서는 텍스트의 흐름 속에서 동사의 시제와 태의 용법이 어떻게 변화해 가는지를 추적해 봄으로써 언어 자질과 의사 소통 목적의 연관성에 대해서 살펴본다.

문장보다도 큰 구조가 주된 관심거리였음에도 불구하고, 담화 분석자들이 텍스트의 흐름 속에서 문법 자원들의 배치를 추적하는 것은 실제로 매우 어려웠다. 이렇게 어려운 이유 중 하나는 단순한 기록 방식이었다. 즉 텍스트 전체에서 문법 정보를 모으는 것이 어렵고, 또 일단 정보가 수집된 후에는 이 수집된 정보들을 제시하는 방법을 결정하는 것도 어렵다. 코퍼스-기반 분석은 이와 같은 어려움을 극복하는 데에 도움을 줄 수 있다. 일단 특정 분석을 위해 컴퓨터 프로그램을 개발하면 그 다음에는 비교적 적은 추가적인 노력만으로 상당히 많은 긴 텍스트에 이를 적용할 수 있다.

이어지는 논의는 실험 과학 분야 연구 논문의 각 절에서 동사의 시제와 태가 어떻게 사용되는가를 추적하고 조사하기 위한 목적으로 코퍼스-기반 연구 방법을 적용한 예에 대한 설명이다. 실험 과학 분야 연구 논문은 텍스트 내부의 목적 변동을 명확하게 구별할 수 있는 몇 가지 되지 않는 영어 레지스터의 하나이다. 즉 학문 분야와 관계없이 실험 연구는 네 부분으로 된 표준 구성을 취하는 경향이 있다. 즉 도입Introduction, 방법Methods, 결과Results와 논의Discussion를 나타내는 I-M-R-D로 구성된다. 이 각각의 절들은 텍스트에서 명확하게 표시되어 있고 그 분명한 의사 소통 기능들을 갖고 있기 때문에 이 레지스터는 담화 분석 방법들을 시험해 보기 위해서 가장 이상적이다. 본 절에서는 텍스트 몇 개를 분석하여 그 방법들을 제시하는데, 이 방법들은 훨씬 큰 코퍼스에도 적용될 수 있다.

1단계에서는 간단히 텍스트 내부의 절에 출현하는 언어 자질들의 빈도를 비교하여 절별로 명시된 주요 의사 소통 목적의 관점에서 언어적 차이를 해석해 본다. 이를 실행하기 위해서 논문의 각각의 절을 별도의 텍스트로 취급하여 텍스트별로 빈도를 계산한다. 이를 통해 각각의 절 유형별로 평균 빈도, 즉 표준치를 비교할 수 있다. 이 방법에서는 앞에서 이미 다루었던 연구 방법에서와는 달리 특정 언어 자질의 출현 빈도가 아니고 각각의 텍스트를 그 분석 단위로 다룬다.(코퍼스-기반 연구에서 분석 단위 결정에 대한 자세한 정보는 방법론 8 참조.)

〈표 5.3〉은 1985년에 출판된 의학 논문 19편의 I-M-R-D에 나타난 시제와 태의 3개 자질의 평균치(텍스트 1,000 어휘당 보정)를 보여 준다. 텍스트는 ARCHER Corpus에서 뽑은 것으로 모든 논문의 출처는 *New England Journal of Medicine*과 *Scottish Medical Journal*이다. 텍스트에는 문법 주석을 부여했으며, 빈도는 본 분석을 위해 작성한 프로그램으로 집계했다.

〈표 5.3〉에서 알 수 있는 바와 같이 현재 시제 동사는 '논의' 에서 가장 빈도가 높았으며, '도입'에서는 이보다 약간 빈도가 낮았다. '논의'와 '도입'에 현재 시제 동사가 많이 사용되는 것은 현재 알고 있는 사실 혹은 연구 성과가 현 시점에서 갖는 의미를 강조하는 경우가 많다는 사실을 반영한다. 이에 반해 '방법'에는 현재 시제보다 과거 시제가 상당히 많이 사용되고 있는데, 이는 과거의 사건이나 순서를 기술하는 것에 초점이 맞추어져 있음을 반영한다. 이 논문들의 '결과'에서는 현재 시제와 과거 시제의 빈도가 거의 동일하다. 그렇지만 과학 분야 텍스트를 기반으로 한 다른 연구에서는 (연구 결과를 현재의 성과라고 보기보다 과거의 업적으로 논하기 때문에) '결과'에 과거 시제의 비율이 훨씬 더 높다. 마

표 5.3 영어의 의학 연구 논문의 I-M-R-D에 나타난 시제와 태의 평균치(1,000 어휘당)

	절			
언어 자질	도입 I	방법 M	결과 R	논의 D
현재 시제	47.9	21.1	35.9	60.6
$F = 29.25; p < .001; r^2 = .549$*54.9%)				
과거 시제	20.7	48.5	40.3	13.0
$F = 36.74; p < .001; r^2 = .605$(60.5%)				
동작주 없는 수동태	18.4	39.9	16.9	16.3
$F = 33.17; p < .001; r^2 = .580$ (58.09%)				

지막으로 한 가지 지적할 사항은 '방법'에서는 또한 동작주가 없는 수동태 사용 빈도가 극단적으로 높다는 특징이 있는데, '방법'에서는 주로 동작주 없이 사건을 비인칭적으로 제시한다.

다음의 텍스트 표본들은 *Scottish Medical Journal*에 발표된 논문에서 발췌한 것인데, 앞에서 논의한 동사의 시제와 태의 사용 유형들을 보여 준다. 표본 5.5는 논문의 '방법'에서 발췌한 것으로 실험 절차를 설명하기 위해서 과거 시제와 수동태 동사가 많이 사용되었다. 이에 반해 표본 5.6은 논문의 '논의'의 마지막 부분에서 뽑은 것으로 미래의 연구에 대한 전망을 설명하면서 대부분 현재 시제 동사를 사용하고 있다.

텍스트 표본 5.5: 의학 연구 논문의 '방법'(과거 시제 동사는 이탤릭체, 수동태는 대문자)

Two hundred and fifty patients with rheumatoid arthritis who *required* change of NSAID **WERE ENTERED** into two consecutively run studies. In the first, 100 patients **WERE** randomly ALLOCATED to either feprazone (maximum dose 600 mg daily), or flurbiprofen (maximum dose 400 mg daily). In the second study,150 patients **WERE** randomly ALLOCATED to ketoprofen (maximum dose 400 mg daily), benoxaprofen (maximum dose 600 mg daily), or fenbufen (maximum dose 900 mg daily). No additional information or advice WAS GIVEN other than that normally presented when non-steroidal anti-inflammatory drugs ARE CHANGED...

텍스트 표본 5.6: 의학 연구 논문의 '논의'(현재 시제 동사는 이탤릭체)

It *is* certainly apparent that further examples of similar remedies in this category *are* not needed. There would seem little point in marketing yet another "me too" drug unless acceptability by this method *allows* more than 50 per cent of patients to tolerate therapy for six months. Only then would the major exercise necessary to seek rare side effects *seem* justified.

〈표 5.3〉의 통계는 I-M-R-D의 각 부분들에 있어서 세 가지 문법 자질(현재 시제, 과거 시제, 수동태) 모두가 유의미한 차이를 보이며, 이 유형들이 비교적 강하다는 것을 보여 준다(r^2 값이 50%를 넘음; 통계 결과 보고에 대한 추가적인 내용은 방법론 9 참조). 이 결과는 실험 중심 연구 논문의 각 부분들 사이에 언어적 차이점이 있다는 것을 밝힌 선행 연구를 지지한다.

이와 같이 빈도를 구하면, 각 부분이 갖는 평균적 특징을 찾아낼 수 있으며, 네 부분 모두에 있어서 이러한 유형을 살펴봄으로써 논문 전체의 담화 구성을 개관할 수 있다. 그렇지만 평균 빈도 계산은 텍스트의 실제 전개 방식 분석에는 도움을 주지 못한다. 예를 들어 논문의 부분들이 실제로 내부적으로 일관된 성격을 가지고 있는지 여부나 또는 각 부분 내에 체계적인 변이 유형이 있는지 여부를 알면 유용할 것이다. 또한 각 부분이 명확히 구별되어 있지 않은 비실험적 텍스트의 담화 구조를 분석할 수 있는 분석 방법도 필요하다.

텍스트의 흐름 속에서 동사 연쇄를 조사할 수 있는 한 가지 방법은 텍스트 전체에서의 동사의 추이를 '지도'로 그려 시각적으로 보이는 것이다. 본 절에서는 생태학 분야의 의학 연구 논문 두 편을 이 방법으로 분석한 예를 제시한다[텍스트는 제6장에서 언급한 Corpus of Writing in the Disciplines(학문 분야별 문어 코퍼스)에서 발췌한 것으로 두 논문 모두 *Ecology*라는 학술지에서 발췌하였다].

먼저 컴퓨터 프로그램을 작성하여 문법 주석이 부여된 텍스트를 검색하여 각 동사구의 시제와 태를 기록하였다. 이 예시 분석에 이용된 프로그램은 과거와 비과거의 두 가지 시제만을 구별하도록 작성되었다. 비과거 시제에는 현재

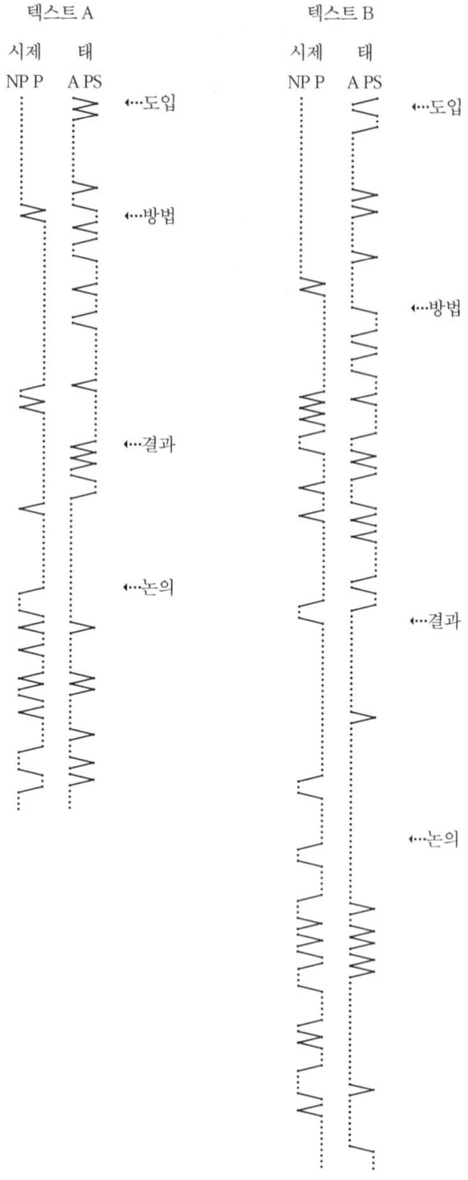

**그림 5.4 생태학의 두 연구 논문의 동사 지도
(NP는 비과거, P는 과거, A는 능동태, PS는 수동태)**

시제와 서법 조동사를 갖는 동사구(본동사에 시제 표기가 안 되어 있는)가 포함된다. 이 이분법을 태에도 적용하여 능동태와 수동태로 나누었다. 비한정 동사절(즉 부정사절과 분사절)은 분석에서 제외했다.

프로그램 출력은 과거와 비과거 시제 및 능동태와 수동태의 변화를 열로 나열하여 보여 줄 수 있게 설정되었다. 동사구를 발견하면 프로그램이 해당 열에 그 특징들을 기록한다. 결과는 텍스트의 전개에 따라서 시제와 태가 변화하는 모습을 시각적으로 보여 주는 것이다.

〈도표 5.4〉는 이미 언급된 두 편의 생태학 논문용으로 완성된 동사 지도를 보여 준다. 각 텍스트 내의 동사 연쇄는 도표의 위에서 아래로 진행되며, 출현하는 동사의 시제와 태가 표시된다. 예를 들어 텍스트 A에서 최초의 동사는 비과거 능동태이며(시제는 NP 위치, 그리고 태는 A 위치에 표시됨), 두 번째 동사는 비과거 수동태(시제는 다시 NP 위치, 그러나 태는 PS 위치에 표시됨)라는 것을 알 수 있다. I-M-R-D 부분들이 시작되는 시점도 역시 도표에 표시된다.

〈도표 5.4〉에 나타나 있는 바와 같이 이 두 건의 실험 위주의 논문에 있어서 동사들의 담화적 추이는 매우 유사하다. 두 논문의 '도입' 부분은 현재 시제 혹은 서법 조동사를 사용하여 거의 비과거 시제와 능동태로 되어 있다. 이와는 대조적으로 '방법' 부분은 거의 과거 시제와 수동태로 되어 있다. '결과' 부분에는 과거 시제가 계속 사용되고 있지만 능동태로 전이되는 현상이 강하다. 마지막으로 '논의' 부분에서는 능동태가 주로 사용되고 있지만 현재 시제, 서법 조동사, 과거 시제 동사도 교대로 사용되고 있다.

이와 같은 전반적인 유형은 논문의 구성 부분별 빈도 계산 예측과 일치한다. 그렇지만 이러한 용도 외에도 이 지도는 예측된 유형과 체계적으로 달라지기 시작하여 담화에서 두드러진 수사적 변화를 보이는 부분을 찾아내기 위해서도 이용될 수 있다. 이러한 종류의 연구 중의 하나로 논문의 하위 부분들 사이의 전환에 대한 연구가 관련된다. 다시 말해서 이 동사 지도들은 저자들이 한 부분에서 다음 부분으로 갑자기 전환하기보다는 오히려 한 부분의 끝에서 전환을 시작하거나 또는 다음 부분의 시작 지점까지 계속하여 전환하기도 한다는 것을 보여 준다.

예를 들어 〈도표 5.4〉는 텍스트 B의 '도입' 부분의 끝부분이 해당 부분에서는 독특한 유형인 과거 시제 능동태로 전환하고 있는 것을 보여 준다. 게다가 이 독특한 유형은 '방법' 부분의 첫 문장까지 이어지나, 그 이후에는 과거 시제 수동태라는 예측된 용법으로 전환한다.

텍스트 표본 5.7에서는 텍스트 B의 이와 같은 동사 연쇄에 해당하는 텍스트 전체를 제시해 주고 있다. 이 인용문의 첫 두 문장은 배경 정보를 제시하기 위해서 현재 시제 동사와 서법 조동사를 사용한 전형적인 '도입' 부분 모습을 보여 주고 있다. 그러나 이 논문의 '도입' 부분의 마지막 단락에는 이 연구에서 취한 방법론적 절차에 관한 간단한 개요를 제시하기 위하여 의도적으로 과거 시제로 전환한다. 전형적인 '방법' 부분과는 달리, 이 개요는 1인칭 대명사 주어와 능동태 동사를 사용하여 개인적인 견해를 설명하고 있다. 이와 같은 특징적인 유형은 흥미롭게도 '방법' 부분의 첫 문장에도 계속해서 나타난다. 하지만, 그 이후 상세하게 설명하는 부분에서는 과거 시제 수동태를 사용함으로써 예측한 유형으로 전환된다.

텍스트 예 5.7: 연구 논문(비과거 시제는 볼드체; 과거 시제는 이탤릭체; 수동태 동사는 대문자로 표시)

Introduction

...

Because leaf area **IS LINEARLY RELATED** to sapwood cross-sectional area, if leaf area is static, sapwood volume **can only increase** if tree height **increases**. Because most height growth occurs early in stand development, sapwood volume and maintenance respiration **may not increase** greatly between intermediate and old-growth stands.

In this study, we tested the hypothesis that higher maintenance respiration for woody tissues **would reduce** net primary production in older stands. We *estimated* maintenance respiration (R) for woody tissues from sapwood volume, sapwood temperature, and a correction for diurnal temperature amplitude. We then *compared* estimates of R with measured changes in above ground wood production for a chronosequence of subalpine lodgepole pine (pinus contorta ssp latifolia) **stands** in Colorado,

Methods

To reduce site differences, we *selected* three adjacent stands growing within 300 metres. The youngest stand (40 years old in 1986) *WAS ESTABLISHED* when a plot *HAD BEEN CLEAR-FELLED* for a regeneration study…

그 이외에도 두 가지 독특한 전환 부분이 이들 텍스트의 '방법' 부분과 '결과' 부분 사이에서 나타난다. 우선 텍스트 A에서는 수동태 동사가 (능동태와 섞여서) '결과' 부분의 시작 부분까지 계속해서 사용된다. 그리고 텍스트 B에는 '방법' 부분과 '결과' 부분의 경계에 다른 종류의 특징적인 전환이 보이는데, 즉, '방법' 부분의 마지막에서 현재 시제와 능동태로 전환하고 있다. 앞서 설명한 예와 마찬가지로 이와 같은 특징적인 전환은 매우 흥미로운 부분으로, 이와 같은 의사 소통 목적의 전환에 대해서 이해하기 위해서 더 상세한 담화 분석을 할 필요가 있다.

이와 같은 연구는 다양한 응용이 가능한데, 예를 들어 완료와 진행의 동사의 사용이나 서법 조동사의 유형을 조사하는 데에도 도움이 될 것이다. 코퍼스-기반 방법들은 이들 특징을 조사하는 데에도 담화 분석의 관점에서 매우 흥미로운 텍스트 부분을 구체적으로 파악해 줌으로써 방향을 제시하는 역할을 해 줄 수 있다. 코퍼스-기반 방법들은 텍스트에 관한 포괄적인 분석을 할 수 있게 해 준다. 즉, 텍스트에서 수사적으로 특수한 부분(예측과 다른 언어적 혹은 담화적 특징들을 통해서 드러나는)을 찾아내기 위해서는 우선 텍스트의 흐름 속에서 전개되는 언어 형태의 상세한 특징을 추적해 가면서 텍스트 전체를 연구하는 것이 필요하다. 코퍼스-기반 방법은 이와 같은 포괄적 분석을 하고 또, 예상된 기준에서 벗어나는 텍스트 조각들을 찾아내는 데에 있어서도 이상적인 방법이다.

5.4. 마치며

이 장에서는 담화 분석의 여러 문제들에 대해서 연구하는 데에 있어서 코퍼스-기반 방법의 유용성에 대해서 논의했다. 구체적으로 지시 표현의 특징을 분석함으로써 구어와 문어 레지스터 사이의 흥미로운 차이점을 어떻게 밝히는가, 그리고 동사 지도를 구축함으로써 어떻게 연구 논문의 수사 구조에 대한 중요한 통찰력을 갖게 될 수 있는가를 보여 주었다. 이와 같은 두 가지 분석에 대한 일반화된 결과를 얻기 위해서는 더 많은 텍스트를 이용하여 대규모로 연구할 필요가 있을 것이다. 그렇지만 이 장에서 살펴본 바와 같이 비교적 작은 이와 같은 연구는 본 장에서 수행한 비교적 소규모의 분석을 통해서도 텍스트 내에서 더 집중적이고 정성적인 분석을 하면 흥미로운 영역(예를 들어 연구 논문의 수사적 전환 부분)도 찾으면서, 또한 어떻게 이러한 연구들이 언어 용법에 있어서 중요한 유형들을 밝혀 줄 수 있는지 알 수 있었다.

본 장에서는 또한 완전히 자동화된 분석을 할 수 없거나 텍스트 전체에 걸쳐서 정보를 추적할 필요가 있을 경우에 코퍼스-기반 방법이 언어학적 연구에 도움이 된다는 것을 알 수 있었다. 대화형 컴퓨터 프로그램이나 혁신적인 출력 형식 덕분에 지금까지 불가능하다고 생각되었던 문제를 연구하는 것이 가능하게 되었다. 앞으로 더 많은 연구에 이러한 방법이 채택될 것을 고려하면, 다양한 텍스트와 레지스터에 걸쳐서 나타나는 담화 유형에 대해서 더 많이 알 수 있게 될 것이다.

더 읽을 거리

담화 연구에는 상세한 해석적 분석이 필요하기 때문에 코퍼스-기반 연구가 상대적으로 적었다. 다음 연구들은 정도의 차이는 있으나 모두 코퍼스를 기반으로 하고 있다. Biber(1992), Burges(1996), Chafe(1991), Fox(1987), Fraurud(1990), Givōn(1983), Morris and Hirst(1991), Stenström(1987), Thavenius(1983), Youmans(1991).

2부
변이형의 특징 연구

6. 레지스터 변이와 특수 목적 영어

6.1. 레지스터 변이 연구

지금까지는 어휘, 문법, 담화 특징 등과 같은 언어의 특징에 대해서 주로 살펴보았다. 그러나 연구자들은 종종 개별 언어 자질들보다는 "레지스터"의 설명에 관한 연구 문제들에 관심을 갖는다. 여기서 "레지스터"란 상황적 특징에 의해서 정의되는 변이형들을 의미하는 포괄적 용어로 사용된다. Jane Austen의 픽션이나 생물학 연구 논문의 방법 같은 레지스터들은 매우 구체적일 수 있다. 반면에 대화나 학생 쓰기 능력 등과 같은 레지스터들은 일반적이다.

레지스터는 "방언dialects"과는 구별해야 한다. 레지스터는 사용 상황, 즉 목적, 주제, 배경, 대화성, 방식 등에 따라서 정의한다. 이와는 대조적으로 방언은 특별한 지역에 사는 화자들 혹은 특별한 사회집단에 속하는 화자들 등과 같이 서로 다른 사용자 집단과 관련하여 정의한다. 이 장에서는 레지스터에 대해서 주로 살펴보기로 한다. 2부의 다른 장, 가령 7장에서는 나바호Navajo어 모국어 학생들과 영어 모국어 학생들이 쓴 작문을 예로 들어서 방언 차이 연구에 대해서 살펴본다.

한 언어의 유능한 화자가 되기 위해서는 레지스터의 범위를 통제하는 것이 매우 중요하다. 매일매일 우리 모두가 다양한 범위의 레지스터들을 말하고 쓴다는 점에서 단 하나의 레지스터만을 통제하는 사람은 없다는 말은 맞는 말일 것이다. 예를 들어 학기말 보고서에 사용하는 언어는 룸메이트와 대화할 때 사용하는 언어와는 다르며, 또한 그 두 레지스터들은 교사와 토론할 때, 혹은 어머니에게 편지를 쓸 때 사용하는 언어와는 다르다.

이와 같은 지속적인 레지스터 전환의 필요성을 고려할 때 레지스터의 특징을 습득하는 것은 모든 언어 발달 단계 — 예컨대 아동이 친구와 사용하는 언어가 어른들과 사용하는 언어와는 다르다는 것을 배우거나, 초등학생이 글로 쓰는 것과 대화하는 것과는 다르다는 것을 발견한다거나, 대학생이 학기말 생물학 보고서가 자신이 쓴 사적인 글과 다르다는 것을 발견한다거나, 혹은 영어를 배우는 학생들이 영어 레지스터 범위를 통제하려고 하는 등 — 에 있어서 무엇보다도 중요하다.

레지스터 습득 과정과 교사들이 그 과정을 수월하게 해 줄 수 있는 방법을 이해하기 위해서는 레지스터 간의 가장 중요한 유사성이나 차이점을 밝혀냄으로써 다양한 레지스터들이 갖는 언어적 특징들을 먼저 설명해야 한다. 비록 연구자들은 그러한 설명이 필요하다는 것을 이미 오래전부터 알고는 있었지만 코퍼스-기반 연구 방법론 없이는 그것을 달성하기 어려웠다. 코퍼스-기반 방법이 없다면 많은 문제점들이 발생할 수 있는데, 그 이유는 포괄적으로 레지스터에 대해 연구하기 위해서는 다음의 세 가지 필수 요인들, 즉 다수의 텍스트를 대상으로 해야 하고, 광범위한 언어적 특징들을 고려해야 하며, 마지막으로 레지스터들 간의 비교도 필요하기 때문이다.

첫 번째, 연구 대상 텍스트의 수가 많아야 하는데, 그 이유는 너무 적은 수의 텍스트를 이용한 레지스터 연구는 부정확해질 가능성이 크기 때문이다. 6.2의 표본 분석이 이 위험성을 잘 보여 주고 있다.

두 번째, 소규모의 엄선된 언어적 특징들만을 대상으로 한 레지스터 연구는 레지스터에 대해서 포괄적으로 설명해 주지 못하며, 그러한 연구들을 통해서 얻어진 결과들은 부정확하기 쉽다. 한 레지스터가 그 레지스터에서만 발견되는 특징적 언어 자질(예를 들어 야구 중계에서만 찾아볼 수 있는 볼과 스트라이크의 수를 세는 "카운트count"와 같이)에 의해서 구별되기란 쉽지 않다. 오히려 레지스터는 명사, 대명사, 동사, 형용사 등과 같은 다양한 언어 자질들을 공유하며, 이 자질들의 상대적인 사용에 의해서 구별된다. 즉, 핵심 언어 자질들의 상대적인 사용에서 발견되는 체계적인 차이가 레지스터들을 구별할 수 있게 해 주는 주요 특징들을 제공해 준다.

마지막으로 레지스터 분석은 비교연구가 필수적이다. 즉, 한 레지스터에서 특정 언어 자질의 사용이 특이한 것인지, 아니면 일반적인 것인지를 알아내기 위해서는 비교의 기준이 필요하다. 앞 장에서 논의했던 바와 같이 특정 빈도 자체만 놓고 보면 일반적이지도 않고 희소하지도 않다. 예를 들어서 1,000 어휘당 25의 빈도는 레지스터에 따라서 보통 1,000 어휘당 1에서 10의 평균 빈도를 보이는 관계절의 경우에는 극히 일반적이다. 이와는 대조적으로 1,000 어휘당 200에 가까운 평균 빈도를 보이는 명사의 경우에는 1,000 어휘당 25의 빈도는 거의 불가능할 정도로 희소한 경우이다.

마찬가지로 특정 레지스터의 평균 빈도는 다른 레지스터와의 비교를 통해서만 알아낼 수 있다. 특정 레지스터에서 관계절의 빈도는 다른 레지스터들의 빈도와 비교할 때라야만 의미가 있게 된다. 따라서 레지스터 분석은 실질적으로는 다른 레지스터들에서의 언어 자질들의 용법과 비교하였을 때 그 언어 자질들이 상대적으로 일반적인지 혹은 희소한 것인지를 구별해 낼 수 있는 레지스터 변이에 관한 연구이다.

포괄적인 레지스터 연구를 위한 세 가지 필수 요인들은 수작업으로 달성하기는 어렵다. 한두 가지 언어 특징들을 대상으로 삼아 단지 몇 개의 텍스트를 분석하는 데 불과하다 해도 이를 수작업으로 하는 것은 극히 시간 낭비적이다. 한 텍스트에 대하여 한 번의 검토 과정을 거쳐서 복수의 언어 자질들의 출현 양상을 밝혀내는 것은 거의 불가능하다. 이 작업이 얼마나 어려운 것인지에 대해서 실감해 보기 위해서 다음의 연습을 해 보자. 본 저서의 영문 원본의 한 페이지를 정하여 그 페이지를 한번 쭉 읽어 나가면서 명사화nominalizations, 수동 구문passive constructions, 서법 조동사modal verbs, 관계절relative clauses, 그리고 전치사구prepositional phrases의 다섯 가지 언어 자질들의 출현 양상을 찾아내 보자. 이 작업이 얼마나 시간이 오래 걸리는지를 기록해 보자. 그 다음에는 작업을 다 끝낸 후 자신의 분석 결과가 동료의 분석 결과와 비교하여 얼마나 정확한지를 알아보자. 마지막으로, 서로 다른 레지스터에 속하는 수많은 텍스트들을 분석하면서 동시에 수십 개의 서로 다른 언어 자질들을 검토하는 것이 얼마나 어려운 것인지를 상상해 보라.

6.1.1. 레지스터 분석을 위한 코퍼스-기반 기법 응용

코퍼스-기반 기법은 포괄적인 레지스터 연구 수행을 훨씬 수월하게 해 준다. 현대적인 컴퓨터를 이용함으로써 방대한 분량의 텍스트를 저장하고, 그 텍스트에 들어 있는 수많은 언어 자질들을 분석하고, 레지스터 간의 결과를 비교할 수 있게 되었다. 이 장에서는 코퍼스-기반 연구를 레지스터 변이에 관한 의문들에 대한 답을 구하는 데 활용할 수 있는 가능성에 대해서 알아보기 위해서 레지스터 간 특정 문법 자질의 분포 비교부터 시작해서 조금 더 포괄적인 레지스터 특징들을 예를 통해서 살펴보도록 한다. 또한 조금 더 다양하고 구체적인 특징에 따른 레지스터 분석을 예로 들어서 살펴본다. 이를 위해서 다음의 네 가지 연구 문제들에 대해서 살펴본다.

1. 종속절 사용에 있어서 구어 레지스터와 문어 레지스터는 어떠한 차이를 보이는가?
   이 연구 문제는 한 가지 유형의 구문, 즉 종속절에서의 레지스터 차이 연구를 위해서 이용되는 코퍼스-기반 기법을 예로 보여 줄 수 있다. 과거에는 많은 연구자들이 모든 종류의 종속절들이 유사한 목적과 분포를 보인다고 가정했었다. 그러나 6.2항에서 예로 제시된 연구에서는 종속절 사용은 레지스터 간에 변이를 보인다는 것을 보여 주고 있다. 이 예의 분석 결과에 대해서 논의하는 과정에서 우리는 또한 너무 적은 텍스트나 언어 자질들을 대상으로 할 경우 레지스터의 특징에 대한 부정확한 결론을 초래할 수 있음을 보인다.
2. 영어에서 구어와 문어는 어떻게 다른가? 구체적으로 언어 자질들의 용법

에서 어떤 유형들이 주요 구어 및 문어 레지스터들을 구별하는 데 있어서 중요한가? 특정 구어 혹은 문어 레지스터들은 이 유형들에 대해서 어떠한 유사성과 차이점을 보이는가?

수년 동안 구어와 문어 사이의 차이점들은 언어학자들의 흥미를 자극해 온 주제였다. 이 연구 문제에 답하기 위해서는 첫 번째 연구 문제보다 훨씬 더 포괄적인 언어 자질 분석을 해야 한다. 이를 위해서는 다차원 분석 multi-dimensional analysis이라는 레지스터 변이 연구 방법을 소개한다. 코퍼스-기반 연구의 틀 안에서 작업을 하게 되면, 다차원 분석 방법은 구어와 문어 레지스터에 걸쳐서 언어 자질들의 주요 변이 유형에 대해서 연구할 수 있게 해 준다. 이 연구 문제에 대해서는 6.3에서 논의한다.

3. 서로 다른 학문 분야에서 사용되는 텍스트들은 언어 변이 유형 측면에서 어떤 차이를 보이는가?

이 연구 문제는 특수 목적 영어(ESP)와 관련된 제반 현안들에 대한 연구를 가능하게 해 준다. 구체적으로는 예시된 분석을 통해서 두 가지 다양한 연구 분야에서 선정된 논문들이 언어 용법 유형에 있어서 어떤 차이를 보이는지, 그리고 이 언어 유형들이 어떻게 각 연구 분야의 기본 목적 및 방법들과 관련되어 있는지를 보여 준다. 이 질문은 앞서 언급된 연구 문제에서 소개된 다차원 분석이 더욱 구체적인 레지스터를 연구하는 데 이용될 수 있는지에 대해서 답을 보여 준다. 이에 대해서는 6.4에서 논의한다.

4. 단일 학문 레지스터 내 텍스트의 내부 구성 부분들은 언어적으로 어떠한 변이를 보이는가?

이 연구 문제는 아주 구체적인 레지스터들, 이 경우에는 생물학 연구 논문의 특정 부분에 대한 분석 결과를 예로 보여 준다. 연구 문제 3에 따라서 이 연구 문제는 다차원 분석 이론을 생물학 연구 논문의 도입, 방법, 결과, 그리고 논의 부분에서 관찰되는 변이에 대해 더욱 세부적인 초점을 두고 적용하도록 해 준다.

이상의 모든 연구 문제는 물론 레지스터 변이와 관련된 모든 분석을 하기 위해서는 정량적 방법만으로는 충분치 않다는 점을 강조한다. 오히려 언어 자질 유형들의 기저에 깔려 있는 기능적 기반을 검토하기 위해서는 정성적 해석이 필요하다. 따라서 다음 항에서는 영어의 레지스터 변이 유형을 연구하기 위해서 정량적 분석 방법과 정성적-기능적 해석 방법을 이용하는 것을 예로 제시한다.

6.2. 구어와 문어 레지스터에서 종속절의 용법

이 절에서는 구어 및 문어 레지스터에서 종속절의 용법에 대해서 검토한다. 과거에는 모든 종류의 종속절이 구조적인 정교화 및 복잡성을 표현해 준다는 점에서 기능적으로 유사하다고 가정했었다. 이 가정에 근거하여 연구자들은 종종 한 가지 유형의 종속절의 분포를 살펴본 결과를 모든 종류의 구조적인 종속 구문으로 일반화시켰었다.

예를 들어 지질학 교재에서 발췌한 다음의 간단한 표본에서는 관계절 사용 빈도가 대단히 높게 관찰된다.

텍스트 표본 6.1: 지질학 교재

By 1904 Jukes-Browne had completed his survey of the cretaceous rocks (1900-4), which includes description of sections west of the area dealt with in the sheet memoir, some of which do not appear to have received any attention since.

위의 예문에는 두 개의 *wh*-관계절(*which includes descriptions…which do not appear…*)과 한 개의 축소 관계절(*the area dealt with*)을 포함하여 총 세 개의 관계절 구문이 포함되어 있다. 이 모든 구문들은 핵어 명사에 대한 설명을 하거나 또는 구체적인 정보를 제공하기 위하여 사용되었다. 이러한 자질들의 밀도에 근거하여 많은 연구자들은 문어 레지스터가 일반적으로 구어 레지스터보다 더욱 구조적으로 정교하다는 결론을 내렸다.

그러나 영어에는 다른 종류의 종속절들이 많이 있다. 이 절에서는 관계절, 부사절, 그리고 보어절의 세 가지 종속절의 분포에 대해서 살펴본다.

앞에서 살펴보았듯이, 관계절은 핵어 명사에 대한 설명을 하거나 혹은 구체적인 정보를 제공하기 위해서 사용된다. 반면에 부사절은 주절의 명제를 명확히 표현하기 위한 이유나 조건, 또는 시간 배경 등과 같은 일종의 골격을 제공하기 위하여 사용된다. 예를 들어 다음 문장에는 두 개의 부사절이 포함되어 있다.

(1) Do ring Cathy if you feel like it, because I'm sure she won't mind.

첫 부사절인 *if you feel like it*은 주절인 *Do ring Cathy*의 조건을, 그리고 두 번째 부사절인 *because I'm sure she won't mind*는 이유를 제시하고 있다.

마지막으로 보어절은 명사구 자리를 채워 준다. *I think I can*이라는 문장에서 보어절인 *I can*은 내가 생각하는 것이 무엇인지를 밝힘으로써 동사의 의미를 완결지어 준다(종속절에 대해서는 3장과 4장에서 구체적으로 논의하였다).

이 예시용 분석에 사용된 텍스트들은 LOB Corpus에서 추출한 두 개의 문어 레지스터(80개의 학술논문 텍스트와 14개의 공문서)와 London-Lund Corpus에서 추출한 두 개의 구어 레지스터에서 추출하여 합쳤으며 총 478,000 어휘이다. 문법 주석이 된 이 텍스트에서 세 가지 유형의 종속절의 발생 양상을 관찰하였다. 이를 조금 더 간단히 예로 제시하기 위해서 이유나 원인만을 밝혀 주는 사역 부사절만을 대상으로 하였는데, 정식 분석이었다면 당연히 더욱 많은 종류의 절들을 포함해야 했을 것이다.

〈표 6.1〉에서 알 수 있듯이, 서로 다른 유형의 종속절은 여러 레지스터에 걸쳐서 매우 다양한 방식으로 분포되어 있다. 관계절은 학술 산문이나 공문서, 그리고 준비된 연설문에는 자주 사용되지만 대화에서는 상대적으로 드물다.

표 6.1 4가지 레지스터에 있어서 3 가지 종속절 유형의 평균 빈도(1,000 어휘당)

레지스터	텍스트 수	관계절	인과 부사 종속절	*that*-종속절
학술 산문	80	6.8	.3	3.2
공문서	14	8.6	.1	1.6
대화	44	2.9	3.5	4.1
준비된 연설	14	7.9	1.6	7.6

이와는 대조적으로 인과 부사 종속절은 대화에서 가장 높은 빈도로 관찰되지만 학술 산문이나 공문서에는 드물다. 마지막으로 *that*-종속절은 준비된 연설문에서 가장 많이 관찰되고 대화나 학술 산문에는 중간 정도로 관찰되지만, 공문서에서는 드물게 관찰된다.

서로 다른 유형의 종속절들이 갖는 상이한 기능은 여러 레지스터에 걸쳐서 분포에 반영되어 있다. 학술 산문, 공문서, 그리고 준비된 연설문들은 텍스트 안의 특정 대상에 대한 정보를 전달하는 데 집중하게 되어 있다. 앞의 텍스트 표본 6.1에서 보듯이 일반적으로 관계절은 이 기능을 수행하기 위하여 사용된다.

한편 대화문은 동작의 이유나 원인 등과 같은 대화 참여자들의 대화를 표현하는 데 주로 관심이 있는데, 흔히 다음과 같은 인과 부사절로 표현된다.

텍스트 표본 6.2: 대화

a. I wouldn't want it before the end of June anyhow Reynard *because I'm going to Madrid on the tenth*…

b. I rushed into the kitchen *because I smelt something was burning*…

마지막으로, *that*-종속절은 화자나 저자의 입장을 표현하는데, 이러한 입장 진술은 다른 레지스터보다는 설교문, 강의, 법정 탄원서court oratories, 그리고 기타 유형의 준비된 연설문 등에서 일반적으로 발견된다.

텍스트 표본 6.3: 준비된 연설문

a. There are many people who think *that to be a Christian is to lead a soft option in life*...

b. We would hope *that our students would have a full understanding of the cultural differences*...

이와 같은 간단한 분석을 통해서도 서로 다른 절 유형을 합치거나 또는 한 유형을 중심으로 하여 일반화한다는 것이 레지스터들 사이의 관계에 관한 부정확한 결론을 내리게 할 수 있음을 보여 주고 있다. 예를 들어, 관계절에 제한된 연구에서는 종속 자질이 설명적(특히 문어체의) 레지스터에서, 그리고 사역 부사절로만 제한된 연구에서는 종속 자질이 대화와 같은 구어체 레지스터에서 가장 일반적으로 사용된다는 결론을 내리게 될 것이다.

추가적으로, 앞의 분석은 또한 너무 적은 분량의 표본을 사용할 경우에 극단적으로 부정확한 결론을 내리게 될 수 있다는 것을 보여 준다. 예를 들어서, LOB Corpus 학술 산문에서 발췌한 J30 텍스트는 고작 80개의 텍스트에 근거하여 분석한 〈표 6.1〉에서 밝힌 학술 산문 전체 평균 점수와는 매우 다른 결과를 보여 준다. 구체적으로 말해서 J30 텍스트는 2,000 어휘 이상의 표본에 포함되어 있는 50개의 관계절 혹은 1,000 어휘당 대략 25개의 관계절이 들어 있는데, 이 빈도는 학술 산문 레지스터의 전체적인 평균 빈도와 비교하여 4배 정도 큰 수치이다. 다음 예문은 이와 같이 매우 밀도 높은 관계절 용례를 예시해 준다.

텍스트 표본 6.4: LOB Corpus; 학술 산문, J30

Most Vale people also have kin ties with people *who* live in these areas and in other parts of south Wales with *whom* they maintain effective social relations. A larger number of Vale people *who* do not work in the urban areas nevertheless visit them fairly regularly to see friends and relatives *who* live there or *who* are in hospital there...

이 텍스트, 또는 두세 개의 추가 텍스트를 놓고 살펴보기만 해도 학술 산문에는 관계절이 실제보다 훨씬 보편적으로 쓰이고 있음을 알 수 있다. 게다가 이 텍스트를 포함하는 소규모 연구는 또한 학술 산문에서 쓰이는 *that*-절의 빈도에 대해서도 대단히 부정확한 결론을 유도하게 될 것이다. 그 이유는 2,000 어휘 표본인 J30 텍스트에서는 *that*-절이 한 번도 사용되지 않았기 때문이다. 이 결과는 1,000 어휘당 3.2회, 혹은 전형적인 2,000 어휘 표본에서 6회의 *that*-절이 사용된다는 레지스터 평균 빈도와는 대조를 보인다.

전반적으로, 예로 제시한 분석은 레지스터 연구에는 다수의 텍스트를 포함해야 하며, 다수의 언어 자질을 관찰하는 것이 중요함을 보여 주고 있다. 레지스터에 따라서 다른 종속절 구조의 사용에 대한 연구 문제에 대하여, 어떤 종속절 구조들을 포함시킬 것인가에 대한 결론은 명백하다. 그러나 레지스터를 조금 더 광범위하게 특징짓고자 할 때 어떤 언어 자질들을 포함시킬 것인지, 그리고 그 언어 자질들을 어떤 방식으로 연구할 것인지를 결정하는 것은 훨씬 더 어렵다. 이러한 의문들에 대해서는 다음 절에서 논의하기로 한다.

6.3. 구어와 문어 레지스터 사이의 변이

6.3.1. 언어 자질들의 공기 유형

구어와 문어 레지스터를 광범위하게 비교하기 위해서 어떤 언어 자질들을 비교할 것인지를 밝혀내기는 매우 어렵다. 예를 들어서, 위에서 언급한 관계절의 비교는 학술 산문이 대화문과는 상당히 다르다는 점을 보여 준다. 이와는 대조적으로 학술 산문과 대화문은 과거 시제 동사의 사용 측면에서는 매우 유사함을 보여 준다. 즉, 과거 시제 동사들은 1,000 어휘당 평균 80개 이상의 과거 시제 동사가 사용되는 픽션과는 대조적으로 대화문 레지스터(1,000 어휘당 35개)와 학술 산문 레지스터(1,000 어휘당 22개)에서는 상대적으로 희소하다.

이러한 이유로 개별 언어 자질들의 상대적 분포를 고려하여 레지스터를 확실하게 구별하는 것은 불가능하다. 왜냐하면 고려해야 할 언어 자질들이 너무 많은데다가 특정 레지스터를 비교하는 데 어떤 언어 자질들이 중요한지를 미리 알아낼 수 있는 방법이 없기 때문이다. 게다가, 또한 텍스트 내에서 어떤 언어 자질들이 어떻게 같이 나타나는지, 즉 "공기co-occur"하는지를 이해해야 한다. 언어적 관점에서 볼 때, 레지스터는 이러한 다양한 종류의 공기 자질들이 어느 정도나 사용되고 있는지에 따라서 구별된다.

언어학자들은 레지스터 구별을 하기 위해서 공기 어휘 자질들이 필수적이라는 사실을 이미 오래전부터 알고 있었다. 많은 경우에 공기 자질들을 고려해야 한다는 사실은 개별 문장들만을 놓고 보아도 명백하다. 다음의 대화 및 학술 산문들을 예로 살펴보자.

텍스트 표본 6.5: 대화문

What you'd have to do, you know, you tell him what you need to know, he'd be able to tell you how to do it.

텍스트 표본 6.6: 학술 산문

As has been repeatedly shown, cultural evolution is not a unilinear process, and it is possible that under certain conditions a simpler social formation may emerge out of a more complex one.

텍스트 표본 6.5의 대화 예문에서 가장 명백한 특징은 단편적인 문장 구조이다. 그러나 이 짧은 인용문에서조차 추가적인 공기 언어 자질들이 많이 발견된다. 축약contractions, 2인칭 대명사(*you*), 담화 표식(*you know*), 준 서법 조동사(*have to, need to, be able to*), 그리고 *wh*-종속절 등등.

이와는 대조적으로 학술 산문 발췌문에서는 명사, 한정 형용사attributive adjectives, 명사화nominalizations, 그리고 다른 특정 어휘 항목들(예, *cultural evolution, unilinear process, certain conditions, simpler social formation*), 수동 구문(*has been shown*), 그리고 외치 구문(*it is possible that...*)들과 같은 다른 공기 자질들이 더 자주 보인다.

비록 언어학자들은 일반적으로 공기 유형의 중요성에 대해서는 익히 알고 있었지만 이 유형들을 경험적으로 파악하는 것은 상당히 어려운 일이었다. 극소수의 연구자들만이 공기 언어 자질들 세트를 밝히고자 했었을 뿐이다. 최근까지, 이러한 시도들은 주로 소수의 레지스터에서 선정된 텍스트에서 발견되는 언어 자질들에 대한 정성적 분석에 의존하여 왔다. 비록 이러한 분석들은 선정된 언어 자질들의 기능적인 연관성을 설명하는 데에는 유용하였지만, 텍스트 안에서 실제로 공기하는 언어 자질 세트를 정확하게 밝히는 데는 성공적이지 못했다.

사실 이 연구 목표는 대표적인 코퍼스를 포괄적으로 분석해야만 달성할 수 있다. 이 연구 문제에 대한 해답을 찾을 수 있는 한 가지 방법은 다차원 분석이다. 이 분석 방법에 의하면 공기 유형들은 대규모 텍스트 코퍼스 내 언어 자질들의 실제 분포에 근거한 정량적 분석을 통해서 밝혀지게 된다. 이 방법은 영어의 구어 및 문어 레지스터 연구를 위하여 1980년대에 개발되었다(Biber 1988 참조). 이 방법은 최근에는 다수의 비서양권 언어들의 레지스터 변이를 연구하기 위한 목적으로도 활용되고 있다.

6.3.2. 영어 다차원 분석

레지스터 변이 다차원 분석(이하 MD)은 한 언어의 주요 공기 유형들 전체를 대표할 수 있는 다수의 코퍼스를 대상으로 한다. 이러한 코퍼스에는 광범위한 구어와 문어 레지스터에서 수집된 다수의 텍스트들이 포함되어 있다. (코퍼스 디자인에 있어서 대표성에 관한 논의는 방법론 1 참조) 초기의 영어 MD 연구를 위해 이용된 코퍼스에는 Lancaster-Oslo/Bergen Corpus에서 학술 산문, 신문 논설, 미스터리 픽션 등의 주요 문어 레지스터를 포함하는 340 개의 텍스트, 그리고 London-Lund Corpus에서 대면 대화, 공적 대화, 준비된 연설문 등의 구어 텍스트를 포함하는 148 개의 텍스트를 포함하여 총 960,000 어휘를 포함하는 총 481 개의 텍스트로 구성되었다.[1]

MD 분석의 첫 단계는 연구 대상 언어 자질 세트를 찾아내는 것이다. 이 단계에서의 목적은 기능적 연관성을 갖는 광범위한 언어 자질들을 포함시키는 것이다. 영어 MD 분석에 포함된 언어 자질들은 (A) 시제와 상 표지, (B) 장소 부사와 시간 부사, (C) 대명사와 대동사, (D) 의문문, (E) 명사형, (F) 수동태, (G) 서술형, (H) 종속 자질, (I) 전치사구, 형용사, 그리고 부사들, (J) 어휘적 구체성, (K) 어휘 부류, (L) 서법, (M) 특수 동사 부류, (N) 축약형과 비선호 구문들, (O) 동위절, 그리고 (P) 부정 등 총 16개 주요 문법 범주들이다.

두 번째 단계에서는 텍스트 내에서 각 출현 언어 자질들을 찾아내고 그 숫자를 셀 수 있는 컴퓨터 프로그램을 개발한다. 이러한 다양한 언어 자질들을 찾아내기 위하여 자동 문법 주석 프로그램grammatical tagger과 또 더욱 복잡한 자질들을 정확히 찾아내기 위해서 대화형 프로그램이 필요하다(문법 주석에 대해서는 방법론 4와 5 참조). 모든 컴퓨터 분석에서는 자질 숫자를 정확하게 계산하기 위해서 계산 결과는 수작업으로 확인해야 한다.

모든 텍스트에서 언어 자질 숫자가 계산되고 보정[방법론 6 참조]된 후에 분석자는 엄청난 분량의 자료를 접하게 된다. 영어의 경우에 코퍼스에 포함된 481 개의 텍스트 각각에 대해서 67개의 상이한 빈도 계산을 해야 한다. 이들 계산 결과를 간략히 훑어본 후 텍스트들 안에서 어떤 자질들이 공기하는지를 밝혀낼 수 있는 확실한 방법은 없다. 그러나 "요인 분석factor analysis"이라는 통계 기법을 이 목적으로 이용할 수 있다. 이 방법은 유사한 방식으로 분산되어 있는 변인들의 집합을 찾아내기 위한 상관 연구 방법이다. 예시하는 연구에서는 요인 분석을 통해서 어떤 언어 자질들이 텍스트 안에서 공기하는 경향이 있는지를 보여 줄 수 있다. 다시 말해 요인 분석은 언어 자질들 사이에서의 공기 유형, 즉 텍스트 안에서 전형적으로 공기하는 언어 자질들의 세트들을 찾아낼 수 있

1 원문에는 481개로 되어 있으나 실제로는 488개(LOB 340개 + LL 148개)임 — 역자 주.

게 해 준다.

각각의 공기 자질 세트는 변이의 "차원dimension"이라고 부른다. 이 차원들은 텍스트 안에서 높은 빈도로 공기하는 언어 자질들의 집단이다. 예를 들어 1인칭 대명사, 2인칭 대명사, 그리고 *wh*-의문문이 한 공기 자질 집단에 속한다면, 두 번째 공기 자질 집단에는 명사, 전치사구, 그리고 한정 형용사가 속할 수 있다. 이러한 집단들은 이 자질들이 여러 텍스트에서 유사한 방식으로 분포되어 있다는 사실을 반영해 준다. 예를 들어, 한 텍스트에서 명사 빈도가 높으면, 이 텍스트에는 또한 전치사구와 한정 형용사구 빈도도 높다거나 혹은 반대로, 텍스트에서 명사의 숫자가 눈에 띄게 적으면 전치사구나 한정 형용사 또한 적을 것이라는 것이다.

요인 분석을 통하여 차원을 정의해 줄 언어 자질들이 파악된 후에, 차원은 언어 자질들에 의해서 가장 광범위하게 공유되는 상황적, 사회적, 그리고 인지적 기능의 관점에서 기능적으로 해석된다. 이 해석은 공기 현상이 공통적인 기능을 반영하리라는 가정에 근거를 두고 있다. 즉, 언어 자질들은 서로 유사한 방식으로 기능하기 때문에 텍스트 안에서 공기한다는 것이다. 간단한 예를 든다면, 1인칭, 2인칭 대명사들과 직접 의문문, 그리고 명령문은 대화성interactiveness과 관련되기 때문에 텍스트 안에서 공기하는 경향이 있다. 직접 의문문과 명령문은 반응해야 할 특정 대상, 즉 청자를 필요로 하는데, 1인칭 및 2인칭 대명사들은 화자와 해당 청자를 직접적으로 지시한다. 이와 유사하게, 축약이나 부정 시작어false starts, 그리고 영어의 *thing*과 같은 일반적인 내용어들은 모두 실제 상황에서 겪게 되는 문장 산출 제약과 관련된다. 그러므로 이 자질들은 대화 참여자들이 직접적인 대화를 해야 하고, 또한 화자들이 실시간 문장 산출을 해야 하는 제약을 겪을 수밖에 없는 대화 상황에서 공기하는 경향이 있다.

구어체 및 문어체 영어 레지스터에 대한 MD 분석을 통해서 다섯 개의 주요 변이 차원들이 밝혀졌다. 〈표 6.2〉에는 이 차원들 각각과 관련되어 있는 공기 자질들을 요약해 놓았다. 앞에서 설명한 바와 같이 이 공기 자질 세트는 요인 분석에 의해서 정량적으로 밝혀진 것들이다.

모든 차원들은 상보적 유형으로 나타나는 자질 세트들로 되어 있는 두 개의 자질 집단으로 구성된다. 즉 텍스트 내에서 한 집단에 속하는 자질들이 높은 빈도로 함께 나타난다면 그 텍스트 내에서는 다른 집단에 속하는 자질들은 현저하게 덜 나타나거나 혹은 그 반대라는 것이다.

예를 들어 〈표 6.2〉의 1차원을 살펴보자. 두 집단은 상보적 관계를 나타내기 위해서 각각 "긍정적positive" 집단과 "부정적negative" 집단으로 불린다. 1차원의 긍정적 집단에 속하는 자질들(〈표 6.2〉에서 점선 윗부분)은 *think*나 *feel* 같은 사적 동사private verbs, 종속절의 *that*-삭제, 축약, 현재 시제 동사, 2인칭 대명사 등이 포함된다. 부정적 집단에는 명사, 어휘 길이, 전치사구, 유형/토큰 비율, 그리고 한정 형용사 등이 포함된다.

1차원을 정의하는 집단 구별은 세 가지 주요 분포 유형으로 나뉠 수 있는데, 1. 긍정적 자질 집단들은 텍스트 안에서 공기하는 경향이 있다. 즉 텍스트에 사적 동사가 높은 빈도로 나타난다면 *that*-삭제나 축약형 등도 또한 높은 빈도로 나타날 것이다. 2. 부정적 자질 집단들 또한 텍스트 안에서 공기하는 경향이 있다. 3. 긍정적 자질 집단들과 부정적 자질 집단들은 상보적 분포를 보인다. 그래서, 텍스트에 사적 동사나 축약형 등과 같은 긍정적 자질들이 많이 나타난다면 명사나 전치사구 등과 같은 부정적 자질들은 현저하게 적게 나타날 것이다. 반대로, 만일 텍스트에 부정적 자질들이 많이 나타난다면 사적 동사나 축약형 등은 현저하게 적게 나타나게 될 것이다.

각 차원에 대한 기능적인 해석은 1. 차원을 정의하는 데 이용되는 공기 자질 세트에 의해서 광범위하게 공유되는 의사 소통 기능의 분석, 2. 차원을 중심으로 하여 레지스터 사이에서 찾아볼 수 있는 유사성과 차이점에 대한 분석의 두 가지에 근거해서 이루어진다.

차원 해석의 첫 단계는 공기 자질들이 공유하는 기능을 평가하는 것이다. 1차원에서는 부정적 자질 집단의 해석은 상대적으로 간단하다. 명사, 어휘 길이, 전치사구, 유형/토큰 비율, 그리고 한정 형용사 등은 정보 초점과 텍스트 내에서 정보 통합이 면밀하게 이루어져 있음을 보여 준다. 이 자질들은 정보

표 6.2 영어의 주요 5개 차원을 구성하는 공기 유형 요약(Biber 1988에 근거함[2])

1차원: "관여적 산출과 정보적 산출"
사적 동사 .96
that-삭제 .91
축약형 .90
현재 시제 동사 .86
2인칭 대명사 .86
대동사 *do* .82
분석 부정 .78
지시 대명사 .76
일반 강조 74
1인칭 대명사 .74
대명사 *it* .71
본동사 *be* .71
사역 종속절 .66
담화 표지 .66
부정 대명사 .62
일반 회피 표현hedge .58
증폭 표현 .56
문장 관계사 .55
wh-의문문 .52
가능 서법 .50
비-구절 동위절 .48
wh-절 .47
최종 전치사 .43
(부사 .42)

- - - - - - - - - - - - - - - - - - - -

명사 -.80
어휘 길이 -.58
전치사 -.54
유형/토큰 비율 -.54
한정 형용사 -.47
(위치 부사 -.42)
(동작주 없는 수동태 -.39)
(과거 분사 명사 후치절 -.38)

2차원: "서사적 담화와 비서사적 담화"
과거 시제 동사 .90
3인칭 대명사 .73
완료상 동사 .48
공적 동사 .43
합성 부정 .40
현재 분사절 .39

- - - - - - - - - - - - - - - - - - - -

(현재 시제 동사 -.47)
(한정 형용사 -.41)

3차원: "정교한 참조와 상호 의존적 참조"
목적어 위치에 오는 *wh*-관계절 .63
동반 이동 구문 .61
주어 위치에 오는 *wh*-관계절 .45
구 동위절 .36
명사화 .36

- - - - - - - - - - - - - - - - - - - -

시간 부사 -.60
장소 부사 -.49
부사 -.46

4차원 "명백한 논지 표현"
부정사 .76
예측 서법 .54
설득 동사 .49
조건 종속절 .47
필요 서법 .46
분리 조동사 .44
(가능 서법 .37)

- - - - - - - - - - - - - - - - - - - -

[부정적 자질 없음]

5차원: "비인칭적 문체와 비비인칭적 문체"
접속사 .48
동작주 없는 수동태 .43
과거 분사 부사절 .42
by-수동문 .41
과거 분사 후치 명사절 .40
기타 부사 종속절 .39

- - - - - - - - - - - - - - - - - - - -

[부정적 자질 없음]

초점을 가지고 있는 문어 텍스트의 속성과 연관되어 있다. 이 텍스트들은 또한 전형적으로 면밀한 정보 통합과 정확한 어휘 선정을 할 수 있는 충분한 기회를

2 괄호 안 자질들은 차원 점수의 산출에는 이용되지 않는다. 4차원과 5차원의 명칭은 그 차원들의 해석을 더 잘 반영하기 위해서 약간 변경되었다.

제공해 준다. 다음 텍스트 표본은 학술지의 논문에서 드러나는 이러한 공기 언어 특징들을 잘 보여 준다.

텍스트 표본 6.7: 학술 산문

Apart from these very general group related aspects, there are also individual aspects that need to be considered. Empirical data show that similar processes can be guided quite differently by users with different views on the purpose of the communication.

이 텍스트 표본은 *general group related aspects, individual aspects, empirical data, similar processes, users with different views on the purpose of the communication* 등의 예에서 알 수 있듯이, 명사와 긴 어휘의 빈번한 사용, 특히 대부분의 명사가 한정 형용사나 전치사구에 의해서 수식된다는 점에서 정보 밀집도를 기준으로 볼 때 전형적인 문어체 해설문이다.

1차원 긍정적 자질 집단은 비록 이 모든 자질들이 어떤 식으로든 주로 대화적 혹은 정서적 목적과 실시간 산출 환경과 관련하여 관여적, 비정보적 초점과 연관되어 있긴 하지만 더욱 복잡하다. 예를 들어서, 1인칭 대명사, 2인칭 대명사, *wh*-의문문, 강조사, 증폭 표현, 그리고 문장 관계사 등은 모두 대인 대화, 개인 감정과 관심 등에 관한 관여적 표현들을 반영해 주는 것으로 해석될 수 있다.

1차원의 다른 긍정적 자질들은 축약된 표면 형태 또는, 정보를 일반화시키거나 혹은 불확실하게 제시하는 경우, 그리고 일반적으로 단편적인 텍스트 산출 등을 표시하는데, 이 자질들에는 *that*-삭제, 축약형, DO-대동사, 대명사형, 그리고 문장 끝에 오는 좌초 전치사stranded prepositions 등이 포함된다. 이 경우에 표면형의 축약은 또한 내용을 더욱 일반화시키면서도 덜 분명하게 해 주는 결과를 야기한다. 공식적인 대화(면담)에서 인용한 텍스트 표본 6.8은 1차원 긍정적 집단에서 공기하는 언어 특징들의 용법을 예로 보여 주고 있다.

텍스트 표본 6.8: 공식적 대화

B: come in . come in -- ah good morning

A: good morning

B: you're Mrs Finney

A: yes I am

B: how are you - my names Hart and this is Mr Mortlake

C: how are you

A: how do you do

B: won't you sit down

A: thank you --

B: mm well you are proposing . taking on . quite something Mrs Finney aren't you

A: yes I am

B: mm

A: I should like to anyhow

B: you know what you'd be going into

A: yes I do

이 텍스트 표본은 빈번한 질문, 1인칭 대명사 및 2인칭 대명사, 그리고 배석한 사람들에 대한 직접적인 언급 등을 통해서 알 수 있듯이 전형적인 대면 대화이다. 이 표본은 또한 빈번한 축약형 사용과, *taking on quite something* 같은 일반 지시 표현을 통해서 반영되고 있는 바와 같이 실시간 산출 효과도 보여 주고 있다. 1차원에서 찾아볼 수 있는 부정적 자질들은 특징적으로 이 텍스트 표본에는 빠져 있다. 이 대화에는 어휘 명사(대명사와 대비되는)들이 거의 사용되지 않고 있고, 관찰되는 것들은 주로 *good morning* 같은 고정 표현들의 일부이다. 그 밖에도 한정 형용사와 전치사구 몇 개가 사용되었다.

전반적으로, 긍정적, 부정적인 두 가지 공기 언어 자질들에 근거하여 살펴볼 때 1차원은 정서적, 대화적, 그리고 일반화된 내용(긴 점선 윗부분에 언급된 긍정적인 자질들), 그리고 높은 정보 밀도와 정확한 정보적 내용(긴 점선 아래 언급된 부정적 자질들)을 표현한다. 지금까지 두 가지 별개의 의사 소통 매개 변인들이 언급되었다. 저자/화자의 기본 목적('정보적'과 '관여적'), 그리고 산출 환경('신중한 편집 가능성을 제공해 주는 환경'과 '실시간 제약의 영향을 받는 환경')이 그 두 가지이다. 이 두 가지 매개 변인들을 반영하기 위해서 "관여적 산출과 정보적 산출"이라는 해석적인 제목을 이 차원에 부여할 수 있다.

이 해석은 차원을 고려한 레지스터의 특화를 통해서 뒷받침된다. 즉 각 텍스트의 차원 점수*dimension scores*를 계산하고 이 점수를 기준으로 하여 텍스트와 레지스터들을 비교할 수 있다.

개별 언어 자질들의 빈도는 텍스트의 특징을 보여 주기 위하여 점수(명사 점수나 형용사 점수 등과 같이)로 간주될 수 있다. 마찬가지로, 그 차원에서 두드러지게 높은 빈도를 보이는 자질들의 빈도를 합하여 각 텍스트의 차원 점수(또는 요소 점수*factor scores*)를 계산할 수 있다.(차원 점수 계산법에 대해서는 방법론 10 참조)

일단 각 텍스트별로 차원 점수가 계산되면 각 레지스터별 평균 차원 점수를 쉽게 계산할 수 있다. 이 차원 점수들의 양상을 살펴봄으로써 특정 레지스터의 언어적 특징이나 두 레지스터 간의 비교, 그리고 기저 차원에 대한 조금 더 풍부한 기능적인 해석이 가능하다.

예를 들어 1차원에 해당하는 9개의 영어 레지스터들의 평균 차원 점수의 분포를 보여 주는 〈도표 6.1〉을 살펴보자. 대화문과 같이 긍정적 가치가 높은 레지스터들은 현재 시제 동사, 사적 동사, 1인칭과 2인칭 대명사, 축약형 등과 같은 1차원에서 언급했던 긍정적 자질들이 높은 빈도를 보인다. 동시에 긍정적 가치가 높은 레지스터들은 명사, 전치사구, 긴 어휘 등과 같은 1차원에서 부정적인 자질들로 언급된 자질들의 빈도가 현저하게 낮다. 학술 산문과 같이 부정적 가치가 높은 레지스터들은 명사나 전치사구 등의 빈도가 매우 높으나 사적 동사나 축약형 등의 출현 빈도는 매우 낮은 상반된 언어적 특징들을 보인다.

〈도표 6.1〉에 제시된 레지스터들 사이의 관계는 1차원이 바로 관여적 산출과 정보적 산출의 기준에 따라서 텍스트를 구별하고 있음을 확인해 준다. 대화 텍스트는 대화 참여자들이 특징적으로 별로 정보 수집의 목적을 가지고 있지

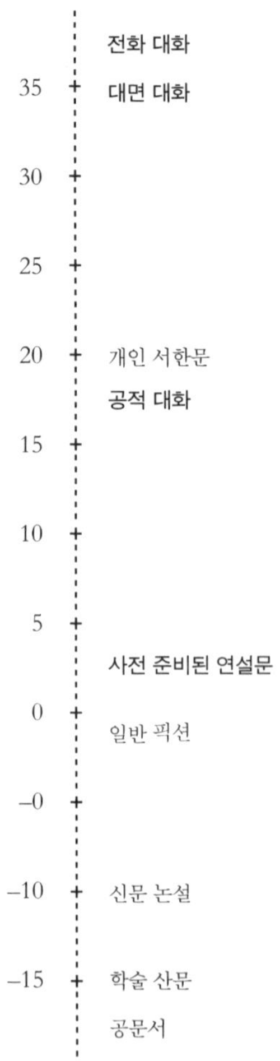

도표 6.1 영어의 아홉 개 레지스터의 1차원 평균 점수:
"관여적 산출과 정보적 산출"
(F = 111.9, p 〈 .0001. r^2 = 84.3%:
구어 레지스터는 고딕체, 문어 레지스터는 명조체)

않거나 또는 주의를 기울여서 높은 수준의 정보적 산출을 할 만한 시간을 가지고 있지 않은 성향이 있으므로 주로 대화적이고 관여적이다. 그러므로 대화문은 명사나 전치사구, 긴 어휘 및 1차원에서 찾아볼 수 있는 다른 부정적인 특징들이 상대적으로 낮은 빈도로 출현한다는 특징과 함께 현재 시제 동사, 사적 동사, 1인칭과 2인칭 대명사, 축약형, 그리고 1차원에 속하는 다른 긍정적 특징들을 보인다. 인터뷰와 패널 토론과 같은 공적 대화 레지스터는 상대적으로 정보적 목적을 갖기는 하지만, 참여자들이 지속적인 산출이나 혹은 활발한 대화를 해야 한다는 제약이 있다는 점에서 중간적 특징을 보인다. 마지막으로 신문 사설, 학술 산문, 그리고 공문서들은 대화적이지는 않지만, 고도로 통제되고 편집된 환경에서 산출된다는 점에서 극히 정보적이다.

〈표 6.2〉에 요약되어 있는 다른 차원들은 서로 다른 언어 자질 집단으로 정의된다. 그 결과 각 차원은 레지스터들 사이에서 찾아볼 수 있는 상이한 유사성과 차이점들을 보여 주고 있으며, 또한 각각의 차원들은 서로 다른 기능적 연관성을 보여 준다. 〈표 6.2〉에 나열되어 있는 해석적 명칭들은 기능적인 해석들을 요약해 놓은 것이다.

2차원은 서사적 유형의 담화와 비서사적 유형의 담화를 구별해 주는 것으로 해석할 수 있다. 서사적 담화, 특히 픽션은 3인칭 지칭과 *say* 같은 공적 동사를 이용한 보고식 화법과 함께 과거 시제와 완료상 동사 등을 통한 과거 시제 사용 빈도가 높다는 특징을 갖는다. 설명적, 기술적 혹은 대화적이라고 할 수 있는 비서사적 담화는 비과거 시제 사용 빈도가 높은 것이 특징이다.

3차원의 "정교한 참조와 상황 의존적 참조"는 고도로 명시적이고 문맥 비의존적 참조context-independent reference와 상황 의존적 참조situation-dependent reference로 특징지을 수 있다. 동반 이동 구문pied-piping constructions[3]을 포함하여 *wh*-관계절은 텍스트 내에서 참조 대상을 구체적으로 밝히기 위해서 명시적이고 구체적으로 이용된다. 한편 시간 및 장소 부사들은 물리적 담화 맥락 같은 텍

3 *Which house did she buy?*라는 문장에서 의문사 *which*는 명사 *house*를 동반하여 이동했다.-역자 주

스트 외적인 참조의 목적으로 흔히 이용된다.

4차원에는 "명백한 논지 표현"이라는 해석적 명칭이 이용된다. 4차원은 설득의 정도나 화자의 관점, 혹은 화자가 대화 상대를 설득하려는 시도 등을 표현한다.

마지막으로 5차원에서 접속사, 수동 구문, 그리고 과거 분사절이 섞여서 나타나는 것은 5차원이 그 문체에 있어서 비인칭적, 기술적, 형식적인 정보적 담화임을 표시해 준다. 5차원은 "비인칭 문체와 비비인칭 문체"라는 해석적 명칭으로 부를 수 있다.

6.3.3. 구어 레지스터와 문어 레지스터의 비교

앞에서 설명한 차원들은 레지스터 간 유사성과 차이점들을 명확하게 구별할 수 있게 해 준다. 이들은 그러므로 구어 레지스터와 문어 레지스터의 관계에 대한 다양한 관점들을 제공해 준다.

예컨대 〈도표 6.1〉에서 1차원의 두 극단은 구어 레지스터와 문어 레지스터를 구별한다는 것을 보여 준다. 구체적으로는 관여적 산출에서 최고 점수를 획득한 레지스터는 구어 레지스터들이고, 정보적 산출에서 최고 점수를 획득한 레지스터는 설명적인 문어 레지스터들이다. 이 분포는 각 차원의 대화성과 산출 환경과의 연관성과 일치한다. 정확하면서도 밀집된 정보 처리, 그리고 문장을 미리 계획하고 편집할 수 있는 시간 등은 문어체 설명적 레지스터의 특징인 반면, 참가자들 사이의 직접적인 대화를 통한 신속한 의사 소통은 대화와 같은 구어체 레지스터의 특징이다.

반면에 2차원은 구어 레지스터와 문어 레지스터 간의 상이한 관계를 보여 준다. 〈도표 6.2〉는 11개의 레지스터들의 2차원 점수를 보여 준다. 1차원 레지스터들의 특징들과는 대조적으로 〈도표 6.2〉에서는 픽션이 2차원 특징들에 대해서 가장 현저한 차이를 보인다. 다음의 로맨스 픽션 표본을 살펴보자.

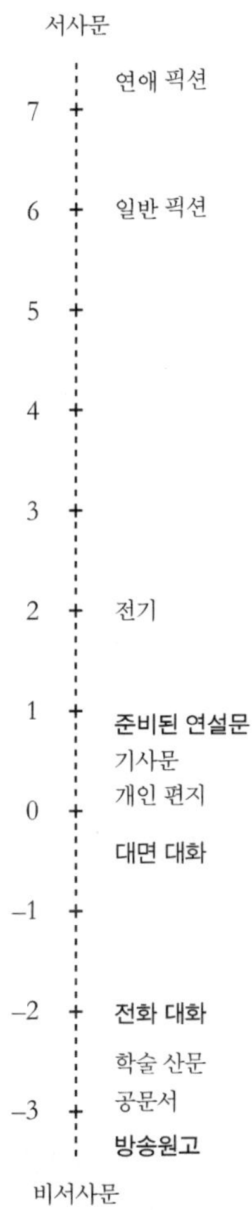

도표 6.2 영어의 열한 개 레지스터의 2차원 평균 점수
"서사적 담화와 비서사적 담화"
($F = 32.3$, $p < .0001$. $r^2 = 60.8\%$:
구어 레지스터는 고딕체, 문어 레지스터는 명조체)

텍스트 표본 6.9: 로맨스 픽션

But Mike Deegan was boiling mad now. When the inning was over he cursed the Anniston catcher all the way into the dugout... The Anniston manager came right up to the dugout in front of Mike. His face was flushed. "Deegan." the manager said, his voice pitched low, quivering. "That was a rotten thing to do." "For God's sake," Mike said, waving the manager away.

"Stop it, will you? Tell your guys not to block the plate!"

"You didn't have to ram him."

"That's what you say."

이 텍스트 표본 6.9에서는 현재 시제 동사들은 사용되지 않고, 과거 시제와 완료상 동사가 높은 빈도로 사용되고 있음을 보여 준다. 또한 이 텍스트는 특히 직접적인 대화를 위한 발화 행위 동사들이 사용되고 있는 것도 보여 주고 있다. 〈도표 6.2〉에서 볼 수 있듯이 몇 개의 하위 레지스터에서 추출한 픽션 텍스트들은 이러한 서사적 자질들을 자주 사용하는 것이 두드러진다.

추가로 〈도표 6.2〉는 2차원 레지스터들의 분포가 구어와 문어와는 아무런 관계가 없다는 점에서 1차원과는 근본적으로 다르다는 것을 보여 준다. 즉, 문어 레지스터들은 그중에서도 픽션이 가장 서사적이고 학술 산문과 공문서들은 전혀 비서사적이어서 2차원에서 양 극단에 분포하고 있다. 실제로 실시간 사건을 보도하는 방송과 즉각적인 관심거리들에 대한 전화 대화를 포함하는 몇 가지 구어 레지스터들은 속성상 완전히 비서사적이다. 비서사적 담화는 구조적 구성이 다른만큼 다양한 목적을 가지고 있다. 그래서 이 레지스터들은 서사적으로 구성되어 있지 않다는 2차원적인 특징들을 보인다는 점에서 서로 유사하다.

이 책에서는 원래의 목적대로 주어진 공간 내에서 이러한 변이 차원들에 대해서 간단히 소개한다. 전체적인 논의를 하게 되면 각 차원들이 그 각각을 정의해 주는 언어 특징들, 그 기능적 연관성들, 그리고 각 차원들이 나타내고자 하는 레지스터들 사이의 유사성과 차이점들에 있어서 어떻게 다른지를 밝혀 줄 것이다. 여기서 논의할 주된 요점은 다차원 공간에서 레지스터 변이를 어떻게 고려할 것인가이다. 즉, 개별 언어 자질들을 고려하거나 혹은 단일 변이 차원에서의 레지스터 비교는 레지스터들 사이의 관계를 포괄적으로 이해하기 위해서는 부적합하다는 것을 보인다.

추가로 본 논의에서는 한 언어 내의 기본 변이 차원들을 밝혀내기 위해서 대표적인 텍스트 코퍼스에 다양한 분석 방법들이 어떻게 적용될 수 있는지를 살펴본다. 다음 절들에서는 특수 목적 영어 교사와 연구자들에게 관심거리인 현안들을 논의하면서 다양한 수준의 특이성을 보이는 레지스터 분석에 이 이론적 방식이 역시 어떻게 적용될 수 있는지를 설명한다.

6.4. 특수 목적 영어에서 레지스터 특징 분석의 필요성

특수 목적 영어English for Specific Purposes(ESP) 분야의 연구자들이나 관계자들은 영어의 특수 레지스터들의 언어적 특징을 이해하기 위해서 노력한다. 그러한 연구의 가장 중요한 한 가지 목표는 학생들이 이러한 레지스터들을 적절하게 이해하고 산출할 수 있도록 도울 수 있는 최상의 교재와 활동을 설계하는 것이다. 예를 들어, 과학 연구 논문들에서 이들 논문들에 자주 사용되는 동사의 시제나 상과 같은 언어 형태를 연구하기 위해서 많은 관심을 기울여 왔다. 전통적으로 이러한 연구들은 텍스트 기반으로 텍스트에서 사용되는 언어를 분석하였다. 그러나 여기서 정의하고 있는 바와 같은 대규모로 엄선하여 수집한 텍스트 자료를 대상으로 하여 정량적 연구 방법에 정성적인 해석을 곁들인 컴퓨터 기술을 결합시키는 코퍼스-기반 연구 방법을 이용한 연구는 거의 없었다.

게다가 ESP 분야의 모든 연구들은 한 가지 혹은 소수의 언어 자질들에 집중되어 있었다. 비록 이러한 연구들은 특정 형태의 용례에 대한 상세한 정보를 알 수 있게 해 주기는 해도 이 장의 앞부분에서 논의했던 단점을 가지고 있다. 즉,

소수의 선택된 언어 자질들에 관한 연구는 레지스터에 대한 포괄적 설명을 해 주지 못한다. 그리고 간혹 레지스터들 사이의 관계를 특징적으로 설명하는 데 있어서 오해를 낳을 수도 있다. 이와는 대조적으로 앞 절에서 설명한 다차원 연구는 레지스터들에 대한 보다 포괄적인 설명을 해 준다. 그리하여 ESP에서 가장 중요한 목표를 수월하게 달성하게 해 줄 수 있다.

이 절에서는 두 변이 차원에 있어서 생물학과 역사학 연구 논문들의 관계를 예로 삼아서 영어의 다차원 분석을 ESP 연구에 적용해 본다. 앞 절에서 설명한 변이형 다차원 모형을 이용하면 이 두 가지 레지스터에서 사용되는 언어를 두 관점에서 살펴볼 수 있다. 우선 차원들은 학문 분야들 사이의 언어적인 차이를 연구하기 위해서 이용된다. 이러한 차이들은 주제, 증거, 그리고 제시 방법 등과 같은 다양한 상황적 특징들과의 관계를 고려하여 해석된다. 둘째, 이들 특정 레지스터들이 영어의 다른 레지스터들과 어떻게 비교되는지에 대해서 보다 폭넓게 이해하기 위해서 생물학과 역사학 연구 논문들을 영어의 더 일반적인 픽션과 대화라는 레지스터들과 비교한다.[4]

6.4.1. 생물학과 역사학 연구 논문들 간의 차이 연구

지금까지 이 책에서 소개한 분석들은 대화나 학술 산문 등과 같은 일반 레지스터 범주를 분석하기 위해서 기존 코퍼스들을 이용하였다. 그러나 ESP 연구를 위해서 광범위한 학술 산문 텍스트 표본을 이용한다는 것은 너무 막연하다. 이 절에서의 분석은 학문 분야뿐만 아니라 학문 분야에 포함되는 출판물 유형까지도 고려하여 보다 구체적인 레지스터들에 집중되어 있다. 이와 같은 매우 구체적인 레지스터들을 비교할 때, 첫 단계는 보통 적절한 코퍼스를 구축하는 것이다.

이 절의 표본 분석은 여러 다양한 학문 분야의 전문가와 학생들의 쓰기 능

4 이 연구 문제에 대한 또 다른 가능성은 별도의 MD 분석을 통하여 역사학과 환경학에서만 찾아볼 수 있는 변이형 차원을 밝혀내는 것이다. 그러나 이렇게 하는 것은 영어의 특정 학문 분야 레지스터들이 다른 레지스터들과 어떻게 다르거나 혹은 비슷한지를 보여 줌으로써 연구 논문들 사이의 변이를 밝혀 줄 수만 있을 뿐이고, 보다 폭넓은 이해를 할 수 있게 해 주지는 못한다.

력을 연구하기 위한 특별한 목적으로 구축한 코퍼스인 the Corpus of Writing in the Disciplines(여러 학문 분야 쓰기 능력 코퍼스)의 일부분을 이용한다(구체적인 내용은 Conrad 1996a 참조). 생물학과 역사학을 첫 번째 연구 대상 학문 분야로 선정하였는데, 그 이유는 이 두 분야가 주제, 증거와 특정 방법 등의 여러 측면에서 다르기 때문이다. 그러므로 이 두 분야는 학문 분야들 사이에 존재하는 차이점들 중 많은 것들을 포함하고 있다. 그러나 학문 분야 내적으로는 하위 학문 분야들 사이의 차이도 있다. 예를 들어 미생물학과 환경학에서 이용되는 유기체와 실험의 종류에 있어서 차이가 있다. 그래서 환경학과 미국 역사학이라는 두 가지 하위 학문 분야들을 연구 초점으로 선정하였다.

대상 코퍼스에는 연구 논문, 대학 수준 교재, 그리고 학부와 대학원 학생들의 쓰기 능력에 걸쳐서 분포하는 환경학과 미국 역사학 관련 어휘 60만 개가 포함되어 있다. 이 절에서는 〈표 6.3〉에서 제시한 바와 같이 연구 논문들만이 분석에 이용되었다. 각 환경학 논문들의 표본은 도입, 방법, 결과, 논의의 네 주요 부분에서 발췌하였다. 역사학 논문들은 비록 상당수 논문들의 도입 부분이 논문의 다른 부분들과 구별되긴 해도 특별히 일관되게 차이가 나는 부분은 없었다. 그래서 표본은 각 연구 논문의 시작 부분과 중간 부분에서 발췌하였다.

코퍼스에 이용된 텍스트들은 스캔하여 저장한 후 방법론 4와 5에 언급한 방식에 따라서 문법 주석을 부여한 후에 오류 편집을 거쳤다. 그리고 나서 영어 다차원 분석에 이용되는 자질들의 숫자를 세고, 보정한 후 각각의 텍스트들을 표준화하였다(6.3과 방법론 6, 10 참조). 이 경우 변이형 차원을 찾아내기 위한 별도의 요인 분석을 할 필요는 없었다. 즉 6.3에 기술한 차원들은 영어의 성인 발

표 6.3 생물학과 역사학 연구 논문들로 구성된 하위 코퍼스의 구성

범주	텍스트 숫자	대략적 총어휘수
환경학 연구 논문들(출처: *Ecology, Journal of Ecology*와 *Journal of Animal Ecology*)	20	64,000
미국 역사학 연구 논문들(출처: *The Journal of American History*와 *The Western Historical Quarterly*)	20	32,000

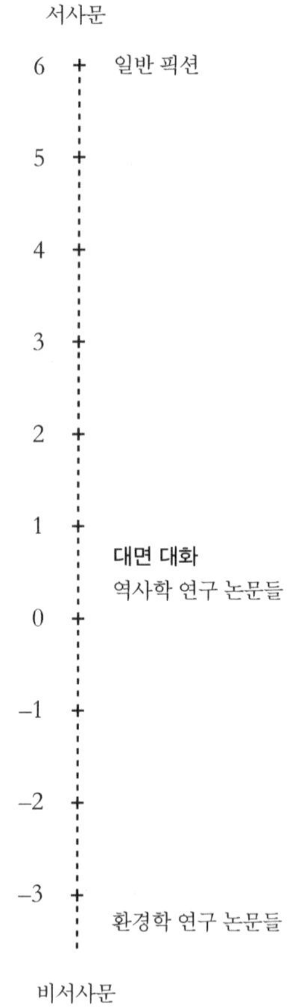

도표 6.3 환경학과 역사학 연구 논문들의 2차원 "서사적 담화와 비서사적 담화" 평균 점수 (구어 레지스터는 고딕체, 문어 레지스터는 명조체)

화와 글쓰기를 대상으로 한 일반적인 모형을 제공해 준다. 이 절에서 고려하는 학문 영역들은 이 일반 모형 내의 하위 영역들에 속하기 때문에 동일한 차원에서 이 학문 영역들에서 발췌한 텍스트들을 분석할 수 있다. 그리고 이들 특수 레지스터들을 앞서 언급한 픽션이나 대화 같은 더욱 일반적인 레지스터와 비교하는 것은 의미 있다. 그래서 각 영역별 텍스트 유형의 평균 점수를 변이형의 개별 차원에 표시하였다. 예시 목적으로 두 개의 차원들만을 제시하였다(전체 5

개 차원의 설명을 보려면 Conrad 1996a 참조).

〈도표 6.3〉은 대화 및 일반 픽션의 전체적인 평균 점수와 비교하여 2차원 "서사적 담화와 비서사적 담화"에 있어서 환경학과 미국 역사학 텍스트의 평균 점수를 보여 준다.

2차원 점수는 이 레지스터들 사이의 관계에 대한 두 가지 특별히 흥미로운 점들을 밝혀 준다. 첫째, 미국 역사학 논문들과 환경학 논문들 사이에는 큰 차이가 존재한다. 미국 역사학 텍스트들은 환경학 텍스트들에 비해서 더 서사적인 초점을 가진다. 즉 미국 역사학 논문들에는 이 차원에 관한 과거 시제 동사들, 3인칭 대명사들, 완료상 동사들, 공적 동사들 등(〈표 6.2〉 참조)과 같은 긍정적 자질들을 많이 포함하고 있다. 이 자질들은 서사적 관련 자질들이다. 그러나 두 번째 중요한 점은 역사학 레지스터는 이 차원에서는 겨우 중간 수준 점수밖에 안 된다는 것이다. 비록 이 역사학 논문들이 더 서사적인 초점을 갖긴 하지만 평균 점수는 일반 픽션 등과 같은 레지스터에 비해서 훨씬 덜 서사적이다. 과거 연구에서는 역사학 저술에 있어서 서사의 중요성을 자주 강조했었기 때문에 이 결과는 특히 주목할 만하다.

전반적으로 이 차원은 두 학문 분야 사이의 차이와 다른 더 일반적인 레지스터들과 상대적으로 비교한 역사학의 중간 점수를 명백하게 보여 준다. 다차원 분석의 해석 절차는 자질들과 연관된 의사 소통 기능을 살펴봄으로써 이러한 차이들이 갖는 기능적인 이유를 통찰할 수 있게 해 준다.

우선 두 학문 분야들 간에 있어서 서사적 언어 자질 사용의 차이가 나는 것은 학문 분야별 주제 문제와 주로 관련된 듯하다. 정의상 당연히 역사학은 과거에 관한 것이고, 이 모든 역사학 텍스트들은 인간의 행위에 초점이 맞춰져 있다. 따라서 역사학이 과거와 인간 행위를 기술하기 위하여 과거 시제와 3인칭 대명사를 사용할 것이라는 것은 논리적으로 당연하다. 역사학 연구 논문에서 발췌한 다음 예는 과거 시제 동사들과 3인칭 명사들(이탤릭체)이 매우 많이 나타나는 전형적인 구절을 보여 주고 있다.

텍스트 표본 6.10: 역사학 연구 논문

Entertainer Josephine Baker *posed* a special problem for the government. During *her* international concert tours in the 1950s, *she* harshly *criticized* American racism. The United States government could not restrict *her* travel by withdrawing *her* passport because she *carried* the passport of *her* adopted nation, France.

이 구절은 픽션의 일부로 사람들의 과거 행동에 대해서 서술하고 있는 픽션 구절인 텍스트 표본 6.9와 매우 비슷하다.

역사학과는 대조적으로 환경학의 주제는 자연 세계 현상들이다. 환경학 텍스트들은 식물, 동물, 그리고 그들의 환경에 대한 일반적인 과정과 발견 사항들을 더 강조하는 경향이 있다. 이 텍스트에는 심지어 인간들의 영향에 대해서 논의할 때조차도 인간 주어는 거의 나타나지 않는다. 환경학 텍스트들은 3인칭 명사가 적고 대신 일반적인 서술을 하는 까닭에 현재 시제를 더 많이 사용하는 경향이 있다. 다음 예문은 동물들과 그들의 환경 사이의 상호 작용을 기술하기 위하여 현재 시제(이탤릭체)를 사용하는 것을 보여 준다.

텍스트 표본 6.11: 환경학 연구 논문

The effects of herbivores on boreal forests *are* potentially large and long lasting. How herbivores *affect* nutrient cycles in these forests *is* particularly important because nutrient availability *is* generally low, and changes in nutrient availability *are* major factors driving succession. Furthermore, populations of boreal herbivores *fluctuate* drastically between years and decades.

이 표본에서 상호 작용은 전적으로 현재 시제로 기술되어 있다. 비록 환경학 연구 논문들의 일부에서 과거 시제를 쓰기는 해도 전반적으로 역사학 논문에 비해서 서사적 자질들의 빈도는 낮다.

지금까지 이 차원에서 찾아낸 사실들은 학문 분야별로 주제 문제가 어떻게 언어 자질들과 관련될 수 있는지를 보여 주었다. 앞서 언급한 바와 같이 추가적으로 이 차원은 역사학 연구 논문들이 픽션과 같은 레지스터와 비교할 때 서사적 관련 자질들이 특별히 높은 빈도를 보이지는 않음을 보여 주었다. 오히려 역사학 논문들이 중간 점수를 보임으로써 이 논문들이 서사적, 비서사적 관련 항목들을 다 포함하고 있음을 제시해 준다.

역사학 텍스트에서 서사적, 비서사적 관심 항목들이 어떻게 뒤섞이게 되는지를 더 잘 이해하기 위해서는 바이슨(미국 야생 들소)과 대평원 인디언들에 관한 연구 논문에서 발췌한 다음의 두 표본을 살펴보자. 이 논문은 서사적 자질들(이탤릭체)이 매우 높은 빈도로 나타나는 문구로 시작된다.

텍스트 표본 6.12: 역사학 연구 논문

In bright spring light on the Great Plains of two centuries ago, governor Juan Bautista de Anza *failed* in the last of the three crucial tasks that *his* superiors *had set him* as part of *their* effort to reform New Mexico's Comanche policy. Over half a decade, Anza had followed one success with another. *He had* brilliantly *defeated* the formidable Comanche nomnekaht (war leader) Cuerno Verde in 1779, and as a consequence in 1786, *he had* personally *fashioned* the long-sought pence...

요약하자면, 이 논문은 코만체 부족과의 대결에서 Anza가 실패한 내용들을 구체적으로 설명하는 이야기로부터 시작하는데, 따라서 전형적인 서사문적 스토리텔링 자질들이 사용된다. 논문이 전개되어 가면서 저자는 그가 논의하고 싶은 주된 문제, 즉 대평원의 환경 체제가 균형이 잡혀 있었는지를 명백하게 밝힌다. 다음 발췌문에서 볼 수 있듯이, 이 문제를 논의하고 바이슨 개체 수를 어떻게 평가하는지에 대해서는 3인칭 대명사 주어를 사용하지 않으면서 또 현재 시제로 서술하고 있다.

텍스트 표본 6.13: 역사학 연구 논문(계속)

Answering that question [whether the Plains tribes had established an ecological equilibrium] involves an effort to come to grips with the factors affecting bison populations, the factors affecting Indian populations, and the cultural aspects of Plains Indians utilization of bison. Each of the three aspects of the question presents puzzles difficult to resolve.

In modern, protected bison herds on the Plains, bison are a prolific species whose numbers increase by an average of 18 percent...

이 구절에서 저자는 역사적인 정보는 제시하지 않고 다만 연구에서 당면하고 있는 문제점을 설명하고 있다. 서사적 관련 자질들은 전혀 보이지 않는다. 문제점을 제기하거나 또는 현재 시점에서의 역사적 사건들의 중요성을 논의하는 유사한 예문들이 이 코퍼스에 들어 있는 모든 역사학 논문들에서 발견된다. 그래서 2차원에서 역사학 논문들의 중간 수준의 점수는 이 텍스트들 내에서 표본 예문들의 상이한 목적을 반영해 준다. 텍스트들에는 과거 사건들에 대한 이야기가 현재 당면하고 있는 문제점들과 중요성에 대한 설명들과 함께 뒤섞여 있다.

학문 분야들 사이의 차이점들에 관한 또 다른 관점은 5차원, "비인칭 문체와 비비인칭 문체"를 살펴봄으로써 알 수 있다. 이 차원의 긍정적 자질들은 〈표 6.2〉에 목록으로 제시되어 있는데, 접속 표현과 부사적 종속어구(*since, while, whereas* 등과 같은)들뿐만 아니고, 몇 가지 수동 구문들(*by*-수동문, 동작주 부재 수동문, 과거 분사 축소 관계절)을 포함하고 있다. 〈도표 6.4〉에는 대화문과 픽션뿐만 아니고 환경학 논문들과 미국 역사학 논문들의 평균 점수를 제시하고 있다. 두 학문 분야의 연구 논문들은 문체가 매우 비인칭적으로 평균이 4.0에서 6.7 사이이다. 그러나 레지스터들은 다시금 학문 분야에 따라서 차이를 보인다. 즉 환경학 논문들의 문체는 역사학 논문들보다 더 비인칭적이다.

평균 점수의 차이는 다시 학문 분야들이 갖는 비언어적 특징들의 차이를 반

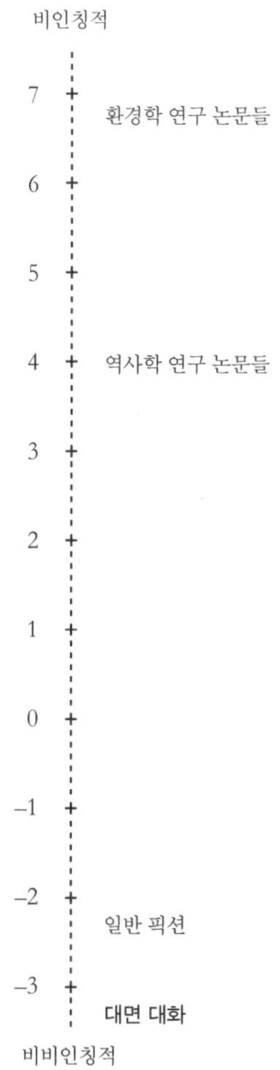

도표 6.4 5차원에 있어서의 환경학과 역사학 연구 논문들의 평균 점수 "비인칭 문체와 비비인칭 문체"

영한다. 2차원과 마찬가지로 주제 차이는 중요하다. 그러나 모든 학문 분야들에 있어서 절차와 증거들을 보고하는 방식의 차이는 역시 비인칭 문체 자질들을 상이하게 사용하는 것과 관련된다.

첫 번째, 역사학에서 비인칭 문체 자질들이 약간 덜 사용되는 것은 주제 차이와 관련된다. 앞에서 지적했듯이, 역사학은 인간 사건에 초점을 맞추어 많은 문장들이 인간 혹은 사회 집단들에 집중된다. 따라서 수많은 역사학 텍스트들은 특별히 인간 주어를 설정하여 능동태 동사들을 사용하는 경향이 있다. Josephine Baker와 de Anza에 대한 텍스트 표본 6.10과 6.12가 바로 그 예들이다.

그러나 평균 점수를 통해서 알 수 있듯이 역사학 연구 논문들은 비인칭 문체 자질들을 이용한다. 과거 분사 축소 관계 구문은 참조 대상을 보다 정교하게 기술하기 위해서, 그리고 추상화된 논의를 하거나 또는 인간 동작주가 관심의 초점이 아닌 경우 능동태보다는 수동태가 사용된다. 예를 들어 다음 예문은 탈주한 하인에 대한 광고문에 대해서 논의하는 글에서 발췌하였다. 저자들보다는 광고문의 내용에 초점이 맞춰져 있기 때문에 결과적으로 많은 문장들이 수동태(이탤릭체)로 되어 있다.

텍스트 표본 6.14: 역사학 연구 논문

It is impossible to overstate the role of dress in these advertisements. While no one item of apparel *was noted* as persistently as certain social and physical characteristics, the intensity with which clothing *was denoted* is astonishing. More than three-quarters (75.9 percent) of the cases *sampled* made some mention of garments…

앞에서 환경학에서는 특정 인간 동작주의 행동에 관심을 덜 갖는다는 점을 논의했다. 추가적으로, 환경학은 절차와 증거에 대해서 더욱 명확하게 설명한다는 특징을 가지고 있다. 그래서 연구 방법과 증거 자료들을 명확하게 보고한다. 그리고 이것은 환경학 텍스트들이 비인칭 문체 자질들을 훨씬 더 높은 빈도로 사용하는 것과 연관되어 있는 듯하다. 얼핏 보기에는 이러한 사실이 놀라울 수 있다. 절차에 대한 명확한 설명은 연구자의 행동을 설명하기 위해서 능동태로 쓰기 쉽다고 생각할 수 있다. 그러나 절차와 증거를 명확하게 하는 것이 문장의 동작주가 밝혀져야 한다는 것을 의미하지는 않는다. 오히려 동작주는 흔히 생략된다. 실제로 연구 논문들의 방법 부분에는 수동 구문이 두드러지게 출현한다.

환경학 연구 논문의 전형적인 절차 기술에 관한 다음 예를 살펴보자. 저자들은 때때로 자신들을 동작주로 하여 1인칭 대명사를 사용한다. 그러나 수동태(이탤릭체)가 일반적으로 사용된다.

텍스트 표본 6.15: 환경학 연구 논문

Seeds were *taken from* canopies of hosts *not normally used* and *transferred* into canopies of normal hosts within a 500m2 area of the study site. In these experiments, seeds of the other host *were offered* to beetles in their own host microenvironment. Seeds were *transferred* with and without potential competitiors present (adults, eggs, and larvae). We also left seeds in donor and recipient plants as controls.

이 예문의 마지막 문장에서 저자들은 1인칭 대명사 주어와 능동태 동사들을 사용하고 있다. 그러나 모든 이전 문장들(그리고 발췌문 이후의 문장들)은 수동태로 되어 있다. 연구자들이 숙주 식물의 수관樹冠에서 씨를 받고, 그 씨들을 옮기고, 그 씨들을 벌레들에게 제공하는 등의 행동을 한다는 것은 간단히 이해된다. 비록 1인칭 대명사가 단 한 번 사용되었지만, 이 예문의 전체적인 인상은 환경학 텍스트들에서 찾을 수 있는 절차 기술의 전형으로 주된 논지, 즉 절차에 초점을 맞추다 보니 동작주들은 부가적이다.

5차원에 대해서 이와 같이 간단히 살펴보기만 해도 레지스터들 사이의 차이를 이해하기 위해서 다른 변이형 차원을 살펴보는 것이 얼마나 유용한지를 알 수 있다. 2차원에서는 주제 차이가 역사학에서 서사문적 자질들을 많이 사용하는 것과 연관되어 있었음을 알 수 있었다. 이 차원을 살펴봄으로써 주제 또한 역사학에서 능동태를 많이 사용하는 것과 관련됨을 알 수 있다. 추가로, 환경학 연구 논문들에서 비인칭 자질들을 많이 사용하는 것은 방법과 증거를 명확하게 보고하기 위한 것과 관련된다. 다음 절에서는 레지스터들을 더욱 구체적인 수준에서 살펴봄으로써 환경학 텍스트들을 조금 더 완벽하게 이해할 수 있게 된다는 것에 대해서 살펴본다.

6.4.2. 연구 논문들의 각 부분들 간의 관계

수많은 과학 연구 논문들의 한 가지 중요한 특징은 도입, 방법, 결과, 그리고 논의 부분으로 분명하게 표시되어 있는 명백한 구조이다. 비록 연구 논문은 전체적인 목적을 가지고 있으나 각 부분들 또한 그 고유의 하위 목적을 가지고 있다. 각 부분들 사이의 변이와 또 언어 용법이 각 부분들의 하위 목적들과 연관되어 있는 방법을 이해하는 것이 ESP의 또 다른 중요한 목적이다. 다차원 분석은 역시 이 수준의 연구에 유용하게 적용할 수 있다. 예를 들어 이 절에서는 "비인칭 문체와 비비인칭 문체" 특징들의 관점에서 생물학 연구 논문들의 네 부분을 비교한다.

〈도표 6.5〉는 환경학 연구 논문들의 네 부분의 5차원 "비인칭 문체와 비비인칭 문체"의 평균 점수 분포를 제시해 주고 있다. 앞에서 살펴본 바와 같이 방법 설명에는 수동 구문이 두드러지게 사용되는 경향이 있다. 그래서 방법 부분의

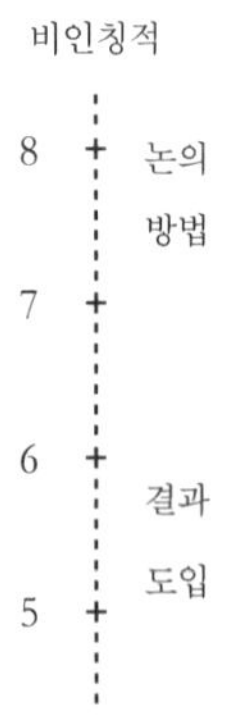

도표 6.5 5차원에 있어서의 환경학 연구 논문들의 평균 점수 "비인칭 문체와 비비인칭 문체"

평균 점수가 결과 및 도입 부분보다 상당히 높은 것은 놀라운 일이 아니다. 이 차이는 방법의 주목적과 부합되는데 방법 부분은 실행된 절차들을 보고하는 것이 주목적이다. 방법 부분에서 수동태 빈도가 높은 것은 앞에서 논의한 텍스트 표본 6.15에서 알 수 있고, 또한 5장의 동사 지도들을 통해서도 살펴보았다.

그러나 논의 부분들 또한 비인칭 문체 자질들의 사용 빈도가 높은 것은 더 놀랍다. 논의 부분에서는 방법 부분처럼 절차에 대해서 자세히 설명하지는 않는다. 그 대신 논의 부분은 전형적으로 연구 발견 결과들을 요약하고 이전 연구들과의 관련성을 논의한다. 결과 요약은 흔히 다음 두 문장들처럼 수동태로 작성된다. 첫 문장은 두 곤충들 간의 경쟁에 대한 연구 논문에서 발췌하였고, 두 번째 문장은 암수 야생마들의 차등 생존에 대한 연구 논문에서 발췌한 것이다. 수동태 동사들은 이탤릭체로 표기하였다.

텍스트 표본 6.16: 환경학 연구 논문 논의 부분

a. Competition for space between these two study insects *was readily documented* for two reasons...

b. The tendency for sex ratios of adults to *be skewed* towards females, therefore, can *be attributed* to differential survival.

추가로, 화초 생산에서의 변이를 연구한 연구 논문에서 발췌한 예문과 같이 논의 부분에서 다른 연구자들의 발견 결과에 대해서 서술할 때 흔히 수동태가 사용된다.

텍스트 표본 6.17: 환경학 연구 논문 논의 부분

A comparable pattern of intraplant flower production *has been observed* in the monoccious species Acer gradidientatum.

Variation within plants in the number of flowers produced per inflorescence *was also reported* by Webb and Bawa...

더 나아가 발견 결과를 이전 연구 결과와 비교할 때도 저자들은 흔히 자신들의 논리 전개를 명확하게 드러내기 위해서(이는 비인칭 문체의 또 다른 자질들 중의 하나이다) 흔히 접속사를 사용한다. 저자가 쥐 양식에 관한 자신의 연구 결과를 다른 연구 결과들과 비교한 다음의 예문을 살펴보자(접속사는 이탤릭체).

텍스트 표본 6.18: 환경학 연구 논문의 논의 부분

However, their field data from nine females indicate an average of 1.8 litters per season (McCabe and Blanchard 1950: p. 118). Number of litters per season does not appear to vary considerably among Peromyscus, but *rather* the days between litters correlates positively with length of breeding season (Millar 1989). The primary breeding season in this study was around 8 months long (Fig. 1a and b) and average interbirth interval within a season was 60.3 days. *In contrast*, interbirth intervals for other Peromyscus species range from 25 to 30 days...Data from P. Californicus *thus* agree with the general trend among Peromyscus for an increased interval between successive litters with increased length of breeding season. There was, *however*, considerable variation in interbirth intervals...

저자는 자신이 의도하는 대소(*however, in contrast, rather*)와 결과(*thus*)의 논리적 연결을 반복적으로 표현한다. 이렇게 함으로써 자신의 연구와 이전 연구 사이의 연관성을 명확하게 표현하였다.

심지어 한 차원에만 초점을 맞춘 이 작은 예조차도 레지스터들을 조금 더 구체적인 수준에서 살펴봄으로써 이 레지스터들에 대해서 더 잘 알게 될 수 있다는 것을 잘 보여 준다. 예를 들어 환경학 연구 논문의 논의 부분에서 방법 부분에서처럼 비인칭 문체 자질들을 높은 빈도로 사용할 것이라고 기대하는 사람은 거의 없을 것이다. 이상에서 우리는 다차원 분석을 통해서 수동 구문과 접속사를 논의 부분의 목적을 달성하기 위해서 어떻게 사용할 수 있는지에 대해서 살펴보았다.

6.5. 마치며

서로 다른 상황에서 서로 다른 목적으로 사용할 때 언어가 어떠한 변이 현상을 보이는가를 이해하는 것이 레지스터 분석의 가장 중요한 연구 목적이다. 이 장에서는 코퍼스에 기반하고 컴퓨터 기술을 접목시킨 다차원 분석이 여러 가지 이유로 그러한 연구에 있어서 효과적인 도구임을 보여 주었다. 첫째, 레지스터의 개별 언어 자질들에 초점을 맞춘 연구에 비해서 더욱 완전한 특징을 알 수 있게 해 준다. 이 장에서 살펴본 예들처럼 단지 두세 개의 차원만을 살펴보기만 해도 레지스터들 사이의 복잡한 관계를 알 수 있으며, 종합적인 이해를 하기 위해서는 다원적 관점을 필요로 한다는 것을 알 수 있다. 다섯 개의 모든 차원들을 고려한다면 레지스터 변이의 특징을 더욱 완벽하게 파악할 수 있게 될 것이다.

추가로 다차원 분석을 통해 다른 레지스터들과의 비교를 위한 기본적인 조건을 갖추게 된다. 예컨대 역사학 연구 논문들과 환경학 연구 논문들을 비교할 때 다원적 관점이 필요함을 살펴보았다. 역사학은 환경학과 비교하면 훨씬 더 서사적이다. 그러나 이 두 학문 분야의 레지스터들은 일반 픽션과 비교해 보면 상대적으로 비서사적이다. 영어의 레지스터에 관한 폭넓은 이해가 없다면, 역사학 논문들은 매우 서사적이라고 특징짓기 쉽다. 그러나 그렇게 특징을 규정하는 것은 잘못된 것이다. 더 나아가 레지스터들 간의 비교는 이 장에서 살펴본 것처럼 전체 텍스트뿐만 아니고 텍스트들의 세부적인 부분들을 포함하는 다른 여러 수준에서 이뤄질 수 있다.

마지막으로 다차원 분석에 포함되어 있는 해석 단계를 통해서 레지스터들 사이의 정량적 차이를 기능적 차이가 설명해 준다는 것을 알게 되었다. 예컨대 정량적 분석을 통해서 역사학이 서사적 관련 항목에 있어서 중간 점수를 받게 된 것에 대해서 알게 되었고, 텍스트들을 구체적으로 분석함으로써 이 연구 논문들의 비서사적 예문들이 갖는 기능적 중요성에 대해서도 알게 되었다.

다차원 분석의 이러한 장점들을 고려하면, 이 연구 방법은 연구자나 교사들 모두에게 유용하다. 예컨대 이러한 방식의 연구 결과들은 단지 학생들이 접하게 되는 다른 레지스터들(예를 들면 대화 또는 픽션)과의 차이점들뿐만 아니라 학생들이 배우고자 하는 특정 레지스터들을 더욱 완벽하게 이해할 수 있게 해 줄 것이다. 이 연구 방법의 응용에 대해서는 9장에서 논의한다.

더 읽을 거리

* Ghadessy(1988)과 Biber and Finegan(1994)에서는 특정 레지스터들 혹은 레지스터 변이 연구 분석에 대해서 소개하였다. Atkinson and Biber(1994)는 1994년까지의 레지스터에 관한 경험적인 연구에 대한 상세한 리뷰를 하였다. 레지스터 변이에 관한 수많은 다차원 연구들이 과거 10년간 이루어졌다. Biber(1995)는 이 연구들을 정리 및 요약을 하였고, 4개의 주요 언어들을 대상으로 하여 레지스터 변이 유형을 비교하였다.
* 그 밖에도 비록 정도의 차이는 있지만 코퍼스에 기반한 수많은 경험적 ESP 연구들이 있다. Swales(1990, 특히 6장)는 이 연구들 중 많은 연구들에 대해서 정리 및 요약을 하였다. Conrad(1996a, 1996b)는 구체적인 학문 분야들에 있어서 최초의 종합적인 다차원 ESP 변이 연구에 대해서 소개하였다.

7. 언어 습득과 언어 발달

7.1. 서론

언어 습득과 언어 발달 연구는 다음 세 주요 영역들에 초점을 맞춰 왔다. 1) 매우 어린 아동들의 제1언어 습득, 2) 다양한 단계에 있는 학생들의 문해 능력 습득 등과 같은 후기 언어 발달, 그리고 3) 아동들과 어른들의 제2언어 습득, 이 세 가지 모든 영역들에 있어서 연구는 전통적으로 주로 실험 또는 관찰의 두 가지 유형에 머물러 왔다. 실험 연구는 특정 단계에서 화자가 무엇을 아는지를 직접적으로 테스트하기 위해서 특별히 설계된 도구를 이용한다. 반면 관찰 연구는 학습자의 자연 언어 산출에 기반을 두고 있다. 이런 이유로 관찰 연구는 보통 일종의 코퍼스-기반 연구 방법론을 이용해 왔다. 즉 상이한 언어 습득 단계별, 또는 상이한 학습자들로부터 일련의 텍스트들을 수집하여 이 텍스트들의 언어 유형들을 분석한다.

예를 들어 초기 제1언어 습득에 관한 관찰 연구는 흔히 수개월에 걸쳐서 규칙적인 간격으로 녹음한 아동의 발화를 대상으로 하여 이루어졌다. 아동 발화 전사문이 연구용 텍스트가 되었다. 후기 언어 발달 연구는 특정 수업의 학생들의 작문 등과 같이 훨씬 많은 숫자의 학생들로부터 수집한 텍스트를 기반으로 이루어졌다.

그러나 대부분의 이러한 관찰 연구들은 현대 코퍼스-기반 기법들을 채택하지 않았다. 즉 체계적인 텍스트 코퍼스를 수집하여 그 텍스트들을 컴퓨터에 입력하고, 언어 용법 유형을 분석하는 데 도움을 줄 수 있는 전사 도구를 이용한 연구는 거의 없다. 그 결과 대부분의 초기 연구들의 연구 범위는 어떤 면에서 제한적이었다. 첫째, 많은 연구들이 한두 명의 개인 학습자들에게 초점을 맞춤으로써 학습자 집단들을 대상으로 한 일반화에는 아무런 근거도 제공하지 못하는 사례 연구 방법론을 채택하였다. 게다가 이런 연구들은 전형적으로 소수의 언어 자질들에만 관심을 둠으로써 대부분의 자질들과 자질들의 공기 유형은 검증하지 못하였다. 마지막으로, 대부분의 연구들은 대화 혹은 서사문 등과 같은 단일 레지스터에 집중함으로써 연구 대상 레지스터들에 있어서도 제한적이었다.

이 장에서는 코퍼스-기반 기법을 응용하여 제1언어와 제2언어 발달 연구의 이러한 한계들을 극복할 수 있는 가능성에 대해서 논의한다. 특히 코퍼스-기반 연구 방법론의 세 가지 장점들을 강조한다. 첫째, 비교적 대규모로 수집된 자료를 포함하고 있기 때문에 코퍼스-기반 분석들은 각각 다른 단계에 있어서 다양한 집단의 화자들과 저자들에 관한 일반화의 근거를 제공해 준다. 둘째, 다양한 언어 자질들 간의 연계 유형을 조사함으로써 코퍼스-기반 분석들은 상이한 발달 단계에서의 언어 용법에 대한 포괄적인 설명을 가능하게 해 준다. 셋째, 다수의 레지스터에서 자료를 수집함으로써 코퍼스-기반 분석은 언어 발달에 대해서 광범위한 이해를 할 수 있게 해 준다.

초등학생[1]의 구어와 문어 분석을 대상으로 다섯 개의 연구 문제를 중심으로 한 코퍼스-기반 기법의 응용 예를 살펴본다. 우선 제1언어 관련 현안들에 중점을 둔 4개의 연구 문제들에 대해서 논의한다. 이 연구 문제들은 개별 언어 자질들에 대해서 연구하는 보다 전통적인 언어 발달 연구로부터 시작되어 다수의 언어 자질들과 다수의 레지스터들을 포함하는 초등학생 언어의 포괄적인 특징들을 살펴보는 연구로 이어진다. 그리고 이러한 좀더 포괄적인 분석을 서로 다른 수준의 학생들의 언어 발달 경향 연구와 초등학생 언어와 성인 언어를 비교하는 연구에 응용한다. 마지막으로 다섯 번째 연구 문제는 비모국어 영어

1 3학년에서 6학년 사이의 학생들을 주된 대상으로 한다. 이 시기의 아동들은 일반적으로 연령이 8세에서 12세 사이이다.

구사 학생들의 오류에 대해서 연구하는 제2언어 습득의 문제로 우리의 관심을 돌리게 해 준다.

구체적으로 연구 문제들은 다음과 같다.

1. 개별 언어 자질들을 고려할 때 문어 능력이 3학년에서 6학년까지 어떻게 발달해 가는가?

   이 연구 문제는 개별 언어 자질들에 집중하는 발달 연구의 전통에서 비롯되었다. 특히 7.3에서 작문 능력 발달의 두 가지 자질들인 작문당 전체 어휘 숫자와 평균 T-단위 길이를 살펴본다. 3학년과 6학년 학생들의 대규모 작문을 비교하여 이 두 가지 언어 특징들의 사용에 관한 일반적인 발달 유형들을 찾아낼 수 있다.

2. 5학년 학생들의 구어 및 문어 레지스터의 언어적 특징은 무엇인가?

   이 연구 문제를 통해서 다양한 레지스터에 나타나는 많은 언어 자질들을 분석함으로써 언어 발달에 관한 보다 포괄적인 분석으로 관심을 돌린다. 6장에서 소개된 다차원 분석을 이용하여 5학년 학생들의 구어 및 문어 레지스터의 유사점과 차이점들을 찾아내기 위해서 광범위한 언어적 특징들이 어떻게 사용되는지를 살펴본다. 7.4.1에서는 5학년 학생들의 언어에서 찾아볼 수 있는 변이형 차원들을 논의한다. 이러한 차원들은 다음 두 연구 문제들에 있어서의 발달 관련 문제들에 대하여 연구하는 데 이용된다.

3. 초등학생들의 언어는 3학년에서 6학년으로 어떻게 발달해 가는가?

   연구 문제 2에 이어서 5학년 학생들의 구어와 문어의 다차원 모형이 3학년에서 6학년으로의 발달 유형을 추적하기 위한 기본 출발선으로 이용된다. 학생 작문에서 몇 개의 레지스터들을 찾아냄으로써 발달 단계에 대한 더 철저한 설명이 가능하게 될 것이다. 이 연구 문제에 대해서는 7.4.2에서 다룬다.

4. 5학년 학생들 언어의 변이 차원들과 성인 언어 변이 차원들의 유사점과 차이점은 어떠한가?
   5학년 학생들의 발달 단계에 대한 또 다른 관점이 이 연구 문제를 통해서 밝혀진다. 7.4.3에서는 5학년 학생들의 레지스터들에서 발견되는 변이 차원들을 6장에서 설명한 성인의 구어와 문어 레지스터 변이와 비교한다.

5. 비모국어 영어 화자들의 오류 유형은 모국어 화자들의 오류 유형과 비교해서 어떠한가?
   마지막으로 7.5에서는 ESL 교사들과 학생들의 직접적인 관심의 대상 연구 분야인 제2언어 발달 문제로 관심을 돌린다. 여기서는 3학년과 6학년 수준의 영어 모국어 화자와 나바호어 모국어 화자들의 작문을 비교하여 몇 가지 주요 오류들의 분포를 조사한다.

분명히 이 장에서 살펴볼 수 있는 다른 연구 분야는 더 많이 있다. 그러나 공간 제약으로 인하여 이 연구 문제들조차도 간단히 다룰 수밖에 없다. 그럼에도 불구하고 예시를 통한 분석들은 코퍼스-기반 기법들이 과거보다 훨씬 일반화가 가능하고 포괄적인 연구를 가능하게 해 줌으로써 언어 습득 및 언어 발달 관련 문제들에 응용될 수 있는 방법들에 대한 다양한 관점들을 보여 줄 수 있을 것이다.

7.2. 학생 언어 코퍼스들

이 책에서 소개하는 모든 분석들은 일반에 공개된 코퍼스들을 이용하였다. 그러나 아동이나 학생들의 언어를 연구하기에 적합한 코퍼스들을 발견하기는 쉽지 않다. 아동과 학생의 언어 자료를 구할 수 있는 중요한 곳은 언어 습득 연구를 위한 코퍼스를 모아 놓은 CHILDES(Child Language Data Exchange System)

데이터베이스이다. CHILDES 코퍼스들은 제1언어 습득 초기 아동들의 언어와 통제된 환경에서 수집된 언어라는 두 영역에서 특히 유용하다.

그러나 자연스러운 환경에서 언어 학습자들이 산출한 구어 및 문어 텍스트들을 모아서 공개한 코퍼스들은 거의 없으며, 조금 나이 든 아이들과 학생들이 산출한 코퍼스는 더 희소하다. 이러한 공백을 메우기 위하여, Grabe와 Reppen은 Northern Arizona 대학에서 Arizona Corpus of Elementary Student Writing(애리조나 초등학생 작문 코퍼스)을 개발하였다. 이 코퍼스는 애리조나 주 15개 도시에 사는 40개 학급 학생들로부터 수집한 5,000개의 작문을 포함하고 있다. 학생들은 영어 모국어, 나바호어 모국어, 그리고 스페인어 모국어의 세 언어 집단에 속한다. 각 학급별로 매년 9개의 주제에 대하여 글을 썼다. 이 주제들은 아동들이 얼마나 오랜 시간 동안 TV를 볼 수 있도록 허용해야 하는가에 대해서 토론함으로써 설득적인 의견 표현하기, 연속 그림을 보고 말하기 같은 사건 서술하기, 게임 방법 설명하기 같은 정보 전달하기 등의 과제로 구성되었다. 학생들은 수업 시간 중 작문을 했으며, 교사나 친구들이 편집하지 않았다.

표 7.1 초등학생의 구어와 문어 코퍼스

	텍스트 숫자	어휘 숫자(대략)
아동용 텍스트들		
초급 독본	23	5,000
과학 교재들	25	5,000
사회학 교재들	24	5,000
아동 픽션	53	16,000
아동이 쓴 텍스트들		
학생 작문	179	14,000
아동 구어 텍스트들		9,000
대화	21	8,000
독백	14	
총 합계	339	62,000

아동 픽션: Cornell Corpus, Hays 1988(CHILDES 데이터베이스)
학생 작문: Arizona Corpus of Elementary Student Writing
구어 텍스트: Carterette and Jones 1974, Hicks 1990(CHILDES 데이터베이스)

추가로, Reppen은 5학년 학생들이 산출한 언어로 구성되는 별도의 초등학생 구어 및 문어 코퍼스를 구축하였다. 〈표 7.1〉에 요약되어 있는 바와 같이 이 코퍼스는 5학년 학생들이 일반적으로 읽고 산출하는 텍스트를 포함하고 있다. 학생용 텍스트에는 레크리에이션과 학교용 레지스터들이 포함되어 있다. CHILDES 데이터베이스에서 선정된 픽션 텍스트는 5학년 학생들을 위한 레크리에이션용 도서 목록에서 공통적으로 발견된다. 학교용 레지스터들에는 사회학과 과학, 그리고 기초 강독 교재들이 포함된다. 이 텍스트들은 애리조나주와 미국 전역에서 수업에 공통적으로 사용되는 교재들로부터 수집하였다.

5학년 학생들이 산출한 텍스트에는 문어와 구어 레지스터들이 포함된다. 학생들의 작문은 애리조나 초등학생 문어 코퍼스에서 추출하였는데, 영어 모국어 화자들의 작문만 포함되었다. 구어 표본은 CHILDES 데이터베이스에서 선정되었다. 구어 표본으로는 독백과 다수 화자들의 대화가 포함되었다. 독백 자료를 위해서 학생들은 영화 속 사건들에 대해서 말하거나, 스포츠 중계자나 뉴스 중계자 역할을 하거나 또는 스토리텔러 역할을 하였다. 대화 자료는 학생 집단이 선택한 주제들에 대해서 자유롭게 대화하는 것을 녹음하였다.

코퍼스 설계에서 대표성은 특히 언어 변이에 대해서 포괄적으로 설명하기 위해서는 모든 코퍼스-기반 연구에서 매우 중요하다(방법론 1 참조). 대표성 있는 초등학생 언어 코퍼스를 구축하는 것은 성인 언어에 비해서 훨씬 어렵다고 알려져 있는데, 그 이유는 이 영역에서 자유롭게 이용 가능한 자연 텍스트가 거의 없고, 또한 아동 언어 활동 범위에 대해서 상대적으로 거의 모르기 때문이다. 초등학생 구어 및 문어 코퍼스는 그 대표성에 있어서 분명히 한계가 있다. 예컨대 일반 대화 발화(예, 놀이터 대화) 등과 같은 몇몇 중요한 레지스터들이 전혀 나타나지 않는다. 다른 레지스터들은 상대적으로 짧은 텍스트로 대표된다. 그래서 이러한 코퍼스에 기반하여 초등학생들의 구어와 문어에 대한 일반화된 결론을 내릴 때에는 매우 주의해야 한다. 그럼에도 불구하고 이 코퍼스는 단연코 이용 가능한 가장 대표적인 초등학생 언어 코퍼스이다. 이 장의 분석들을 살펴보면 알 수 있듯이, 이런 종류의 상대적으로 제한적인 코퍼스를 이용하면 언어 발달 현안들을 이해하는 데에 상당한 도움을 받을 수 있다.

7.3. 개별 언어 자질들을 중심으로 본 문어 발달

교육 연구자들은 비록 아동 문어 발달을 어떻게 도식화할 수 있을지 결정하는 데 어려움을 겪긴 했어도 오랜 시간에 걸쳐서 관심을 가져 왔다. 수많은 전통적 연구에서 개별 언어 자질들의 사용은 발달의 척도로 이용되어 왔다. 이 절에서는 코퍼스-기반 기법들이 어떻게 이런 종류의 연구들을 도울 수 있는지를 예를 들어서 논의한다. 그 이유는 컴퓨터 기술을 이용하면 특정 자질들의 숫자를 빠르고 신뢰할 정도로 셀 수 있어서 대규모 텍스트들을 연구 대상에 포함시킴으로써 더 일반화된 결과물을 찾아낼 수 있게 해 주기 때문이다. 그럼으로써 그러한 분석들이 코퍼스-기반 연구 방법론을 이용하면 비록 발달에 대한 관점은 여전히 제한되어 있긴 해도 상대적으로 연구가 쉬워져서 더 흥미로운 통찰력을 가질 수 있게 해 준다는 것을 보인다.

초등학생들의 문어 발달을 측정할 수 있는 두 가지 흥미로운 방법은 텍스트당 어휘 숫자와 텍스트 내에서의 T-단위의 평균 길이이다. T-단위는 종속절을 품고 있는 독립절로 정의한다. 평균 T-단위 길이는 통사적 복잡성의 측정 기준으로 자주 이용된다. 예를 들어 학생들의 작문에서 추출한 다음 두 예는 예시와 같이 T-단위('/'로 표시)로 나뉜다.

(1) a. I like to play it because I can play with my friends /
 b. I just finished my invention / and I call it the great time machine / and I can go back in time /

(a)는 한 개의 내포절(*because I can play with my friends*)을 포함하고 있는 한 개의 주절(*I like to play it*)로 되어 있기 때문에 12 개의 어휘로 된 한 T-단위이다. 반면

에 (b)는 세 개의 독립절로 되어 있어서 세 개의 짧은 T-단위를 포함하고 있다 (비록 학생은 한 문장으로 쓰긴 했지만…).

초기 연구자들은 전반적인 글의 길이와 평균 T-단위의 길이로 다른 학년에 속하는 학생들의 작문을 비교하였다. 긴 글과 긴 평균 T-단위를 쓸 수 있다는 것은 작문 능력이 향상된 표시로 간주하였다.

작문당 어휘 숫자와 T-단위당 어휘 숫자를 수작업으로 세는 것은 매우 지루하고 힘든 일일 수 있다. T-단위를 표시한 온라인 코퍼스라면 그런 종류의 분석은 쉽다. 예로, 애리조나 초등학생 문어 코퍼스에서 241개의 3학년 학생 작문와 238개의 6학년 학생 작문 표본의 텍스트당 평균 어휘 숫자와 T-단위당 평균 길이를 분석해 보자. 두 학년의 주제들은 동일했다.

문법 구조 판단에 있어서 학생들의 정서법은 신뢰할 만한 지표가 아니라서 T-단위의 경계는 작문을 컴퓨터에 입력하는 과정에서 수작업으로 표시해야 했다. 그리고 이 숫자를 세기 위해서 특별한 컴퓨터 프로그램이 개발되었다. 각 작문에 사용된 어휘들의 전체 숫자는 T-단위의 총 숫자로 나누어서 각 작문별 T-단위의 평균 숫자를 계산하였다. 작문별로 전체 어휘 숫자와 T-단위당 평균 어휘 숫자를 기록하였고, 각 분석이 끝날 때마다 각 학년별 평균 어휘 숫자와 평균 T-단위 길이도 계산하였다.

〈표 7.2〉는 3학년과 6학년 학생들의 작문을 비교하여 작문의 길이와 T-단위의 길이를 기술적 통계로 보여 주고 있다. 이 표는 6학년 학생들이 상당히 길게(각각 113.5 어휘와 76.8 어휘) 작문한다는 것을 보여 준다. 대조적으로 3학년과 6학년 사이에서 평균 T-단위의 평균 길이는 단위당 9.6에서 10.8로 겨우 한 어

표 7.2 학년 간 작문 길이와 평균 T-단위 길이(어휘 숫자 기준)

	3학년		6학년	
	평균	표준 편차	평균	표준 편차
전체 어휘	76.8	48.6	113.5	32.2
T-단위 길이	9.6	3.9	10.8	3.0

휘 정도 증가하는 데 그침을 보여 준다.[2] 결과적으로, 비록 이 학생들이 더 길게 작문할 수 있을 정도로 발전한다고 해도 T-단위 길이가 절/문장의 복잡성을 평가해 준다고 보는 한도 내에서는 절/문장 수준에 있어서 더 복잡한 구조를 산출하지는 않는다는 것을 말해 준다. 또한 고학년 수준에서 구와 절 수준의 복잡도를 측정해 보면 표준 편차가 감소한다는 사실 또한 흥미롭다. 즉 6학년 학생들의 능력이 평균 점수에 집중되어 있는 반면에 3학년 학생들의 경우에는 변이의 범위가 더 크다.

상대적으로 규모가 큰 코퍼스를 이용함으로써 학년 간의 더 유의미한 일반화의 근거를 제공할 수 있다. 이러한 분석은 더 나아가서 작문들에 대한 정성적 설명과 표준 편차의 감소로 표시되는 변이성 감소를 설명할 수 있는 가능한 이유가 바로 교육 효과일 수도 있음을 말해 준다. 그러나 비록 대형 코퍼스가 이용된다고 해도 이런 유형의 연구는 문어 능력 발달에 대해서는 한계를 가지고 있다.

개별 자질들을 독립적으로 살펴본다는 것은 작문에서 나타나는 학생들의 언어 용법에 대한 포괄적인 설명을 할 수 있게 해 주지 못한다. 더 나아가 이와 같은 분석은 학생들의 작문과 학생들의 다른 구어와 문어 레지스터들 사이의 관계에 대해서 아무런 정보도 제공해 주지 않는다. 더 포괄적인 설명을 위해서는 다음 절에서와 같은 더 발전된 형태의 코퍼스-기반 기법의 응용을 모색해야 한다.

7.4. 초등학생 언어 발달에 대한 다차원 연구

이 장의 서론에서 지적한 바와 같이 과거에 이루어진 대부분의 언어 습득 및 언어 발달 연구들은 소규모 화자들, 단일 유형의 언어들(예, 서사문), 그리고 몇 가

2 이 연구에서 3학년 학생들이 산출한 T-단위는 Hunt(1965)나 Lobhan(1976) 등의 초기 연구에서 발견된 결과보다는 길다. 이 차이는 이 연구에 이용된 문어 과제의 유형 때문인 듯하다. 이전 연구들은 흔히 조금 더 짧은 T-단위를 갖는 서사문 텍스트를 이용했다. 이와는 대조적으로 이 연구에 이용된 작문들은 이야기 말하기, 생각 정하기, 그리고 게임 설명하기 등과 같은 다양한 작문 과제들로 되어 있다.

지 언어 자질들에만 관심을 두었다. 그러나 코퍼스-기반 연구는 상이한 언어 발달 단계에서의 언어 용법에 관한 포괄적인 설명을 가능하게 해 줄 수 있기 때문에 이 연구 영역에서 매우 중요한 기여를 할 수 있다. 이러한 방식의 연구는 다수의 레지스터를 대변하는 대규모로 수집된 텍스트를 이용하여 전반적인 범위에 걸친 언어 자질들에 대해서 기술할 수 있게 해 줌으로써 다수의 화자와 저자들의 언어에 대해서 살펴볼 수 있다.

이 절에서는 이러한 연구에 대해서 초등학생 언어를 대상으로 하여 살펴본다. 7.4.1에서는 5학년 학생들에 의해서 산출된 구어와 문어 레지스터들 사이의 언어 변이 유형을 기술하기 위해서 다차원 분석 방법을 이용한다. 그 다음에 7.4.2에서는 다차원 변이형 분석 모형을 이용하여 3학년에서 6학년에 이르는 중요한 발달 유형을 추적한다. 7.4.3절에서는 초등학생과 성인들의 언어 변이 차원 비교에 대해서 논의한다.

7.4.1. 초등학생들의 구어와 문어 다차원 분석

이 절에서는 초등학생들의 구어와 문어 레지스터 사이의 변이에서 두드러진 차원을 찾아내기 위해서 6장에서 설명한 다차원 분석을 이용한다. 이 경우 앞서 〈표 7.1〉에서 요약한 초등학생 구어와 문어 코퍼스에 이 방법론을 적용한다. 이러한 유형의 분석은 6장 후반부에서 소개한 ESP 레지스터 분석과는 대조적이다. 즉 많은 다차원 연구들이 더 특화된 담화 영역에서의 레지스터들을 비교하기 위해서 Biber(1988)가 발견한 성인 구어 및 문어 레지스터 변이 차원을 이용한다. 6장의 생물학과 역사학 연구 논문들에 대한 분석은 그러한 연구의 한 예이다. 마찬가지로 8장에서 소개하는 역사학 레지스터들의 분석도 동일한 차원들을 적용한다.

이와는 대조적으로, 이 절에서 언급하는 연구는 초등학생의 구어와 문어에 대한 완전히 독립적인 다차원 분석에 기반을 두고 있다. 성인 구어와 문어 레지스터용으로 개발된 변이 차원들이 초등학생들의 구어와 문어에도 타당하게 적용될 수 있다고 기대할 이유는 없다. 대신에 그 영역에 적용될 수 있는 차원들을 찾아내기 위한 별개의 분석이 필요하다. 7.4.3에서 간단히 설명하듯이 분석 후반기에 학생과 성인의 두 영역에서의 레지스터 변이의 두드러진 유사점과 차이점을 찾아내기 위해서 초등학생용 차원들을 성인용 다차원 모형과 비교할 수 있다.

초등학생 구어와 문어 다차원 분석을 위해서 채택된 방법론적 절차들은 6.3.2에서 성인 레지스터 분석을 위해서 이용했던 것들과 동일하다. 그러나 그 분석에서 계산되었던 언어 자질들에 다음의 세 가지가 추가된다. 1) 절 연결 표현으로 사용되는 절 앞의 *and*, 2) 절 연결 표현으로 사용되는 다른 첫 어휘들, 그리고 3) 일회 발생 어휘들. 이 중에서 첫 두 항목들은 동위와 하위 관계를 측정하기 위한 추가적인 측정 기준들로 어린 학생들의 언어 발달 과정에 대해서 밝혀 주는 중요한 표지들임이 알려졌다. 세 번째 항목인 일회 발생 어휘들은 어휘 특징을 측정할 수 있게 해 주는 추가적인 기준이다.

초등학생 언어에 대한 요인 분석을 통해서 〈표 7.3〉에 요약되어 있는 바와 같이 다섯 개의 중요한 차원들이 발견되었다. 제한된 지면 관계로 이 분석에서 밝혀진 흥미로운 결과들 중 일부만 소개한다. 전체 논의를 원하는 독자들은 Reppen(1994)을 참고하길 바란다.

이 차원들은 차원별 레지스터 분포와 함께 각 공기 자질들에 의해서 공유되는 의사 소통 기능들을 고려하여 성인 레지스터 변이 차원과 동일하게 해석된다. 기능적 해석을 요약한 해석적 명칭들을 각 차원에 부여하였다. 이 다섯 개의 명칭들은 다음과 같은데 이 중에서 첫 두 차원에 대해서 집중적으로 논의한다.

1차원: 편집된 정보적 담화와 실시간 정보적 담화

2차원: 어휘적으로 정교화된 서사문과 비서사문

3차원: 관여적 개인적 담화와 비관여적 비개인적 담화

4차원: 기획된 시나리오

5차원: 다른 방향의 의사 정당화/설명

1차원은 "편집된 정보적 담화와 실시간 정보적 담화"를 대표하는 것으로 해석된다. 〈표 7.3〉에서 볼 수 있듯이 1차원의 긍정적 자질들은 밀집된 정보적 초점을 나타낸다. 명사와 명사화 현상은 영어의 기본적인 참조 표현들인 반면, 한정 형용사들과 전치사 구절들은 명사 참조 대상어들에 대한 더 구체적인 정보를 제공하고, 정보를 통합해 줌으로써 텍스트를 더 밀도 높게 만들어 준다.

1차원

명사 .719
어휘 길이 .701
명사화 .558
수동태 .427
한정 형용사 .423
전치사 .415
(유형/토큰 비율 .367)
(일회 발생 어휘 .330)

- - - - - - - - - - - - - - - - - -

문장초 *and* –.503
기타 문장초 어휘 –.483
시간 부사들 –.453
3인칭 대명사 –.413
(부사 –.327)
(*it* 대명사 –/323)
(1인칭 대명사 –.320)
(분사 –.305)

2차원

일회 발생 어휘 .704
유형/토큰 비율 .671
과거 시제 .670
공적 동사 .666
(완료상 .335)
(동사 보어 .320)
현재 시제 동사 –.540
부정사 –.376

3차원

인과 종속 .501
that–삭제 .467
사적 동사들 .447
(현재 시제 .443)
축약 .438
대동사 *do* .402
(1인칭 대명사 .331)
(필수 서법 조동사 .323)
(일반 강조 .322)

- - - - - - - - - - - - - - - - - -

(시간 부사–405)

4차원

예측 서법 조동사–971
본동사 *be* .814

- - - - - - - - - - - - - - - - - -

[부정적 자질들 없음]

5차원

2인칭 대명사 .883
조건 종속 .623
가능 서법 조동사 .353

- - - - - - - - - - - - - - - - - -

(1인칭 대명사 –.305)

표 7.3 학생 레지스터 변이 모형에서 각 차원을 정의하는 언어 자질 요약(괄호 안 수치들은 차원 점수 계산에는 쓰이지 않음)

긴 어휘들은 짧은 어휘들에 비해서 내용 면에서 더 구체적인 경향이 있고, 수동태는 개인적인 초점보다는 정보적인 초점을 갖는 텍스트들에서 더 보편적인 경향이 있다. 부가적으로 이 자질들은 신중한 텍스트 산출을 가능하게 해 주는 산출 환경을 반영한다. 그래서 1차원 긍정축단positive end은 "편집된 정보적 담화"로 정보적 초점과 사고가 신중하게 통합되어 있음을 표시해 준다.

대조적으로 1차원의 부정적 자질들은 실시간 산출의 지표이다. 예를 들어, 생각은 흔히 문장 초에 오는 *and*나 *then*을 통해서 같이 엮이게 된다. 그러나 〈도표 7.1〉에서 나타나듯이 부정적 자질들을 자주 사용하는 레지스터들은 반드시 관여적이거나 대화적이지는 않다. 실제로 다른 사람과 대화하기보다는 정보 전달에 초점을 두고 있는 발화 독백은 이 차원에서 가장 부정적인 점수를 가지고 있다. 그래서 1차원의 부정축단negative end에는 해석적 명칭인 "실시간 정보적 담화"라는 명칭을 부여할 수 있다.

〈도표 7.1〉은 1차원을 따라 정렬된 학생 레지스터들의 분포를 보여 준다. 과학과 사회학 연구 교재들은 가장 정보적이고 신중하게 편집되었다는 점에서 긍정적 점수를 획득했다.

대조적으로 학생 작문은 비록 구어 레지스터들처럼 극단적이지는 않지만 더 "실시간"적인 특징을 갖는다. 7.1과 7.2의 텍스트 표본은 이 차원의 관점에서 본 교재의 언어와 학생 작문의 차이를 예로 보여 준다. 이 텍스트들에서 선택된 긍정적, 부정적 자질들이 강조되어 있다. 긍정적 자질들 중에 수동 구문은 볼드체로 되어 있고, 전치사구는 [ ] 안에 나타난다. 부정적 자질들 중에는 문장초 *and*와 3인칭 대명사들이 이탤릭체로 되어 있다.

텍스트 표본 7.1: 사회학 교재

Slavery [in the Americas] grew out [of a need] [for cheap labor]. The large farms or plantations that **had been founded** [in the Americas] needed many workers. [At first] the Spanish tried to force American Indians [into slavery]. When this did not work *they* brought slaves [from Africa]. [By 1600], there were 40,000 Black slaves

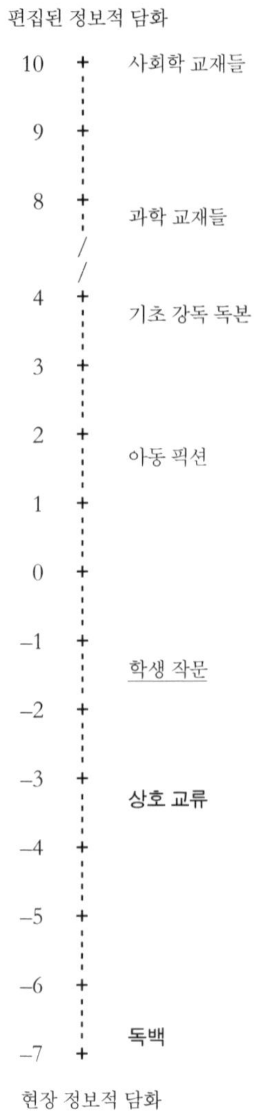

도표 7.1 1차원에서 학생 연구 레지스터들의 분포.
"편집된 정보적 담화와 현장 정보적 담화"
(구어 레지스터들은 고딕체, 학생들이 쓴 글은 명조체 밑줄,
출판된 문어 레지스터들은 명조체)

[in Spanish America]. [In 1619] the first Africans **were brought** [to English settlements] [in America].

텍스트 표본 7.2: 학생 작문

One day some kids went [to a circus]. *And* a clown was catching plates. *And he* did not drop one. *And* then the kids put up the plates where *they* belonged. *And* then the kid thought *he* could do it, *but he* was not as good as the clown who did it. These were *his* mom's plates. *And he* tried. *He* got it going. *And* then *he* dropped *them*. *And they* all broke. *His* mom came in. She was very mad.

학생 작문에는 문장초 *and*와 종종 의도하는 참조 대상이 무엇인지 분명치 않은 3인칭 대명사가 매우 많이 나타난다. 그리고 비록 문어 텍스트임에도 불구하고 실시간 산출 텍스트의 특징이 많이 보인다. 이와는 대조적으로 사회학 텍스트는 실시간 산출적 특징들은 전혀 보이지 않는다. 그러나 그 대신 전치사구와 수동 구문이 높은 빈도로 이용된다. 이 사회학 텍스트에는 의견이 매우 신중하게 포함되어 있어서 매우 신중한 환경에서 산출된 정보적 초점을 반영한다.

학생 작문의 실시간적 특징은 부분적으로는 이 글들 모두가 단일 조건에서 산출된 교실 내 작문 과제였다는 것과 관련되어 있다(집에서 하는 숙제나 초안 작성 과정을 여러 번 거친 작문들은 학생의 텍스트를 수정해 주는 교사들의 영향으로 결과에 혼란을 초래할 수 있기 때문에 이를 피하기 위해서 전혀 포함시키지 않았다). 그러나 이 특징은 또한 학생들이 1차원의 긍정적 측면을 정의해 주는, 예컨대 긴 어휘들, 명사화, 수동 구문 등의 정보적 자질들을 완벽하게 통제하지 못한다는 것을 보여 준다. 그 결과, 비록 정보를 전달하기 위해서 작문을 하더라도 학생들의 작문은 정보 구조 측면에서 밀집도가 높지 않고 또한 교재처럼 신중하게 통합되어 있지도 않다.

2차원으로 주제를 바꿔서, 〈표 7.3〉에서 많은 긍정적 자질들이 과거 시제 동

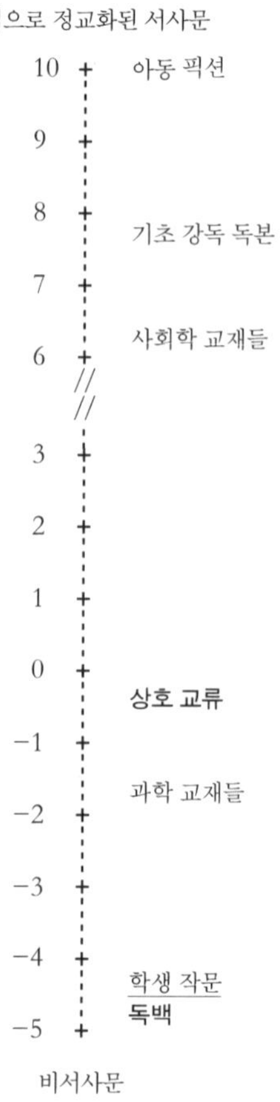

도표 7.2 2차원에서 학생 레지스터들의 분포.
"어휘적으로 정교화된 서사문과 비서사문"
(구어 레지스터들은 고딕체, 학생들이 쓴 글은 명조체 밑줄, 출판된 문어 레지스터들은 명조체)

사들이나 공적 동사들(예를 들어서 *say*와 *tell* 같은 발화 행위 동사들), 그리고 완료상 동사들로 표시되는 서사적인 초점을 반영해 준다는 사실을 알게 되었다. 부가적으로 이 자질들은 일회 발생 어휘들과 높은 유형/토큰 비율 등과 같이 정확한 어휘 선정을 반영하는 자질들과 공기한다. 대조적으로 이 차원을 정의해 주는 부정적 자질들은 현재 시제와 더 관련되어 있으며, 어휘 정교화 표지를 포함하지 않는다. 이 차원의 해석적 명칭은 그래서 "어휘적으로 정교화된 서사문과 비서사문"이다.

〈도표 7.2〉는 서사적인 2차원 자질들이 아동 픽션에 가장 많이 나타남을 보여 준다. 그러나 기초 독본들과 사회학 교재들은 또한 지극히 서사적이고 어휘적으로 정교화되어 있다. 앞에서 소개한 텍스트 표본 7.1은 사회학 교재들에서 찾아볼 수 있는 이러한 서사적 특징들을 많이 보여 주고 있다. 아동 픽션에서 뽑은 텍스트 표본 7.3은 과거 시제 동사들(이탤릭체)과 공적 동사들(볼드체)이 매우 높은 밀도로 이용되고 있음을 보여 준다.

텍스트 표본 7.3: 아동 픽션

"I'm going to open the door now," ***said*** Henry.

They *opened* the door softly and then *listened*. The dog *sniffed* a little. Then he *turned* around three times and *lay* down. He *put* his head on his paws.

"It must be all right now," ***said*** Henry. So at last they all *went* to sleep and *slept* until morning.

이 표본은 과거 시제 서사문이 일관적으로 갖는 자질들뿐만 아니라, 어휘 정교화 자질들도 보여 주고 있다. 예를 들어서 설명에는 같은 어휘들이 반복되는 일이 거의 없이 다양한 어휘들이 나타나고 있다.

마지막으로 2차원에서의 학생 작문의 위치를 살펴보는 것은 흥미롭다. 1차원과 유사하게, 출판된 문어체 레지스터들은 연속선상의 어느 한 쪽(어휘적으로 정교화된 서사문)을 지향하는 경향이 있다. 반면에 구어 레지스터들은 반대쪽을 지향한다. 그러나 학생 작문은 대부분의 출판된 문어 레지스터들보다는 구어 레지스터들과 더 유사하다.

초등학생 레지스터를 완벽히 분석하기 위해서는 다섯 개의 모든 차원들에 대해서 논의해야 한다. 그러나 첫 두 개의 차원들에 집중하는 것만으로도 개별 자질들에 대한 분석에 비해서 다차원 분석의 장점이 훨씬 뛰어남을 명백히 보여 준다. 몇 개의 언어 자질들의 용법 유형을 살펴보고, 또 학생들 작문에서 사용되는 언어를 다른 레지스터들과 비교함으로써 초등학생 언어의 특징들을 더 철저하게 규명할 수 있다. 다음 절에서는 이러한 다차원 분석이 학생 작문을 이용한 언어 발달 연구에 어떻게 적용될 수 있는지를 살펴본다.

7.4.2. 다차원 관점에서 본 문어 발달

6장 후반부에서 성인 레지스터 변이 다차원 모형이 어떻게 원래의 분석에는 포함되어 있지 않았던 특수 레지스터들을 설명하기 위해서 이용될 수 있는지에 대해서 살펴보았다. 마찬가지로 바로 전 절에서 논의한 학생 레지스터 변이 모형 또한 다른 학생 레지스터들을 설명하고 비교하기 위해서 이용될 수 있다. 아마도 이러한 유형을 가장 흥미롭게 응용하는 방법은 학생 작문을 다른 발달 단계들과 비교하는 것일 것이다. 이 절에서는 이런 종류의 분석의 예로 3학년과 6학년 학생들의 작문을 비교한다.

이 책에서 계속 반복되는 주제는 레지스터의 중심성이다. 즉 상이한 레지스터들이 체계적으로 전형적인 차이를 보이는 것을 말한다. 학생들이 상이한 과제를 수행하기 위해서 작성한 작문들을 살펴봄으로써 이 동일한 관점을 학생 작문 연구에도 적용할 수 있다. 즉 많은 초기 연구들이 서사문 같은 단일 과제만을 고려하였지만 학생 작문 연구를 위해서 이용되는 코퍼스는 서술, 기술, 설명, 설득적 의견 등과 같이 몇 가지 상이한 과제로 구성되어 있다. 이 절에서는 다양한 과제들을 대표하는 "TV 의견 작문", "좋아하는 게임 설명", 그리고 "연속 사진 서술"의 세 가지 구체적인 과제들에 초점을 맞추어 살펴본다. 이 과제들은 학생들이 학교에서 경험하는 다양한 작문 유형들을 대표한다. 첫 번째 과제는 자신의 생각을 결정하고 그렇게 생각하는 이유를 쓰는 것이고, 두 번째 과제는 한 가지 게임에 대해서 누군가에게 설명하기, 그리고 세 번째 과제는 연속 사진을 바탕으로 이야기를 하는 것이다.

앞 절에서 설명했던 바와 같이 학생 모형에서 1차원과 2차원은 기초 구어/

문어 대조 관계를 정의해 준다. 이 두 차원은 각각 한 편으로는 문어 레지스터 출판물들과 다른 한편으로는 구어 레지스터 출판물들을 구별해 준다. 전반적으로 학생 작문 능력은 이 두 차원에서 구어를 지향하는 성향이 있다. 이러한 이유로, 이 두 차원들은 여러 학년에 걸쳐서 학생들이 구어체에서 문어체로의 발달 성향을 보이는지를 조사하기 위해서 학생들의 작문 능력을 비교하기 위한 목적으로 이용하기에 유용하다.

〈도표 7.3〉과 〈도표 7.4〉는 3학년과 6학년 학생들의 작문에서 1차원과 2차원의 변화를 보여 주고 있다. 이 도표들은 발달 성향이 더 "문어적"인 용법 유형 쪽으로 변화하고 있음을 보여 주고 있다. 이 성향은 1차원에서 가장 일관되게 관찰된다(〈도표 7.3〉 참조). 세 가지 작문 과제에서 3학년에서 6학년에 걸쳐서 학생들은 더 정보적이고 신중하게 편집된, 즉 보다 긍정적인 차원 점수를 지향하는 유형으로 발달해 가는 뚜렷한 성향을 보인다.

2차원의 변화는 약간 더 복잡하다(〈도표 7.4〉 참조). 학생들은 TV 감상 소감과 게임 설명 작문에서 비서사적인 특징들의 사용을 줄이고 어휘적으로 정교

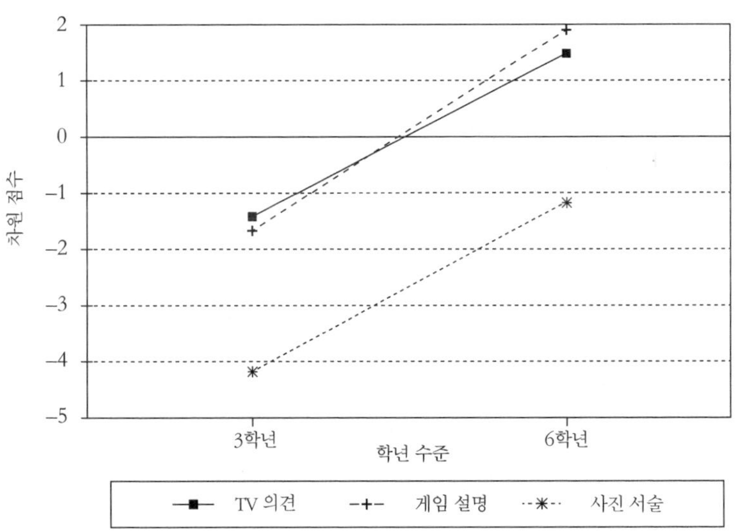

도표 7.3 3학년과 6학년 작문 비교를 통한 세 가지 과제의 1차원 점수

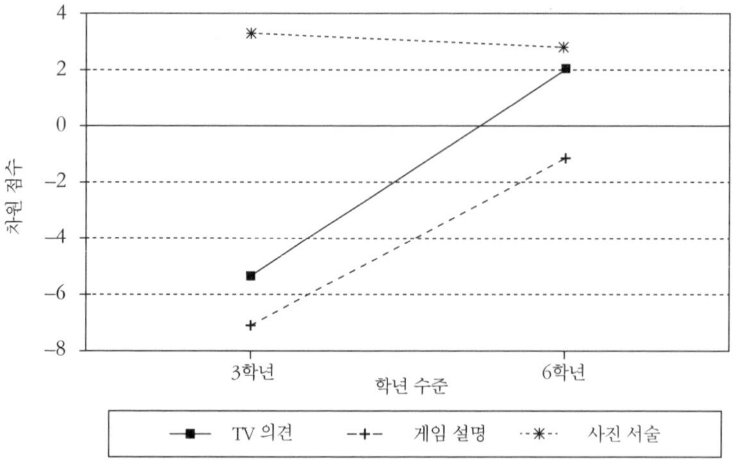

도표 7.4 3학년과 6학년 작문 비교를 통한 세 가지 과제의 2차원 점수

화된 서사적 특징들의 사용을 늘림으로써, 즉 차원에서 더 긍정적 점수 쪽으로 이동해 가면서 두드러진 발달 변화를 보인다. 대부분의 이러한 변화는 6학년 학생들이 더 큰 어휘 정교화 발달을 보이는 데 기인한다. 그러나 3학년 학생들은 이미 연속 사진 과제에서 더 확장된 서사적 자질들을 이용하고, 6학년 학생들도 동일한 과제에서 유사한 특징들을 계속해서 보인다.

1차원과 2차원에서의 이러한 발달적 변화는 다음 두 개의 게임 설명 작문에서 예를 찾아볼 수 있다.

텍스트 표본 7.4: 3학년이 선호하는 게임 설명

My favorite game is Namo. You write at least 20 names on a board. And then you write 5 names on paper. then someone puts a checkmark on a name on the board. And if you have that name on your paper mark it with a checkmark. Then keep on doing it until someone gets all the names are marked off. And after someone has done it then they say Namo.

텍스트 표본 7.5: 6학년이 선호하는 게임 설명

I am going to explain how to play a game called Capture the Flag. You can have as many players as you want to. You put a flag at either side of the court. There is an imaginary line dividing the court. The people on the 2 teams are trying to get each other out. They do this by tagging each other. You can only tag someone if they are on your side of the court. Once you tag people, they are in your jail. The only way that they can get out is to have one of their teammates come and tag them.
The object of the game is to get the opposite team's flag back to your side safely.

3학년 작문은 대부분의 문장들이 *and*나 *then*과 같은 간단한 문장초 동위 접속사로 시작된다는 점에서 최소한도로 발달되어 있다. 작문 중 마지막 두 문장에서 사용된 *doing it, has done it*과 같은 몇 개의 참조 항목들은 참조 대상이 모호하고, 상당한 어휘 반복이 관찰된다. 이러한 특징들로 인하여 1차원과 2차원에서 3학년 학생들의 게임 설명은 상대적으로 "구어적"인 점수를 주로 많이 받게 된다.

이와는 대조적으로, 6학년 학생 작문은 1차원에서의 실시간 산출적 자질들은 전혀 보이지 않으나 *imaginary line, opposite team* 등과 같은 한정 형용사들과 *at either side of the court, on the 2 teams, in your jail, to your side* 등과 같은 전치사구 같은 "편집되고 정보적인" 자질들이 상당수 나타난다. 이 작문에는 또한 상당한 숫자의 *imaginary, teammates, opposite* 등과 같은 긴 어휘들이 나타나고, 상당한 어휘적 변이를 보임으로써 상대적으로 정교화된 어휘들이 사용되었다.

〈도표 7.3〉과 〈도표 7.4〉는 작문 능력 발달에 대한 추가적인 중요한 사실을 보여 준다. 즉 3학년 단계에서도 이미 상이한 작문 과제를 수행하기 위해서 요구되는 언어 자질들을 구별할 수 있게 되면서, 레지스터 변이 유형에 대해서 통제할 수 있다는 것이다. 그리하여 3학년을 기점으로 하여 "선호하는 게임 설명하기"와 "TV 의견 작문"은 1차원과 2차원에서 "연속 사진 서술문"과는 언어

적으로 상당히 달라진다. 이 두 가지 작문들은 같은 3학년 학생이 썼는데 설명과 서술 과제 사이의 차이를 알고 있고, 이 과제들을 수행하기 위해서 필요한 언어적 자원들을 통제할 수 있는 능력을 가지고 있음을 보여 준다. 예를 들어 "연속 사진 서술하기"는 "Once upon a time"이라는 전형적인 이야기 표현으로 시작하면서 과거 시제로 되어 있는 반면, "게임 설명"은 전체가 현재 시제로 되어 있다(다음 두 개의 텍스트 표본에서 과거 시제형은 이탤릭체로 표시됨).

텍스트 표본 7.6: 3학년이 선호하는 게임 설명

My favorite sport is soccer. And this is how it's played. First there are the positions. Soccer has a goalie, defenders, halfbacks, there are the positions. In soccer kids can't touch the ball with hands. Only the goalie can touch the ball. And if the ball goes past a line a player has to throw it in. And the goalie tries to stop the ball. And you also goal kick.

텍스트 표본 7.7: 3학년의 사진 연속 서술

Once upon a time four boys *were* watching a clown juggle plates. Danny one of the four boys *went* home fascinated. Another boy named Josh *came* home with Danny. When the boys *got* home, Danny *was* going to try to juggle plates too. Danny *thought* he could do it because he could juggle balls. He *started* off good. But he accidently *dropped* the plates. Then Jamie, Danny's mom *walked* in the kitchen. And Jamie *was* furious. Danny *was* grounded for 1 week.

3차원에서부터 5차원에 걸쳐서 나타나는 유형들과 관련하여 추가적인 문어 발달 측면을 논의할 수 있다. 그러나 첫 두 차원들만을 살펴보아도 3학년에서 6학년 사이에 관찰되는 몇 가지 중요한 발달 변화를 찾아볼 수 있다. 예를 들어 두 차원에 걸쳐서 언어가 구어체에서 문어체로 변화해 가는 꾸준한 발달 과정을 볼 수 있다. 이 차원들은 또한 3학년 학생들이 벌써 상이한 목적으로 글을 쓰기 위해서 필요한 언어 자원들을 통제하기 시작했음도 보여 준다.

7.4.3. 초등학생과 성인의 변이 차원 비교

초등학생 언어의 다차원 모형을 통해서 공기 언어 자질 세트, 텍스트들을 구별하는 데 있어서 중요한 기능적, 언어적 변인들, 그리고 다른 레지스터들과의 상관관계에 있어서 특징적인 레지스터 등과 같은 초등학생들이 경험하는 담화 세계에 대해서 살펴볼 수 있다. 6장에서 설명한 성인 영어의 다차원 모형은 성인 담화 세계에 대한 유사한 관점을 제공해 준다. 성인 담화와 학생 담화의 관계에 관하여 이전보다 훨씬 광범위한 시야를 제공해 주기 때문에 초등학생들과 성인의 담화 영역을 이 모형들을 통해서 비교할 수 있다.

이 절에서는 상이한 다차원 모형들을 어떻게 비교할 수 있는지에 대해서 간단하게 예를 들어서 살펴본다. 특히 모형 전반에 걸친 비교와 더불어서 특정 차원 간의 비교를 통해서 얼마나 흥미로운 결과를 얻을 수 있는지에 대해서도 살펴본다.

〈표 7.4〉는 성인과 초등학생 모형들의 첫 두 차원에서 기능과 언어 자질, 그리고 각 차원을 특징짓는 레지스터들에 대해서 간략하게 요약하여 보여 주고 있다. 일반적으로는 두 모형 내에서 이 두 차원은 유사하다.

두 모형에 있어서 1차원은 정보 초점과 정보 계획에 대한 고려라는 측면에서 구어와 문어 레지스터를 구별해 준다.[3] 기능적으로는 1차원은 한편으로는 매우 집약된 정보의 신중한 산출, 그리고 또 다른 한편으로는 실시간 산출과도 연결되어 있다. 언어학적으로는 두 모형에 있어서 이 차원의 부정극negative pole은 명사, 한정 형용사, 전치사, 그리고 긴 어휘들과 같은 자질들로 정의할 수 있다. 그리고 레지스터 분포 관점에서는 두 차원은 발화 텍스트와 정보적 문어적

3 학생 모형에서 1차원의 극성polarity은 성인 모형과의 비교를 용이하게 할 수 있도록 하기 위해서 반전시켰다. 이러한 극성의 반전은 +와 - 표지를 정도의 높고 낮음 혹은 양의 많고 적은 관계와는 상관없이 단순히 두 개의 대립되는 양 극단을 구별하기 위해서만 사용하였기 때문에 실제 발견 결과와는 아무런 상관이 없다.

표 7.4 성인과 초등학생의 두 변이 차원의 비교
(학생 모형의 1차원에서 찾아볼 수 있는 극성이 반전되었다 – 각주 3 참조)

	1차원	
	성인	초등학생
기능		
긍정극	대화적 (대)개인적 초점 관련적 개인적 자세 실시간 산출	실시간 산출 비대화적 정보적
부정극	단독 담화 신중한 산출 정보적 초점 통합된 정보	신중한 산출 정보적 초점 통합된 정보
언어 자질		
긍정극	1인칭과 2인칭 대명사 의문문, 축소문, 자세 동사(*live, stand, sit, lie* 등), 회피 표현(*sort of, kind of, it seems like* 등), 강조사, 부사 접속사	문장초 *and*, 문장초 *and* 이외의 다른 접속사, 시간 부사, 3인칭 대명사
부정극	명사, 형용사, 전치사, 긴 어휘	명사, 긴 어휘, 명사화, 수동태, 한정 형용사, 전치사
특징적 레지스터		
긍정극	대화 개인 편지 공적 대화	독백 학생 작문 능력
부정극	정보적 설명(예, 공문서, 학술 산문)	사회학과 과학 교재

	2차원	
	성인	초등학생
기능		
긍정극	서사문	서사문 어휘 정교화
부정극	비서사문	비서사문
언어 자질들		
긍정극	과거 시제, 완료상, 3인칭 대명사, 발화 행위 (공적) 동사	과거 시제, 일회 발생 어휘, 높은 유형/토큰 비율, 발화 행위 (공적) 동사
부정극	현재 시제, 한정 형용사	현재 시제, 부정사
특징적 레지스터		
긍정극	픽션	픽션 기초 독본
부정극	설명문 방송문 대화	독백 의견과 설명 작문

설명이라는 점에서 차이를 보인다.

이와 유사하게 2차원은 두 모형에 걸쳐서 여러 측면에서 유사하다. 두 모형에서 2차원은 과거 시제와 발화 행위 동사에 대응하는 현재 시제 등과 같은 많은 동일 언어 자질들을 기준으로 하여 서사적 담화와 비서사적 담화를 구분하게 해 준다. 더 나아가 두 모형에 있어서 픽션은 구체적으로 서사적 레지스터로 구분된다.

그러나 이러한 유사한 차원들조차 두 담화 영역들 사이에 중요한 차이가 있음을 보여 주고 있다. 특별히 이 각각의 영역들은 어느 한 영역에는 없는 기능들을 포함하고 있다. 예를 들어 성인 모형의 1차원은 언어 자질의 정의와 레지스터 분포의 관점에서 대화적인 담화와 비대화적인 담화를 구분하게 해 준다. 대조적으로 학생 모형의 1차원은 대화성과는 전혀 상관이 없다. 학생 모형의 1차원은 대화적인 기능을 갖는 언어 자질들이 빠져 있고 구어 대화는 같은 차원에서 특별히 눈에 띄지 않는다.

2차원은 1차원과는 상반되는 예를 보여 주고 있다. 즉 학생 모형은 성인 모형에는 없는 기능을 포함하고 있다. 특히 학생 모형의 2차원은 서사적 초점에 더하여 어휘 정교화를 보이는 반면에, 성인 모형의 2차원은 서사적 초점만을 보인다. 그래서 일회 발생 어휘들과 높은 유형/토큰 비율 등과 같은 어휘 구체성lexical specificity 자질들이 학생 모형의 2차원에서 관찰되지만, 이런 자질들은 성인 모형의 2차원에서는 나타나지 않는다.

모형들 간의 이 두 차원의 비교는 몇 가지 흥미로운 문제들을 제기해 준다. 예컨대 1차원의 차이는 초등학생들이 관여적 자질들을 어떻게 통제하는가에 관한 의문을 제기해 준다. 일상적인 집단 토론 등으로 구성되는 학생 코퍼스에서 나타나는 발화 교류 역시, 성인 대화에서 찾아볼 수 있는 관여 혹은 대화와 연관된 언어 자질들이 자주 출현하지 않는다. 아이들은 성인들처럼 이 자질들을 사용하지는 않을 수 있다. 혹은 다른 학생 레지스터들에는 더 대화적이고 대인적인 초점을 가지고 있다는 것이 밝혀지게 될 수도 있다. 앞으로 더 개발될 아동 언어에 초점을 맞춘 코퍼스와, 미래의 코퍼스-기반 연구들은 이러한 문제들에 대한 통찰력을 제공해 줄 수 있게 될 것이다.

모형들 간의 2차원 비교를 통해서 성인과 학생 담화 세계에 있어서 기본적인 차이를 엿볼 수 있다. 즉 픽션 및 기초 강독용 독본을 읽는 아동들을 위한 서사문 텍스트들은 학생들이 읽는 어휘적으로 가장 정교화된 레지스터들 중에 나타난다. 반면에 픽션과 같은 성인용 서사문 텍스트들은 구체적인 산문과 비교해 보면 전혀 어휘 정교화가 되어 있지 않다. 이러한 결과물들은 또한 고학년 학생들이 성인 담화 영역으로 전이해 가는 것을 도와줄 수 있는 방법과 관련된 교수법적인 문제들도 제기해 준다.

구체적인 영역들을 비교하는 것 이외에도 두 모형을 전반적으로 비교하는 것도 중요하다. 두 모형 사이에는 현저한 차이가 있음을 알 수 있는데, 각 모형에는 다른 모형에서는 찾아볼 수 없는 특별한 차원들이 있다. 이러한 차이들을 초래하는 주된 이유는 다른 영역에서는 발견되지 않는 특수 레지스터들이 한 영역에는 존재하기 때문인 듯하다.

예를 들어 학생 모형에서 4차원은 7.4.1에서 논의하는 "기획된 시나리오"를 표시해 주는 것으로 해석될 수 있다. 이 차원에서 유일하게 점수가 표시되어 있는 레지스터들은 가설적 상황을 기술하는 학생 작문이다. 이 유형에 속하는 전형적인 작문은 다음과 같다.

> "Explain what the ideal school would be like. How would this ideal school be similar or different to the school you are in?"

이와는 반대로 성인 모형의 3차원은 "정교한 참조와 상황 의존적 참조"(6.3.2 참조)로 해석되는데 학생 모형에는 해당되는 대상이 없다. 이 차원에서 공문서, 전문적 편지, 그리고 스포츠 중계 등과 같이 매우 두드러진 점수를 받은 레지스터들은 학생 담화 영역에서는 발견되지 않는다.

이 절에서는 학생 변이 다차원 모형의 몇 가지 측면과 그것을 성인의 모형과 비교하는 것에 대해서 간단하게 설명하였다. 그러나 이 간단한 요약만으로도 언어 습득과 발달에 관한 새로운 통찰력을 제공하기 위해서 코퍼스-기반 기법들을 이용할 수 있는 방법을 충분히 보여 주었고, 또한 향후 연구 주제들을 제시해 주었다.

7.5. 모국어와 비모국어 화자들의 오류 유형

지금까지 이 장에서는 제1언어 습득/발달에 집중해 왔다. 그러나 코퍼스-기반 기법은 제2언어 습득을 연구하는 데 있어서도 마찬가지로 유용하다. 사실 앞 절에서 살펴본 모든 분석 방법들은 제2언어 텍스트 코퍼스에 적용될 수 있다. 이 분석들 중 어느 하나를 반복하기보다는 이 절에서는 제2언어 교사들 사이에서 종종 논란과 관심의 대상이 되는 영역인 오류에 대해서 집중적으로 살펴본다.

제2언어 학생들의 "오류"는 다양한 종류의 오류들의 비중, 중간어로서의 오류의 성격, 오류들이 대상 형태로 대체되는 단계들 등을 포함하여 다양한 관점에서 논의되어 왔다. 실질적인 수준에서는 의미에 간섭 현상을 일으키지 않는 국지적 오류라고 해도 교사들에게는 문제가 될 수 있고, 또한 학생들에 대한 전반적인 평가에 장애가 될 수 있다. 때때로 오랜 교육에도 불구하고 특정 언어 집단 혹은 문화 집단은 어떤 형태를 정확하게 학습할 수 없다고 특징짓는 식의 고정관념이 생기기도 한다. 그러나 앞에서 이미 여러 문제들을 통해서 살펴보았듯이 오류율과 오랜 기간에 걸친 오류가 지속될 것이라는 인상은 대규모의 경험적인 연구를 통해서는 입증된 바 없다.

이 절에서는 제2언어 학생 집단에서 오류 빈도와 오류 지속을 연구하는 데 있어서 어떻게 코퍼스-기반 연구 방법이 이용될 수 있는지를 살펴본다. 이 연구들은 제2언어 습득에 대한 우리의 이해도를 높여 줄 수 있고, 중간어와 비표준 대상 형태 등과 같은 오류에 대한 다른 관점을 갖도록 해 줄 수 있는 자료를 제공해 주며, 또한 교수법적 결정을 내릴 수 있는 근거를 제공해 준다.

이 표본 분석에서는 나바호어(나바호어 L1)와 영어(영어 L1)를 모국어로 사용하는 초등학생들의 영어 작문에서 관찰되는 오류들을 비교해 본다. 특히 애리조나 초등학생 문어 코퍼스를 구축하는 과정에서 교사들이 나바호어 학생들의 문제라고 지적한 세 유형의 오류들에 초점을 맞추어 살펴본다. 이 오류들은, 주어-동사 일치 오류, 명사 형태 오류(예, 복수 표시 누락), 그리고 과거 시제 등의 동사 형태 오류이다. 영어 L1 학생들의 작문과 비교하여 나바호 L1 학생들의 작문에서 나타나는 이 오류들의 빈도를 살펴보고, 또한 이 오류들이 학년별로 어떤 양상을 보이는지에 대해서도 살펴본다. 구체적으로는 3학년 영어 L1, 3학년 나바호어 L1, 6학년 영어 L1, 그리고 6학년 나바호어 L1 학생들을 대상으로 한 4개의 집단으로부터 수집된 애리조나 초등학생 문어 코퍼스에서 추출한 560개의 작문을 분석하였다.

정의상으로 오류는 다양한 구조적인 형태를 띠고 발생할 수 있다. 즉, 오류란 실제로 "정확한" 형태를 제외한 모든 형태라고 할 수 있다. 그래서 코퍼스에서 오류를 자동으로 찾아내는 것은 어렵다.[4] 오류는 〈 〉 안에 오류 유형 코드를 넣어서 표기하였다. 〈 〉 뒤에는 정확한 어휘 형태를 적어 놓았다. (이는 다른 연구를 위해서 필요한 자동 주석을 하는 데 있어서 오류로 인한 문제들을 배제하기 위한 것이다) 다음은 오류 유형과 사용된 코드의 예들이다.

(2) 주어-동사 일치 (sv):

a. She 〈love sv〉 loves my little sister.

b. Their mom 〈want sv〉 wants to cook outside.

(3) 명사 형태 (nm):

a. We put six 〈window nm〉 windows in it.

b. The 〈womans nm〉 women wore woven clothes.

(4) 동사 형태 (vm):

a. I get up at six o'clock sharp. And I get 〈dress vm〉 dressed.

b. Last night I 〈stay vm〉 stayed up until ten o'clock.

4 자동화된 문법 점검용 컴퓨터 프로그램들이 개발되고 있다.

이런 방식으로 오류 코딩을 해 놓으면 각 학생 집단별로 오류 유형 빈도를 집계해 주는 프로그램 작성이 용이해진다.

〈표 7.5〉에서는 제1언어와 학년별로 10,000 어휘 규모의 텍스트를 기준으로 하여 보정된 오류 숫자를 제시해 주고 있다.

〈표 7.5〉에서 보면 영어 L1 학생들은 나바호어 L1 학생들에 비해서 전반적으로 훨씬 적은 숫자의 오류들을 범하고 있다. 이는 또한 학년별 기준으로 비교할 때도 마찬가지이다. 추가적으로 두 집단의 화자들에 있어서 3학년에서 6학년으로 올라갈수록 오류 숫자는 감소한다. 그러나 6학년 나바호어 L1 학생들의 오류 숫자는 여전히 상당히 높다. 사실 6학년 나바호어 L1 학생들은 3학년 영어 L1 학생들보다도 더 많은 오류를 범한다.

상이한 오류 유형들을 비교해 보면 지속적으로 반복되는 오류들을 통해서 조금 더 복잡한 유형을 발견할 수 있다. 즉 3학년에서 6학년으로 올라오면서 주어-동사 일치 오류가 현저하게 줄어들지만, 명사와 동사 형태 오류의 숫자는 이에 비해서 줄어드는 폭이 훨씬 좁다. 즉 명사와 동사 형태 오류들이 일치 오류들보다 덜 줄어든다. 예를 들어 동일한 주제에 관한 작문들에서 추출한 다음 텍스트 표본들은 두 언어 집단 간 오류들의 차이를 특징적으로 보여 준다. 즉 표본 7.8은 나바호어 L1 학생들의 작문에서 추출했는데, 명사와 동사 형태 오류들이 포함되어 있는 반면, 영어 L1 학생의 작문에서 추출한 표본 7.9에는 그런 오류가 없다.

표 7.5 언어와 학년별 오류 숫자(10,000 어휘당)

L1과 학년	전체 어휘	전체 텍스트	주어-동사 오류	명사 형태 오류	동사 형태 오류
영어 3	10,650	137	9.4	13.1	3.8
나바호어 3	5,810	124	65.4	68.8	53.3
영어 6	17,970	154	1.7	6.7	2.8
나바호어 6	23,090	147	25.6	43.8	43.3

텍스트 표본 7.8: 6학년 나바호어 L1 학생 작문

I love watching TV. It's fun. I watch it every day for three *hour*. And then I turn it off and go to sleep. And I get up at six o'clock sharp. And I get *dress*.

텍스트 표본 7.9: 6학년 영어 L1 학생 작문

I watch a little tv a day and some of my friends watch a lot of t.v. Now to think of it I watch a — lot of tv. I watch it at night about 3 hours of it. I stay up real late, and I watch it after school.

이 두 작문은 전반적인 유창성이나 다른 질적 측면에서 대략 동등한 수준이다. 그렇기 때문에 나바호어 모국어 화자들의 높은 오류율이 꼭 이들의 전반적인 문어 능력이 낮다는 것을 반영하지는 않는다. 그럼에도 불구하고 이러한 종류의 오류들이 존재한다는 것은 교사들 입장에서 볼 때는 매우 불편하고, 또 전체적인 평가를 낮추게 되는 결과를 가져올 수 있다.

단순한 빈도 이외에도 다양한 방법들을 동원하여 이런 종류의 연구의 완성도를 높일 수 있다. 예를 들어 다음에 적용할 수 있는 유용한 단계는 학생들 사이의 오류 분포를 결정하는 것이다. 이것 또한 컴퓨터를 이용하면 각 텍스트에서 찾아낸 오류들의 숫자를 자동으로 기록해 줄 수 있기 때문에 분석을 수월하게 할 수 있다. 여기서 생각해 볼 수 있는 의문점들은, 학생들 사이에 오류 분포가 고른가? 아니면 몇몇 학생들이 대부분의 오류를 범하는가? 3학년과 6학년 사이의 분포 차이가 있는가? 등이다. 문맥 오류는 학생들이 어떤 문법적 혹은 음운적 문맥에서 명사 및 동사 형태 오류들을 범하는가?라는 의문에 대한 중요한 정보를 제공해 줄 수 있다.

비록 표본 분석은 여기서 끝내지만, 이 분석은 제2언어 학생들의 작문에서 관찰되는 오류 유형들에 대한 이해도를 높이기 위한 분석으로까지 확장할 수 있다는 것은 분명하다. 더 나아가 이와 같은 연구들은 더 많은 오류 유형들과 다양한 언어 집단들, 서로 다른 레지스터들 사이에서의 오류 분포, 상이한 종류의 교수법의 효과, 그리고 그 밖의 수많은 다른 문제들에 대한 연구를 위하여 대규모로 시행될 수 있다.[5]

7.6. 마치며

이 장에서는 언어 습득과 발달에 관련된 언어적 문제들을 조사하기 위한 코퍼스-기반 분석 방법의 이용에 대해서 예를 제시하였다. 처음에는 초등학생 언어에서 제1언어 발달에 집중하여 개별 언어 자질들을 조사하는 전통적 방법에서 시작하여 더 종합적인 다차원 분석 모형으로 옮겨 갔다. 그 다음에는 동일한 다차원 분석 모형이 다양한 발달 단계에서의 언어 용법을 조사하기 위해서 적용되었으며, 또한 초등학생 언어를 성인 언어와 비교하기 위해서도 적용되었다. 마지막으로, 비모국어 화자들의 오류 지속 현상과 빈도를 연구하기 위해서 코퍼스-기반 기법을 이용하는 간단한 예를 살펴보았다.

코퍼스-기반 기법은 이 장에서 제시된 모든 표본 분석들에 있어서 많은 숫자의 텍스트들과 언어 자질들의 분석을 수월하게 할 수 있게 해 준다. 이 기술들은 특정 발달 단계에서 관찰되는 언어 유형들을 특별한 종류의 변이형으로 다룰 수 있게 해 준다. 그래서 우리는 레지스터 변이 분석을 위하여 6장에서 설명했던 것과 동일한 분석 방법론을 채택할 수 있었다. 다음 장에서는 한 언어의 다양한 역사적 단계를 설명하기 위해서 이 방법들을 어떻게 확장하여 이용할 수 있는지를 살펴본다.

---

5 이 결과물들의 해석 역시 확대될 수 있다. 예를 들어 이 분석들에서 발견된 지속적인 형태 오류들은 많은 학생들이 집과 사회에서 모국어 방언으로 사용하는 나바호 영어의 특징이라고 할 수 있는데, 만일 그렇다면 이 형태들은 오류로 여길 필요가 없을 것이다.

더 읽을 거리

아동들의 제1언어 습득을 연구하기 위한 코퍼스-기반 연구가 거의 없는 상황에서 초등학생 언어 혹은 제2언어 습득에 초점을 맞춘 코퍼스-기반 연구는 더 적다. MacWhinney(1991)에서는 CHILDES 데이터베이스에 포함되어 있는 하위 코퍼스들의 목록을 제시하면서 그 코퍼스를 활용하여 이뤄진 연구들에 대해서 요약 설명하고 있다. 이 책에는 코퍼스-기반 연구를 위한 많은 자료들이 포함되어 있다. 이에 더해, Biber(1991)와 Reppen(1994, 1995)은 초등학생 구어와 문어 레지스터 변이형을 연구하기 위해서 다차원 분석을 시도한 연구들이다.

8. 역사적 연구와 문체 연구

8.1. 문체 연구와 역사적 연구

초창기 코퍼스-기반 분석 방법은 주로 문체 연구에 응용되었다. 1960년대 후반기에 다수의 문학 연구자들은 온라인에서 텍스트를 수집하거나 저자, 장르, 그리고 역사적 시기별 문체를 연구하기 위한 목적으로 컴퓨터 기법을 응용하였다. 이러한 초기 역사는 문학 연구자들이 항상 텍스트 언어에 흥미를 보여 왔던 것을 고려하면 별로 놀라운 것은 아니다. 이 텍스트들을 컴퓨터로 옮겨서 용례 검색 소프트웨어와 기타 컴퓨터 분석 도구들을 이용할 수 있게 된 것은 자연스러운 발전 단계라고 할 수 있다.

최근에 코퍼스-기반 분석 기법은 역사 언어학 연구에서 인기를 끌게 되었다. 이것 역시 역사 언어학자들이 항상 역사적 변이를 추적하기 위하여 초창기부터 텍스트 수집에 의존해 왔던 것을 고려한다면 자연스러운 발전 단계이다. 그러나 코퍼스-기반 역사적 연구에 있어서 가장 중요한 문제는 대표성 있는 역사적 코퍼스가 없다는 것이었다. 비록 문학 연구자들은 흔히 개인 작가의 작품들에 초점을 맞추지만 역사 언어학자들은 역사적 시기에 따른 다양한 장르의 텍스트들을 대표할 수 있는 코퍼스를 필요로 한다. 이러한 역사적 코퍼스 구축은 그동안 많은 문제들을 제기해 왔다(방법론 2 참조).

통시 텍스트 코퍼스를 이용하여 수많은 다양한 연구가 가능해졌다. 실제로 이 책의 앞 장에서 논의된 모든 종류의 연구 문제들도 통시 텍스트 코퍼스를 이용하여 역사적 관점에서 연구할 수 있다. 구체적으로는, 통시 코퍼스diachronic corpus는 6장과 7장에서 논의한 레지스터와 방언들의 자질들뿐만 아니라, 2장부터 5장에서 논의한 사전학, 문법, 그리고 담화 자질들을 연구하는 데에도 이용할 수 있다. 개인 저자들에 초점을 맞출 경우 문체론적 관점까지도 연구 대상에 포함시킬 수 있다.

이 장에서는 이와 같은 다양한 종류의 분석들 몇 가지를 예로 살펴본다. 첫 번째 연구 문제로 어휘와 문법이 혼합된 문제들을 살펴본다.

1. 의무/필요와 관련된 서법 조동사 영역에서 지난 3세기 동안 서법 조동사와 준 서법 조동사의 용법 유형이 어떻게 변화해 왔는가? 추가적으로, 개별 동사들의 용법 유형은 이 전체적인 유형과 차이가 나는가?
   이 질문은 8.2에서 먼저 의무/필요 서법 조동사와 준 서법 조동사 전체 종류에 대해서 살펴본 후, *must*와 *should* 같은 서법 조동사와 *have to, got to, need to, ought to*, 그리고 *be supposed to*와 같은 준 서법 조동사들을 포함하는 개별 동사들에 대해서 살펴보면서 논의하도록 한다.

그리고 나서, 레지스터 변이 및 (성별) 방언 변이 등과 관련된 다양성 조사를 위해서 다음의 두 가지 연구 문제들에 대해서 살펴본다.

2. 지난 세 세기에 걸쳐서 문어 및 구어 기반 레지스터들의 언어적 특징들이 어떻게 변화했는가?
   구체적으로 8.3에서 구어 기반 레지스터를 대표하는 드라마와 관련하여 의학 연구 논문들의 발달 양상을 살펴본다.

3. 지난 세 세기에 걸쳐서 여성과 남성의 언어는 어떻게 변화했는가?
   구체적으로, 남성과 여성이 쓴 개인 편지들의 언어적 특징들을 분석하고, 또한 그 편지의 수신자가 여성인지 혹은 남성인지에 대해서도 고려해 본다. 이 문제에 대해서는 8.4에서 논의한다.

마지막으로 개인 문체와 관련된 문제에 대해서 간단히 살펴본다.

4. 동일한 시기에 작성된 다양한 다른 텍스트들과 비교해 볼 때 같은 저자에 의해서 쓰인 특정 텍스트들은 어떤 언어적 특징들을 갖는가?

8.5에서는 18세기에 생존했던 동시대인들의 다양한 작품을 Johnson의 작품들과 비교해 본다.

8.2. 문법과 어휘 자질 용법의 통시적 변화

통시 코퍼스는 역사 언어학 분야에서 어휘와 문법 연구를 위하여 특히 중요하다는 것이 입증되었다. 예를 들어, 1984년에야 Helsinki Corpus 구축 작업이 시작되었음에도 불구하고, Kytö는 1993년에 벌써 Helsinki Corpus 분석을 통해서 출판된 약 100개의 논문들과 전공 논문들의 목록을 제시하였다. 그리고 그 숫자는 지난 수년간 엄청나게 증가하였다. 이런 유형의 연구 목적을 위해서 통시 코퍼스는 역사적 시기에 따라 수집된 방대한 분량의 텍스트, 서로 다른 여러 장르 별로 수집된 텍스트, 그리고 컴퓨터 도구들을 이용하여 특정 문법 및 어휘 구조들에 대한 검색을 할 수 있는 능력 등을 포함하는 수많은 소중한 자원들을 제공해 준다.

8.2에서는 이런 유형의 연구들의 간단한 예로, 의무/필요의 서법 조동사와 준 서법 조동사들의 병행 발달 과정을 제시한다. 이 의미 영역에서는 개인적 의무 혹은 논리적 필요성이라는 강한 의미를 표시하는 *must*와 이보다는 약한 의미를 표시하는 *should*의 두 서법 조동사들이 사용된다. 예를 들어,

(1) 의무 표시:

a. Now we *must* look to the next stage of development. (뉴스)

b. You *shouldn't* go to bed too early. (대화)

(2) 논리적 필요성 표시:

a. As Sherlock Holmes said, "When you have eliminated the impossible, whatever remains, however improbable, *must* be the truth." (학술 산문)

b. He is able to specify a rule for what that amplitude *should* be. (학술 산문)

준 서법 조동사들은 비슷한 의미 차이를 표시하기 위해서 사용될 수 있다. 즉 *have to, got to*, 그리고 *need to*는 강한 개인적 의무 혹은 논리적 필요성을, 그리고 *ought to*와 *be supposed to*는 약한 의미를 표시한다. 예를 들어,

(3) 의무 표시:

a. You *have to* protect your eyesight. (픽션)

b. I've *got to* tell him. (픽션)

c. I *need to* stay here. (픽션)

d. Maybe I *ought to* call them now. (픽션)

e. You were *supposed to* leave. (픽션)

(4) 논리적 필요성 표시:

a. We know that the transmitted beam *has to* have its polarisation in this perpendicular direction. (학술 산문)

b. There *ought to* be little difficulty in teaching these things. (학술 산문)

c. This is *supposed to* be a respectable hotel. (픽션)

서법 조동사인 *must*와 *should*는 둘 다 10세기 이전부터 영어에서 사용되기 시작하여 긴 역사를 가지고 있다. 이와는 대조적으로 의무/필요를 표시하는 준 서법 조동사들은 이들보다는 훨씬 늦게 사용되기 시작하였다. 준 서법 조동

사인 *need to*와 *ought to*는 둘 다 다른 서법 조동사들보다도 먼저 1400년도 이전부터 그 용례가 관찰된다. *have to*도 1500년 이후 처음 관찰되어 비교적 긴 역사를 가지고 있다. 다른 준 서법 조동사들은 이들보다 훨씬 짧은 역사를 가지고 있어서 *supposed to*는 1650년 이후, 그리고 *(have) got to*는 1800년대에 처음 사용되기 시작하였다.

그러나 역사가 길다고 해서 그 특정 형태가 반드시 다른 시기에도 활발하게 사용되었음을 의미하지는 않는다. 이에 대한 다른 관점은 여러 서법 조동사 형

표 8.1 4세기 동안 사용된 서법 조동사와 준 서법 조동사 분석에 이용된 코퍼스

범주	텍스트 숫자	대략적 어휘수
역사 텍스트		
뉴스(ARCHER)	100	100,000
픽션(ARCHER)	110	100,000
드라마(ARCHER)	95	100,000
현대 텍스트		
뉴스(BNC)	280	5,000,000
픽션(Longman-Lancaster)	145	5,000,000
대화(BNC)	165	5,000,000

도표 8.1 세 레지스터에서 4세기 간 사용된 의무/필요 서법 조동사와 준 서법 조동사 전체의 상대적 빈도(*표시 각각은 10,000개에 3회; –표시는 10,000개에 3회 미만)

	서법 조동사 전체	준 서법 조동사 전체
뉴스		
17세기	**	–
18세기	****	*
19세기	*****	–
20세기	*******	*
1990년	****	****
픽션		
17세기	********	–
18세기	*********	*
19세기	*******	*
20세기	******	*****
1990년	******	*****
드라마		
17세기	*************	*
18세기	*************	–
19세기	******************	**
20세기	***********	*******
1990년	******	***********

태들이 실제로 사용된 정도와 유형이 여러 세기에 걸쳐서 꾸준하게 유지되었는지를 살펴보는 것이다.

이들 서법 및 준 서법 조동사들의 용법 유형을 살펴보기 위해서 4세기에 걸쳐서 생산된 텍스트 내에서의 사용 빈도를 분석하였다. ARCHER Corpus에서는 드라마, 픽션, 뉴스의 세 레지스터에서 발췌한 텍스트들과, 또한 Longman-Lancaster 혹은 BNC Corpus(〈표 8.1〉)에서 발췌한 1990년대 초기에 생성된 유사 텍스트들을 포함시켰다. 드라마와 비교하기 위해서 현대 대화문을 이용하였다. (통시 코퍼스에서 발화-기반 레지스터에 대해서 조금 더 연구하려면 방법론 2 참조)

〈도표 8.1〉은 세 개의 역사 레지스터를 기준으로 하여 지난 4세기에 걸친 서법 및 준 서법 조동사 범주들의 상대 빈도 분포를 보여 주고 있다. 이 범주들을 전반적으로 살펴보면 지난 4세기 동안 서법 조동사들이 준 서법 조동사들보다 일반적으로 더 많이 사용되긴 했지만, 준 서법 조동사가 점진적으로 보편화되면서 그 관계는 변해 왔다. 비록 20세기 들어서는 특히 드라마와 대화에서 약간의 감소가 있었긴 해도, 모든 시기에 걸쳐서 서법 조동사의 빈도는 비교적 높은 편이었다. 이와는 대조적으로 준 서법 조동사는 시간의 흐름에 따라서 점진적인 증가세를 보여 왔는데, 특히 최근 들어서 현저히 증가하였다. 뉴스에서 1990년까지 준 서법 조동사의 전반적인 빈도는 서법 조동사만큼이나 높았다. 단 픽션에서만 약간 낮았을 뿐이다. 대화문에서는 준 서법 조동사들은 서법 조동사들보다 실제로 더욱 보편화되었다.

그러나 이 동사들에 대해서 조금 더 사전학적 관점에서 보면 〈도표 8.2〉에서 볼 수 있는 바와 같이 이 동사들이 모두 동일한 용법 유형을 따르지는 않음을 알 수 있다. 더 나아가서 가장 먼저 사용된 형태들이 현재 사용되는 가장 보편적인 형태인 것도 아니다. 특히 준 서법 조동사 *need to*와 *ought to*는 가장 긴 역사에도 불구하고 모든 시기에 걸쳐서 상대적으로 희소하다. 이와는 대조적으로 *have to*는 가장 보편적인 준 서법 조동사로 자리 잡았다. 실제로 1990년 현재 *have to*는 뉴스 보도문과 대화에서는 *must*보다 훨씬 보편적으로 쓰이게

도표 8.2 세 레지스터에서 4세기 동안 사용된 의무/필요를 표시하는 개별 서법 조동사와 준 서법 조동사의 상대적 빈도(*표시 각각은 10,000개에 3회; .표시는 10,000개에 3회 미만 발생; –표시는 OED에서는 발견되나 ARCHER에서는 발견되지 않음)

	must	should	have to	got to	need to	ought to	supposed to
뉴스							
17세기	*	•	•		–	–	–
18세기	*	**	•	•	–	•	•
19세기	**	***	•	–	–	•	–
20세기	***	***	*	–	–	–	–
1990년	•	***	**	–	•	–	–
픽션							
17세기	**	*****	–		•	•	–
18세기	****	*****	•		–	•	–
19세기	***	****	*	–	–	•	•
20세기	****	**	**	•	•	*	–
1990년	***	**	***	•	•	•	•
드라마							
17세기	**********	***	•		–	*	–
18세기	*******	*****	•		–	•	–
19세기	**********	***	*	•	–	•	•
20세기	********	***	***	**	•	•	•
1990년	**	***	******	**	•	•	•

되었다. 그래서 텍스트 표본 8.1에서처럼 *have to*가 현대 신문에서 사용되는 것을 쉽게 찾아볼 수 있다. 이와는 대조적으로 *must*의 용례는 텍스트 표본 8.2에서와 같이 18세기 뉴스에서 전형적으로 사용되었다.

텍스트 표본 8.1: 1990년대 초기 뉴스

a. There was a telling indication that the police and other forces who *have to* impose Communist rule were not immune to the general discontent.

b. To claim crop and livestock payments, farmers *have to* complete special forms giving highly detailed information…

텍스트 표본 8.2: 18세기 뉴스

a. King George told our emperor, that when any of the inhabitants of Virginia or Carolina were at war with the French, we *must* assist them…

b. ...there are offices established in Scotland where every Scotchman *must* apply for a passport ere he can leave the country.

더 최근에는, 특히 드라마와 일상 대화에서 *(have) got to*의 사용 빈도가 증가하고 있다. 그러나 *(have) got to*는 그 레지스터 분포에 있어서 *have to*와는 큰 차이를 보인다. *have to*는 모든 레지스터에 걸쳐서 매우 유사한 분포를 보이고 문어와 구어 레지스터 모두에서 더 두드러지게 사용되는 반면에 *(have) got to*의 용례 증가는 텍스트 표본 8.3에 든 바와 같이 주로 구어로 제한되어 있다.

텍스트 표본 8.3: 20세기 드라마

a. I'*ve got to* get to Glasgow by nine tomorrow.

b. The one night in the week I pick to go home, and it'*s got to* come down in buckets.

이러한 유형의 연구는 더 구체적으로 진행할 수 있다. 예를 들어, 전반적 빈도에 있어서 변화를 보이는 문맥 용례를 추적함으로써 서로 다른 형태들이 사용되는 구체적 문맥을 분석할 수 있다. 더 나아가 코퍼스 자료를 이용하여 연구자들은 *get/got* 같은 동사 다음에 *to* 부정사가 결합하는 자유 결합free combination이 준 서법 조동사와 같은 단일 문법 단위로 재분석되는 문법화grammaticalization 과정을 연구할 수 있다. 이 장에서 소개하는 간단한 연구의 요점은 전통적인 언어 개신linguistic innovation 분석을 보완하기 위해서 통시 코퍼스를 이용하여 용법 유형의 변화를 추적함으로써 할 수 있는 어휘와 문법 분석의 종류를 보이는 데 있다.

8.3. 문어와 구어 기반 레지스터들의 역사적 진화

특정 언어 자질들의 역사를 분석하는 것 이외에, 통시 코퍼스는 레지스터의 진화를 추적하기 위해서도 이용될 수 있다. 사실 7장에서 3학년과 6학년 학생들 사이에서 작문 능력의 특징이 어떻게 변화하는가에 대해서 논의하는 과정에서 이러한 유형의 연구를 이미 소개하였다. 수십 년 혹은 수 세기에 걸친 한 레지스터의 역사적 변화를 살펴보기 위해서도 비슷한 연구를 할 수 있다.

역사적 레지스터 연구는 문해 능력literacy과 관련해서도 중요한데, 그 이유는 시간의 흐름에 따라 변화하는 문어의 특징들을 분석해 줄 수 있기 때문이다. 이러한 목적을 위해서는 구어와 문어 레지스터들을 비교하는 것이 도움이 된다. 물론 이런 종류의 분석에 있어서 가장 중요한 문제는 테이프 녹음기가 발명되기 전이었던 까닭에 구어를 직접 녹음한 자료를 구할 수 없다는 점이다. 따라서 초기 역사적 시기 구어 레지스터 분석은 시 의회 회의록 혹은 법정 기록 등과 같은 "구어" 레지스터들을 기반으로 하여 작성된 간접 자료에 의존할 수밖에 없다. 이 레지스터들은 현재 비록 문서 텍스트 형태로 존재하기는 하지만 원래는 구어에서 비롯된 것들이다(방법론 2 참조).

이 절에서는 지난 세 세기 반이라는 시간에 걸친 의학 연구 논문들과 드라마의 진화를 비교함으로써 문어와 구어-기반 레지스터들을 역사적으로 분석하는 예를 제시한다. 앞 절에서와 마찬가지로 이 절에서도 〈표 8.2〉에서 설명한 ARCHER Corpus로부터 발췌한 텍스트를 분석하였다.

여기서 분석에 사용할 두 레지스터들은 여러 상황적 특징들이 대조적이다. 의학 산문은 문어체이고 상세한 서술이 붙는 레지스터인데 반해서 드라마는 대면 대화를 허구적으로 표현한 것이다. 비록 드라마는 이전 역사적 시기의 대화를 이상적으로 변형시킨 것이긴 하지만 대화적인 구어의 특징을 거의 비슷하게 보여 준다.

이 비교 연구를 위해서 6장에서 설명한 레지스터 변이형들 중에서 두 가지 주요 차원인 1차원 "관여적 산출과 정보적 산출", 그리고 5차원 "비비인칭적 유형과 비인칭적 유형"들을 이용한다.[1] 기억을 돌이켜 보면, 1차원은 높은 수

1 이 장에서는 여러 차원에 걸친 레지스터 비교를 용이하게 할 수 있도록 하기 위해서 3차원과 5차원의 극성을 반전시켰다.

표 8.2 3세기 반에 걸친 의학 연구 논문과 드라마 분석에 이용된 코퍼스(출처: ARCHER)

범주	텍스트 숫자	대략적 어휘수
의학 연구 논문	100	100,000
드라마	95	100,000

준의 개인적 관여도와 실시간 산출을 반영하는 사적 동사, *that*-삭제, 축약, 현재 시제 동사, 그리고 2인칭 대명사와 같은 자질들과 높은 수준의 정보 밀집도와 신중한 산출 환경을 반영하는 명사, 긴 어휘들, 그리고 전치사구 등의 특징을 갖는다. 그리고 5차원은 주절과 종속절에서 비인칭적 유형으로 해석될 수 있는 수동 구문이 주로 많이 사용된다는 특징을 갖는다.

〈도표 8.3〉은 관여적 차원 (1)의 관점, 그리고 〈도표 8.4〉는 비인칭적 유형 차원 (5)의 관점에서 살펴본 드라마와 의학 산문의 변화를 보여 준다. 이 두 도표는 유사한 변화 양상을 보인다. 즉 17세기에는 드라마와 의학 산문은 그 언어 특징들이 상대적으로 유사하였는데, 시간이 흐르면서 점차적으로 두 레지스터 사이의 차이가 커졌으며, 결과적으로는 현대에 와서 큰 차이를 보이게 되었다.

17세기에 드라마는 상대적으로 관여적(1차원)이었으면서도 또한 비인칭적(5차원) 유형의 자질을 보이기도 했다. 예를 들어서 텍스트 표본 8.4는 Wycherley,[2] 그리고 텍스트 표본 8.5는 Duffet[3]이 1675년에 쓴 드라마 대본이다.

텍스트 표본 8.4: 17세기 드라마

Hold, hold, do not teach my Wife, where the Men are to be found; I believe she's the worse for your Town documents already; I bid you keep her in ignorance as I do.

텍스트 표본 8.5: 17세기 드라마

ALONZO: Alass, they were but Oysters before their meale; besides they were so

2 17세기 영국 왕정복고 시대의 극작가 — 역자 주.
3 17세기 아일랜드 극작가 — 역자 주.

rotten, they would melt in their mouthes, all their bones were turn'd to gristle: We are kep'd for the standing Dish.xxx213

GONZALO: Nay, then I am safe enough, for I have no more standing Dish, than a post, my heart's no bigger than a Pins-head.

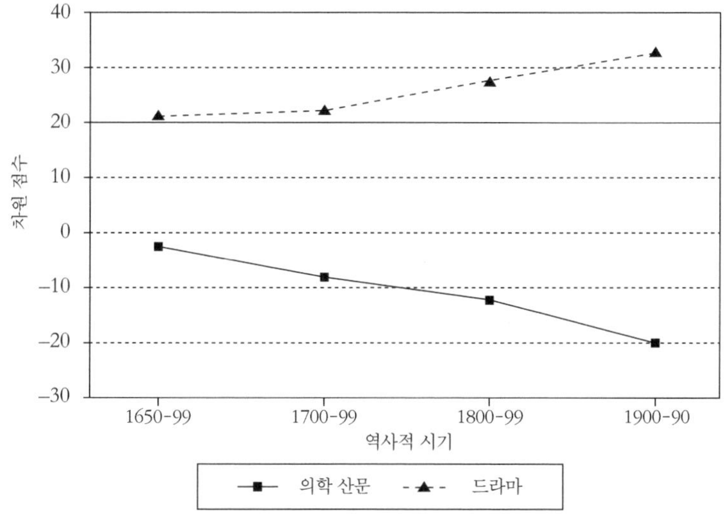

도표 8.3 영어 1차원 "관여적 유형과 정보적 유형"의 역사적 변화

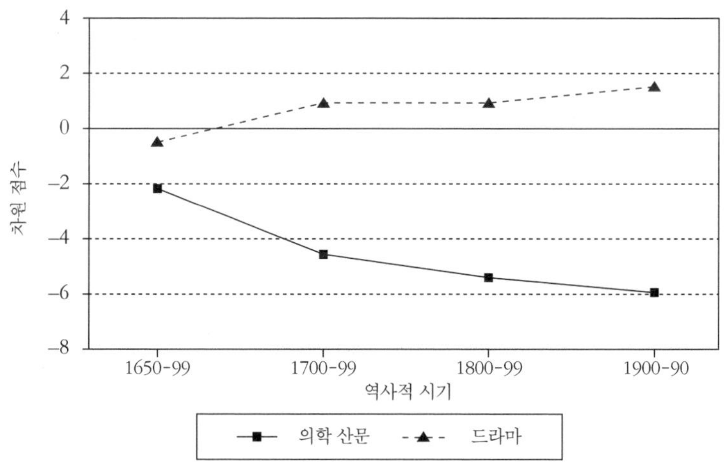

도표 8.4 영어 5차원 "비비인칭적 유형과 비인칭적 유형"의 역사적 변화

이 두 가지 텍스트 표본들은 1차원 관여적 자질들이 상대적으로 높은 빈도로 사용되고 있음을 보여 준다. 예를 들어 두 텍스트 표본 모두 여러 개의 1인칭 대명사, 그리고 8.4의 경우에는 2인칭 대명사, 축약, 그리고 다수의 현재 시제 동사들이 나타난다. 동시에 두 텍스트 모두 상대적으로 높은 빈도로 사용된 명사들과 다양한 어휘와 같은 정보적 특징들을 지니고 있다. 5차원과 관련해서는 이 텍스트 표본들에는 *are to be found*, *were turn'd*, *we are kep'd* 등과 같은 17세기 드라마에서 찾아볼 수 있는 수동 구문들이 적절히 사용되고 있다.

반대로 20세기 드라마 텍스트에서는 5차원 특징인 수동 구문이 거의 사용되지 않으면서 1차원 특징인 관여적 특징들이 대단히 많이 나타난다. Gelber가 쓴 드라마 극본인 텍스트 표본 8.6에는 이러한 특징들이 잘 보인다. 예컨대 *that*과 같은 지시 대명사들과 일반적인 어휘 사용과 함께 1인칭과 2인칭 대명사들이 광범위하게 사용된다. 이 표본에는 또한 상대적으로 제한된 어휘와 함께 명사, 한정 형용사, 그리고 전치사구 등이 비교적 제한적으로 사용되고 있다.

텍스트 표본 8.6: 20세기 드라마

I've got the law on me side. For once. No one can take my daughter away from me. That's my meal ticket, my love. I made some mistakes like walking out. But you can't put me in jail for that. That's what they are threatening. Oh, God, I've done everything I'm supposed to.

의학 산문은 드라마와는 정반대로 정보가 매우 밀집되어 있고, 수동 구문의 사용이 확대되는 방향으로 변화하여 왔다. 그러나 17세기 의학 산문은 그 문체가 더 구어적이었다. 실제로 많은 17세기 의학 산문들은 편집자에게 투고하는 편지 형식으로 씌어졌고 거의 수정 없이 출판되었다.

예를 들어 텍스트 표본 8.7은 Brown이 1685년에 쓴 편지에서 인용한 것으로 "A Remarkable Account of a Liver, appearing Glandulous to the Eye"이라는 제목으로 *Philosophical Transactions of the Royal Society of London*이라는 책에 포함

되어 출판되었다. 이 표본은 17세기 의학 산문의 대표적인 다양한 특징들을 잘 보여 준다. 1차원 관점에서 본다면 중간 위치에 속하는데, 그 이유는 1인칭, 2인칭 대명사들 및 *thought* 같은 인지 동사처럼 관여적이고 대화적인 자질들, 엄선된 어휘, 비교적 밀도 있게 사용된 명사 및 다른 정보적 자질들을 함께 포함하고 있기 때문이다. 5차원 자질들의 관점에서 본다면 17세기 의학 산문은 표본 8.7의 *was accurately taken, was observed* 등의 수동 구문 용례에서 볼 수 있듯이 이미 문체 측면에서는 상당히 비인칭적이었다.

텍스트 표본 8.7: 17세기 의학 산문

Sir,

I send you here the figure of the Liver of an Hydropical Person, a Patient of our Hospitall. (as it was accurately taken by Mr Faithorn,) which I thought so curious as to be worthy the notice of the Royal Society, and therefore have presumed to communicate it to you.

The Person was about 25 years of age, a Soldier in one of his Majesty's Regiments here in Town; who contracted his distemper by drinking much water, when he could not stirr from his duty, and catching cold at nights in being upon the guard; He was under the care of our Physicians for some time, by whose directions his swellings did by times abate; but afterwards it was observed, that the method which had been beneficiall to others, had not here the like success, his swellings returning upon him as before...

20세기에 이르러서 의학 산문은 1차원과 5차원에 걸쳐서 매우 높은 수준의 정보 밀집도와 수동 구문의 확장이라는 중요한 특징들을 갖게 되었다. 예를 들어 텍스트 표본 8.8은 1985년 출간된 *New England Journal of Medicine*에서 발췌한 논문이다. 이 논문에는 저자나 독자에 대한 어떤 언급도 없고, 명사, 전치사구, 그리고 매우 다양하면서 대단히 기술적인 어휘들이 매우 높은 밀집도를 보이며 사용되고 있다. 동시에 이 텍스트에는 *are split, are designated* (2회), *is rapidly cleaved* 등과 같은 수동 구문들이 일반적으로 사용된다.

텍스트 표본 8.8: 20세기 의학 산문

During the sequential activation of the complement components of the alternative pathway by a variety of surfaces, such as new cuprophane membranes or yeast-cell walls, peptides are split from the third (C3) and fifth (C5) components of complement. These peptides are designated C3a and C5a, respectively, and the latter has the capacity to induce leukopenia and pulmonary leukostasis in vivo and to aggregate granulocytes in vitro. The carboxy terminal amino acid arginine, of both peptides C3a and C5a, is rapidly cleaved by the carboxypeptidase N of the blood, and the resultant stable peptides are designated C3a desArg and C5a desArg, respectively.

이와 같은 레지스터 비교는 대표적인 통시 코퍼스를 컴퓨터 분석 도구들을 이용해서 분석하지 않았다면 불가능했을 것이다. 역사적 레지스터 변이형에 대한 완전한 분석은 모든 차원에서의 변이형을 고려하여 전체 문어 및 구어 기반 레지스터들을 근거로 하여야 할 것이다. 그러나 이 절에서 예시한 제한적인 분석들만을 놓고 보아도 시간의 흐름에 따른 레지스터 내부 혹은 레지스터들 사이에서 발생할 수 있는 극적인 변화를 보여 준다.

8.4. 방언 변화: 여성과 남성 언어의 역사적 변화

레지스터 연구 이외에도 통시 코퍼스는 시기별로 방언이 변화를 보이는 특징들을 연구하기 위해서도 이용될 수 있다. 방언 연구는 전형적으로 지역적 차이에 초점을 맞추어 문법 특징들보다는 음운 특징들을 분석한다. 그러나 코퍼스-기반 기법을 이용함으로써 음운 자질들 이외에도 전반적인 문법 특징들에 대해서 살펴볼 수 있게 되었고, 사회적 계층이나 성별 등과 같은 인구통계학적 특징에 따른 방언 분석의 가능성도 열어 준다.

한 가지 특별히 흥미로운 인구통계학적인 문제는 여성과 남성의 언어 비교에 대한 것이다. 남성과 여성의 언어가 다르다는 것은 널리 알려져 있지만, 이에 대한 경험적인 연구는 놀라울 정도로 없다. 이 질문은 역사적 관점에서도 마찬가지로 흥미롭다. 즉 상이한 역사적 시기에 여성과 남성의 언어에는 체계적인 차이가 있는가? 만일 그렇다면 남성과 여성의 언어의 관계는 여러 시기에 걸쳐서 그대로 유지되는가?

과거 연구에서는 성별 차이는 개인적이고 대화적인 담화에서 가장 두드러진다는 것을 지적하였다. 그러므로 대면 대화를 포함할 수 없는 역사 코퍼스에서 개인 편지나 드라마 대사 같은 레지스터들은 이 문제를 살펴볼 수 있게 해주는 최상의 자료이다. 이 절에서는 코퍼스-기반 성별 차이 분석의 예를 보이기 위해서 개인 편지들을 집중적으로 살펴본다.

과거 연구는 모든 성별 차이 연구에 있어서 대화 상대방의 중요성을 매우 강조했다. 즉 단순히 남성의 담화를 여성의 담화와 비교하는 것은 적절치 않고 이들 텍스트들이 여성이나 남성을 상대로 한 것인지를 더 고려할 필요가 있다는 것이다. 따라서 이 절에서는 여성이 여성에게, 여성이 남성에게, 남성이 여성에게, 남성이 남성에게 쓴 네 범주의 개인 편지들을 대상으로 분석한다. 예시용 분석에서는 ARCHER Corpus에서 발췌한 모든 편지들을 분석하는데 시기별로 분량이 부족한 경우에는 추가 편지들을 보충하였으나, 그렇게 하였음에도 불구하고 특정 시기, 가령 17세기 여성-여성 편지의 분량이 부족한 문제는 여전히 남아 있다. 전체적으로는 〈표 8.3〉에 밝힌 바와 같이 276개의 편지들을 분석하였다.

예제 분석 목적용으로 이 절에서는 이 성별 범주에 따른 편지들을 두 가지 관점에서 비교한다. 첫째, 개별 언어 자질 분석의 예로 여성과 남성의 일반 강조사 용례에 대해서 살펴본다. 그 다음에 6장에서 논의한 레지스터 변이형들

표 8.3 4세기에 걸쳐서 여성과 남성의 개인 편지의 분석에 포함된 텍스트들

범주	세기별 텍스트 수			
	17세기	18세기	19세기	20세기
여성-여성	2	8	8	7
여성-남성	5	8	6	7
남성-여성	3	24	24	30
남성-남성	14	52	4	36
세기별 대략적 어휘 수	12,000	38,000	40,000	33,000

의 차원들 중 한 차원에 따라서 편지 범주들을 비교한다.

강조사들(*really*나 형용사 앞에 사용하는 *real, such, so* 등)은 편지 내용의 강도나 확실성 의미를 더하는 데 기여한다. 이전 연구에서는 이들 강조사들이 남성보다는 여성들에게 특징적임을 주장하였다.

〈도표 8.5〉는 네 역사적 시기에 걸쳐서 작성된 네 범주의 편지들에서 강조사들의 사용 빈도를 보여 준다. 수치상으로 볼 때 뚜렷한 성향이 명백하게 드러난다. 첫째, 19세기와 20세기에는 여성들이 쓴 편지들은 강조사 빈도가 높다. 이 성향은 다른 여성이나 남성들에게 쓴 편지들에도 그대로 드러난다. 20세기에는 그 차이가 훨씬 크다. 17세기와 18세기에는 작성자 성별에 따른 차이는 그렇게 규칙적이지는 않았다. 예를 들어서 17세기에는 여성-여성 편지들에서는 남성-여성 혹은 남성-남성 편지들에서보다 많은 강조사들이 사용되었다. 그러나 여성-남성 편지들에는 남성-여성 혹은 남성-남성 편지들에서보다 강조사가 적게 사용되었다.

이들 역사적 시기에 따른 성별 특징 사이에는 흥미로운 유사성도 엿보인다. 17세기에는 남성과 여성 모두 여성들에게 편지를 쓸 때는 강조사를 더 사용하였다. 그러나 다른 시기에는 남성들에게 쓸 때 강조사를 더 사용하였다. 이 차이는 20세기에 들어서면서 더욱 두드러지게 되었다. 텍스트 표본 8.9는 20세기 여성-남성 편지들에 있어서 일반 강조사들의 용례에 대해서 보여 준다. 표본 8.9a는 Kathrine Mansfield가 John Middleton에게 보낸 1,915개의 편지들 중에서, 그리고 표본 8.9b는 Harold Nicolson이 부인에게서 받은 1,955개의 편지

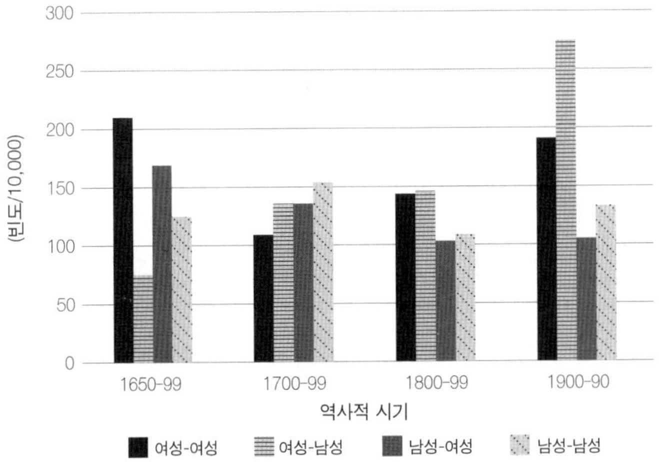

도표 8.5 성별 일반 강조사 이용에 있어서 역사적 변화

들 중에서 발췌하였다.

텍스트 표본 8.9: 20세기 여성-남성 편지

a. It is such a beautiful day today. Oh, so lovely. There seems to be a ring of light round everything.

b. …you do wirte so well. Better, I think than you have ever before. The texture of your prose is now so tight, so economical, and yet at moments so lyrical. Where I think you have been so skillful is in putting all your facts and information into a chapter…

지금까지는 편지에 사용된 일반 강조사들의 용례만을 살펴보았다. 그러나 6장에서 보았듯이, 변이형들의 특징들은 다른 많은 언어 자질들과의 공기 유형을 관찰함으로써 가장 잘 설명할 수 있다. 그래서 지금부터는 "관여적 차원과 정보적 차원(1차원, 6장과 앞의 8.3 참조)"에 따른 용법 유형을 비교하여 분석한다. 이 차원은 공시적 혹은 통시적으로 모두 레지스터 차이를 예측할 수 있게 해 주는 강력한 도구라는 사실을 고려하여 텍스트들 사이에서 성별 차이를 예측할 수 있게 해 주는 중요한 도구가 될 수도 있을 것이다.

〈도표 8.6〉은 네 세기에 걸쳐서 각 범주별 편지들의 1차원 점수를 보여 주고 있다. 많은 유형들이 바로 명확하게 드러난다. 첫째, 모든 네 역사적 시기별 편지들이 긍정적인 1차원 점수를 받았다는 점이다. 이는 이 편지들이 모두 상대적으로 "관여적"이라는 사실을 보여 준다. 그러므로 이 편지들은 모두 1차원에서 긍정적인 자질들인 사적 동사, *that*-삭제, 축약, 현재 시제 동사들, 1인칭과 2인칭 대명사 등과 같은 특징들이 상대적으로 높은 빈도로 사용된 반면, 1차원 부정적 자질들인 명사, 긴 어휘, 전치사 등은 상대적으로 낮은 빈도로 사용되었다. 역사적으로 이 유형은 이전 세기들에 비해서 모든 네 가지 성별 범주들에 속하는 편지들이 더욱 관여적으로 변한 20세기 들어서면서 두드러지게 되었다.

이러한 전반적인 유형들과는 별개로 〈도표 8.6〉은 또한 네 가지 성별 범주들 사이의 체계적인 차이점들도 보여 준다. 특히 17세기와 20세기 편지들은 두 가지 중요한 변이 유형을 보여 준다. 여성이 쓴 편지들은 남성들 편지들보다 더욱 관여적이며, 작성자의 성이 동일한 경우 여성에게 쓴 편지들은 남성들에게 쓴 편지들보다 더욱 관여적이다. 17세기에는 이 요인들은 네 성별 집단 전체에 걸쳐서 일관된 차이를 보였다. 즉 여성-여성 편지들은 가장 관여적이고, 남성-남성 편지들은 가장 덜 관여적이고(가장 정보적이며), 여성-남성 편지들은 여성-여성 편지들보다 다소 덜 관여적이고, 남성-여성 편지들은 남성-남성 편지들보다는 조금 더 관여적이었다. 20세기에는 모든 성별 집단에 걸쳐서 남성들이 여성 혹은 남성에게 편지를 쓸 때 동일한 수준의 관여도를 보인다는 점을 제외하고는 이와 동일한 유형들이 발견된다(18세기와 19세기에는 이 편지들 사이의 성별 차이는 덜 일관적이면서 일반적으로 그 정도에 있어서 덜 두드러졌다).

텍스트 표본 8.10과 8.11은 17세기 성별 집단 사이의 차이를 보여 준다. 여성-여성 유형을 예로 보여 주는 표본 8.10은 Margaret Cavendish가 1666년 자신의 자매에게 보낸 편지에서 발췌한 것이다. 표본 8.10은 정교한 명사구 대신 1인칭과 2인칭 대명사, 대명사 *it*, *wh*-절, 그리고 동사와 절을 일반적으로 많

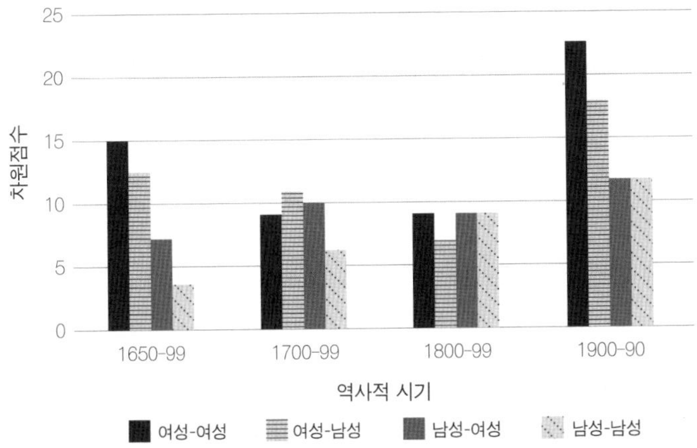

도표 8.6 1차원 "관여적 유형과 정보적 유형"에서 성별 편지를 통해 관찰되는 역사적 변화

이 사용했다는 특징이 있다. 이와는 대조적으로 표본 8.11은 1658년에 Thomas Browne 경이 Elias Ashmole에게 보낸 편지에서 발췌한 17세기 남성-남성 유형의 예이다. 이 편지는 1차원 정보적 자질들인 일반적으로 긴 어휘들, 더 다양한 어휘, 그리고 *humble thancks, courteous letter, hopefull recoverie, worthy endeavors, Hermeticall philosophy*와 같이 한정 형용사에 의해서 수식되는 명사들이나 *the good newes of the hopefull recoverie of Mr Dugdale, tracts of that subject* 등과 같은 전치사구에 의해서 수식되는 명사들이 높은 빈도로 사용된 것이 특징적이다.

텍스트 표본 8.10: 17세기 여성-여성 편지

Dear Sister Pye,

Distance of Place, nor Length of Time, cannot Lessen my Natural, or rather Supernatural Affection to you, for certainly my Love for you is more than a Sisters Love, nay, such a Love, as when I Lived with you, it could not choose but be somwhat Troublesome, by reason my Love was Accompanied with such Fears, as it would neither let you Rest, Pray, nor Eat in Quiet, for though it was a Watchful Love, yet it was a Fearful Love, for I remember I have oftentimes Waked you out of your Sleep, when you did Sleep Quietly, with Soft Breathing, fearing you had been Dead, and oftener have I laid my Face over your Mouth, to feel if you Breath'd...

텍스트 표본 8.11: 17세기 남성-남성 편지

Most worthy Sr,

I returne you humble thancks for your courteous letter and the good newes of the hopefull recoverie of Mr Dugdale ... It can very hardly fall into my apprehension how I can afford any addition unto your worthy endeavors, notwithstanding I have enclosed a list of such tracts of that subject wch I have by mee, most whereof I receaved from Dr Arthur Dee, my familiar friend, sonne unto old Dr Dee the mathematician; hee lived many yeares and dyed in Norwich, from whom I have heard many accounts agreable unto those wch you have sett downe in your annotations, concerning his father and Kelley; hee was a persevering student in Hermeticall philosophy and had noe small encouragement, having seen projection made...

비록 20세기에는 남성과 여성이 쓴 편지들이 17세기보다 전반적으로 더 관여적이긴 하지만, 성별 범주에 따른 비슷한 차이들이 발견된다. 텍스트 표본 8.12는 1952년에 Jean Rhys가 딸에게 쓴 편지인데, 1인칭과 2인칭 대명사, 축약, *think, guess, hope* 같은 사적 동사들, *that*-삭제, 현재 시제 동사들, 대명사 *it* 등이 매우 높은 빈도로 사용되어 20세기 여성-여성 편지의 관여적인 특징을 단적으로 보여 준다.

텍스트 표본 8.12: 20세기 여성-여성 편지

My dear Maryvonne,

I was awfully glad to have your letter written on Ruthie's birthday. But it was not dated and I couldn't distinguish the postmark so I'm still doubtful about exact day.

September anyhow, I have now become a great numerologist – at least I do think it odd the way certain numbers turn up over and over again in people's lives. Two is your number I know, six is mine. All nonsense I daresay.

She sounds a great darling and I am sure you are awfully good with her. Perhaps you can guess how much I'm longing to see you both so I'll say no more about that except that I hope you'll have a grand time and it must be fun planning for it…

About Ruthie. Don't think I'm getting all grandmotherly if I remind you that Calcium is awfully good for teeth – It certainly worked with you. It isn't nasty only a bit dry…

이와는 대조적으로 텍스트 표본 8.13은 1955년에 Harry Truman이 딸에게 보낸 편지에서 발췌한 것으로 놀라울 정도로 비관여적이다. 비록 편지는 *I*와 *you*가 자주 사용된 것을 보면 직접적으로 대화적이긴 하지만, 개인 편지라기보다는 *civil government, violent protest, Republic of the Philippines, protests of special interests, the history of home rule and self-government* 등과 같은 특수 어휘와 명사, 한정 형용사, 그리고 전치사구가 자주 사용되어 역사 보고서를 읽는 것 같다.

텍스트 표본 8.13: 20세기 남성-여성 편지

Dear Margie:

I sent you a letter yesterday but it was written in a big hurry. There was a Mennonite preacher waiting to give me a book he'd written and to ask me about Guam where he was going to teach history. The book is good but I couldn't reciprocate because I've never been to Guam. I did try to give it civil government, and did – over the violent protest of the Navy.

I also gave Puerto Rico home rule and insisted on setting up the Republic of the Philippines over protests of special interests. I appointed a native to be governor of the Virgin Islands too. I've sent an Iowa Negro to the Virgins and he failed dismally, and now he's sent a California one. He just doesn't know the history of home rule and self-government.

이 장의 앞 절들에서와 마찬가지로 성별 차이에 대해 완전한 연구를 하기 위해서는 다른 레지스터들에 있어서 여성과 남성의 언어를 비교하는 것뿐만 아니라 변이형의 다른 차원에서의 비교가 필요할 것이다. 사회 계층, 교육, 인종 등과 같은 또 다른 사회적인 차이들에 대한 비슷한 비교 연구 또한 할 수 있다. 이 절에서 제시한 분석들은 모든 것을 포괄하고 있지는 않다. 그러나 이 분석들은 방언 차이 연구에 있어서 코퍼스-기반 연구가 얼마나 효과적인지를 명백하게 보여 준다.

8.5. 저자 문체 분석

코퍼스-기반 기법들을 이용하지 않고서 저자 문체 분석을 위한 역사적, 문체적 연구를 논한다는 것은 결코 완전할 수가 없다. 컴퓨터 언어학을 응용한 몇몇 초기 연구들은 문학 텍스트 분석에 관한 것이었다. 이 연구들 중 몇 가지는 이미 알려져 있는 텍스트와의 언어학적인 비교에 근거하여 익명의 텍스트의 저자를 밝혀내는 저자 속성에 연구 초점이 있었다. 다른 연구들은 선정된 텍스트들의 문체적 특징을 분석하거나 또는 저자의 문체에 대해서 일반화하는 것을 목표로 하였다.

모든 문체 분석에 있어서 두 가지 중요한 문제점은 어떤 비교의 틀에서 어떤 언어 특징들을 고려할 것인지의 문제이다. 문체에 대해서 절대적인 특징이 없었기 때문에 특정 문체를 다른 텍스트 및 문체와 비교하여 상대적인 방식으로 분석해야만 했는데, 이것은 특정 분석을 위해서 어떤 비교 기준을 사용할 것인지의 문제를 초래하였다. 마찬가지로 특정 텍스트의 문체를 정의하기 위해서 사용하기에 적절한 언어 자질들을 완전하게 정리해 놓은 목록이라는 것이 없고, 또한 어떤 언어 자질들이 문체적으로 관련되어 있는 것인지에 대한 합의도 전혀 안 되어 있기 때문에 분석을 위해서 선정된 관련된 언어 특징들이 두 번째 문제이다.

8.3절에서 논의한 레지스터 변이의 통시적 다차원 분석들이 이 두 가지 문제들을 해결할 수 있는 방법으로 이용되었다. 이 분석 방법들은 잘 개발된 분석틀을 제공하여 줌으로써 광범위한 비교 대상 텍스트들, 장르들, 역사적 시기들, 그리고 언어 자질들과 비교하여 특정 텍스트들과 저자들에 대한 설명을 가능하게 해 준다. 이 절에서는 저자 문체 분석을 위한 이 방법의 예로서 Johnson의 작품에서 발췌한 구절들을 다른 역사적 시기에서 발췌한 상당한 분량의 다른 픽션들과 비교하여 살펴본다.

실험용 ARCHER Corpus에서 발췌한 33개의 픽션 텍스트들이 이 분석에 이용되었다. 〈표 8.4〉에 제시하였듯이 텍스트들은 네 세기에 걸쳐서 분포되어 있다. 모든 텍스트들은 유명 작가들의 글이다. 예를 들어 Johnson 이외에도 Defoe, Fielding, 그리고 Swift 같은 18세기 작가들이 포함되어 있어서, Johnson의 텍스트들을 비슷한 위상을 가진 다른 작가들의 텍스트들과 비교하였다.

이러한 작가 문체 분석을 위해서 Johnson의 *The History of Rasselas: Prince of Abyssinia*에서 서사문과 설명문 한 구절씩을 선정하여 발췌하였다. 그리고 이들 텍스트들을 레지스터 변이형 차원들 중 세 가지 차원(6장과 8.3 참조)의 관점에서 분석하였다. 이 세 가지 차원들은 "관여적 산출과 정보적 산출"(1차원), "상황 의존적 참조와 정교한 참조"(3차원), 그리고 "비비인칭적 문체와 비인칭

표 8.4. 저자 문체 분석에 이용된 코퍼스

범주	텍스트 숫자
17세기 픽션	5
18세기 픽션	8
19세기 픽션	7
현대 픽션	13
총 어휘 수	약 60,000

적 문체"(5차원)이다.

〈도표 8.7〉-〈도표 8.9〉는 Johnson의 텍스트 표본을 18세기 비교 대상 텍스트들과 비교한 차원 점수를 보여 준다. 17세기, 19세기, 그리고 현대를 포함하는 다른 시기들에 속하는 픽션들의 점수 분포는 추가적인 비교 기준을 제공해준다. 도표에서 보면, 각 시기별 픽션의 평균점수는 " * "로 표시되어 있으며,

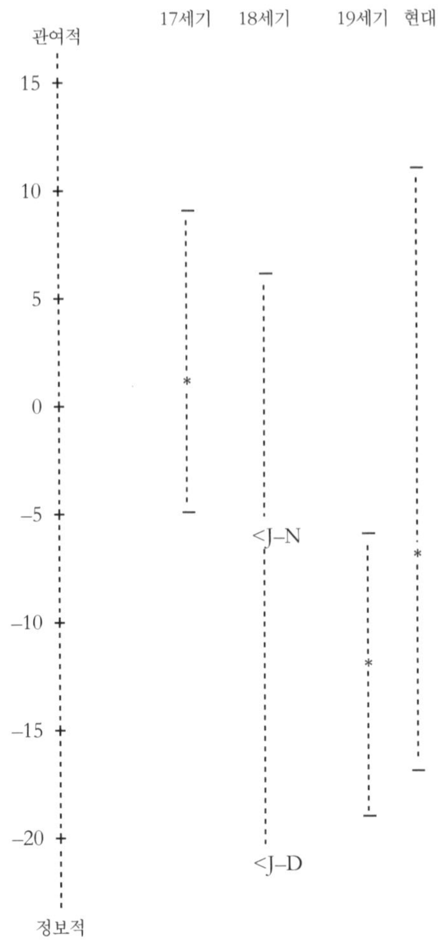

도표 8.7 1차원 "관여적 산출과 정보적 산출"에 있어서 픽션 텍스트의 특징 (*표시는 각 세기별 평균 점수, J-N=Johnson의 서술적 텍스트, J-D=Johnson의 설명적 텍스트)

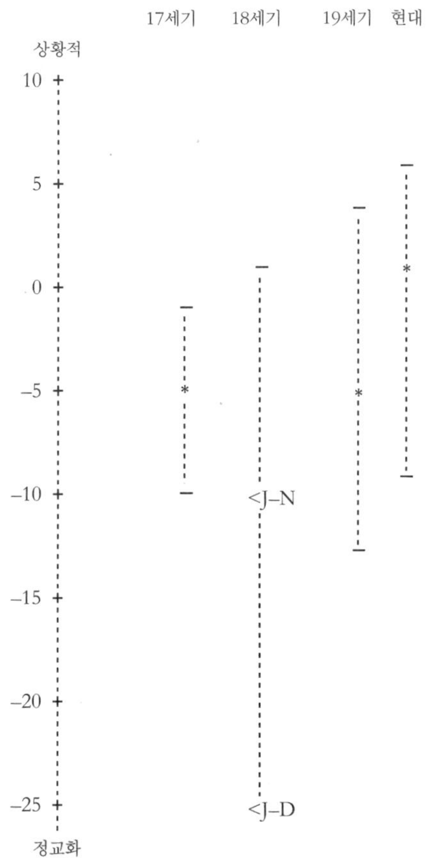

도표 8.8 3차원 "정교한 참조와 상황 의존적 참조"에 있어서 픽션 텍스트의 특징 (* 표시는 각 세기별 평균 점수; J-N=Johnson의 서술적 텍스트; J-D=Johnson의 설명적 텍스트)

점수의 범위는 수직 막대로 제시되었다.

이 세 차원들은 모두 Johnson의 Rasselas의 설명적 구절(J-D)이 18세기 텍스트들뿐만 아니고 모든 역사적 시기에 걸쳐서 문체에 있어서 가장 차별화될 수 있음을 보여 준다. 실제로 이 텍스트는 픽션이라기보다는 정보적으로 상세하게 기술한 산문의 전형적인 특징들을 보인다. 1차원(〈도표 8.7〉)상으로 볼 때, Johnson의 텍스트는 매우 정보적이고, 3차원(〈도표 8.8〉)상으로는 이 텍스트는

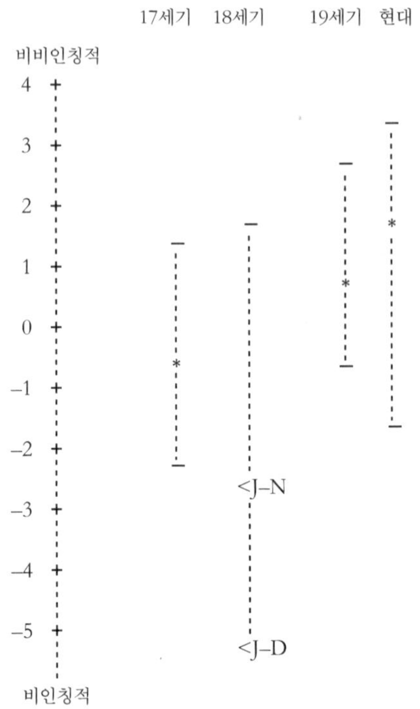

도표 8.9 5차원 "비인칭적 문체와 비비인칭적 문체"에 있어서 픽션 텍스트의 특징
(* 표시는 각 세기별 평균 점수, J-N=Johnson의 서술적 텍스트, J-D=Johnson의 설명적 텍스트)

참조에 있어서 극히 정교하며, 5차원(〈도표 8.9〉)상으로는 문체가 지극히 비인칭적이다. 텍스트 표본 8.14는 이 픽션의 제일 앞부분에서 발췌했는데, 세 차원 모두에 걸쳐서 이러한 극단적인 문체적 특징들을 보여 준다. 정교한 참조 차원(D3)과 연관된 관계절 구문들은 대문자로 되어 있고, 비인칭적 문체 차원(D5)과 연관된 수동 구문들은 이탤릭체로 되어 있다.

텍스트 표본 8.14: *Samuel Johnson*: The History of Rasselas, Prince of Abyssinia(18세기)

Ye WHO listen with credulity to the whispers of fancy, and pursue with eagerness the phantoms of hope, WHO expect that age will perform the promises of youth, and that the deficiencies of the present day *will be supplied* by the morrow, attend to the history of Rasselas, Prince of Abyssinia. Rasselas was the fourth son of the mighty Emperor, IN WHOSE dominions the Father of waters begins his course; WHOSE bounty pours down the streams of plenty, and scatters over half the world the harvests of Egypt. According to the custom WHICH has descended from age to age among the monarchs of the torrid zone, Rasselas *was confined* in a private palace, with the other sons and daughters of Abyssinian royalty, till the order of succession should call him to the throne.

The place, WHICH the wisdom or policy of antiquity had destined for the residence of the Abyssinian princes, was a spacious valley in the kingdom of Amhara, *surrounded* on every side by mountains, OF WHICH the summits overhang the middle part. The only passage, BY WHICH it *could be entered*, was a cavern THAT passed under a rock, OF WHICH it has long *been disputed* whether it was the work of nature or of human industry. The outlet of the cavern *was concealed* by a thick wood, and the mouth WHICH opened into the valley *was closed* with gates of iron, *forged* by the artificers of ancient days...

이 텍스트 표본은 Johnson이 픽션에서 전형적인 문어체 형식을 극도로 많이 사용하고 있음을 보여 준다. 이 짧은 예에서만도 11개의 관계절 구문과 8개의 수동 구문들이 사용되었다. 1차원의 정보적 특징들을 감안하면, 이 예는 명사, 한정 형용사, 그리고 전치사구들을 매우 높은 밀도로 사용함으로써 매우 높은 수준의 어휘 다양성을 보이고 있다(예, *the deficiencies of the present day, the monarchs of the torrid zone, the order of succession, the wisdom or policy of antiquity*). 다른 텍스트들과 분리해서 생각해 보아도 이 텍스트는 이 모든 자질들을 높은 빈도로 사용한다는 점에서 주목할 만하다. 그러나 이 텍스트의 문체상의 독특함은 이것을 동일한 역사적 시기 혹은 다른 시기에 쓰인 상당한 분량의 다른 픽션 텍스트들과 비교하여 살펴볼 때 명백해진다.

이러한 유형의 분석들은 더욱 포괄적인 문체 설명을 할 수 있도록 여러 가지 방법으로 확장될 수 있다. 예를 들어 한 픽션 내에서의 언어 변이 정도를 결정하기 위해서 픽션 전체를 분석할 수 있다. 다양한 장르에 걸친 한 작가의 문체의 유사점과 차이점뿐만 아니라, 작가의 일생에 걸친 통시적 변화를 조사하기 위해서 한 작가의 모든 대표작들을 다 살펴볼 수 있다. 그러나 이 절에서 예시한 분석들은 개별 텍스트나 개인 작가들의 몇 가지 독특한 문체상의 특징들을 밝혀내기 위해서 코퍼스-기반 기법들이 얼마나 강력하게 이용될 수 있는가를 보여 준다.

8.6. 마치며

이 장에서는 코퍼스-기반 분석 기법을 이용한 몇 가지 다양한 유형의 역사적, 문체적 연구를 소개하였다. 예시된 표본 분석들은 다음과 같다.

- 네 세기에 걸친 다양한 레지스터들에서 서법 조동사와 준 서법 조동사들의 용례 조사를 통한 문법적, 사전학적 자질들 연구
- 세 세기에 걸친 구어 및 문어 레지스터들의 언어 용법 유형 변화 조사를 통한 레지스터 발달 연구
- 네 세기에 걸친 여성과 남성의 개인 서신에서 사용된 언어를 중심으로 한 방언 차이 연구
- 상이한 역사적 시기에 걸쳐서 다른 픽션 텍스트들과 비교한 개별 저자의 문체 연구

이러한 역사적, 문체적 분석을 수작업으로 한다면 단지 시간 낭비에만 그치지는 않았을 것이다. 언어 자질들 사이의 복잡한 공기 유형에 대한 연구도 할 수 없었을 것이다. 비록 이 장의 모든 예들은 짧지만 그럼에도 불구하고 각각의 예들은 온라인 코퍼스와 컴퓨터 기술이 시간의 흐름에 따라서 다양한 문체들에서 찾아볼 수 있는 언어 용법에 대한 우리의 이해를 높여 주는 데에 큰 기여를 할 수 있다는 것을 보여 주었다.

더 읽을 거리

Helsinki Corpus를 기반으로 하여 Kytö(1991), Nevalainen(1991), Rissanen(1986), 그리고 Rissanen, Kytö, Palander-Collin(1993)의 공저 등을 포함하는 수많은 역사 언어학적 연구들이 수행되어 왔다. Kytö(1993)는 Helsinki Corpus-기반 연구 문헌을, 그리고 Kytö, Rissanen과 Wright(1994)는 다른 역사 코퍼스에 대해서 설명한 논문들을 선정하여 수록하였고, Nevalainen과 Raumolin-Brunberg(1996)는 초기 영어 편지 코퍼스를 이용한 연구들에 대해서 소개하였다. 역사적 레지스터 변이에 관한 다차원 연구로는 Atkinson(1992, 1996), Biber와 Finegan(1989, 1997), Biber, Finegan, 그리고 Atkinson(1994), 그리고 Biber(1995, 특히 8장)가 있다.

3부

요약 및 전망

9. 결론

9.1. 코퍼스-기반 연구 방법의 기여

이 책 전체를 통해서 한 언어를 말하거나 기록할 때, 주어진 언어 자료를 어떻게 이용하는가를 연구하는 데에 있어서 코퍼스-기반 연구 방법의 유용성에 대해서 강조했다. 이 연구 방법은 빠르고 정확하게 복잡한 분석을 해낼 수 있는 컴퓨터의 능력, 복수의 레지스터로부터 뽑아낸 대규모 자연 텍스트 자료들에서 발견되는 언어 용법에 대한 광범위한 정보, 그리고 정량적인 발견 결과와 그에 대한 기능적인 해석의 통합을 통해서 얻을 수 있는 풍부한 설명 등의 장점을 이용한다. 이러한 이유로 코퍼스-기반 연구 방법을 이용하여 언어 용법에 관한 새로운 종류의 연구들을 시행하고 또한 이전 연구들의 범위를 확장하는 것이 가능해졌다.

이러한 장점들은 다양한 언어 변이형들의 특징에 대한 연구뿐만 아니고 개별 언어 자질들의 연구에도 응용된다. 그래서, 예를 들어, 사전 편찬 분야에서 코퍼스-기반 연구 방법을 이용하면 서로 연관되어 있는 어휘들의 선호되는 의미의 차이를 밝혀냄으로써 언어에 대해서 광범위한 연구를 할 수 있게 해 준다. 유사하게, 과거에는 많은 연구자들이 구어와 문어의 차이에 관심을 가지고 연구했었지만 코퍼스-기반 연구 방법론이 개발되기 전에는 이 두 가지 방식을 특징지을 수 있는 공기 자질들이나 변이형 차원의 유형을 발견할 수가 없었다.

언어학의 한 가지 연구 방법으로서 코퍼스-기반 분석은 언어 용법에 대한 새로운 관점을 제공해 준다. 이 책에서 소개한 분석 예와 다른 코퍼스-기반 연구 결과를 통해서 언어가 사용되는 방식에는 명확하고 체계적인 유형이 존재한다는 것을 알 수 있다. 실제로 코퍼스-기반 연구에서 일관되게 발견된 것은 레지스터 변이가 중요한 의미를 갖는다는 점이다. 이 책에서는 어휘적 연어, 어휘 빈도, 명사화, 종속절, 다양한 공기 자질 등을 포함하는 모든 수준에 걸친 언어 자질들이 어떻게 여러 레지스터에서 유형화된 차이를 보이는지에 대해서 살펴보았다. 따라서 단지 "일반적인 영어"의 특징을 설명하는 것은 보통 어느 특정 영어의 특징을 설명하는 것이 아니고 어떠한 실제 텍스트나 레지스터와도 무관한 절충적인 영어의 특징을 설명하는 것이다.

언어가 갖는 강한 연관 유형들과 레지스터의 중요성에 대한 연구 결과들은 코퍼스-기반 연구 방법이 언어 용법에 대해서 완벽한 설명을 하기 위해서 포함해야 할 중요한 특징들을 찾아 준다. 코퍼스-기반 연구 방법은 전통적인 연구에서는 관심을 받지 못했던 언어 용법 양상들을 전면으로 부각시켜 줄 수 있다.

9.2. 코퍼스-기반 연구 방법으로 할 수 있는 추가 연구

이 책의 1차 목표는 코퍼스-기반 연구 방법을 통해 연구할 수 있는 언어학 분야의 다양한 연구 문제들을 소개하는 것이다. 그래서 이 책에서는 개별 어휘, 문법 구문, 담화 유형, 다양한 텍스트, 언어 습득, 역사적·문체론적 문제 등에 관해 다루었다. 그러나 사실 코퍼스-기반 연구 방법으로 수행할 수 있는 연구는 이 책에서 예로 들었던 분석 예들보다도 그 범위가 훨씬 넓다.

우선 이 책에서 살펴본 연구 분야들에 대해서 관련된 연구 문제들을 제기하고 유사한 분석 기법을 적용함으로써 수많은 추가적인 연구들을 수행할 수 있다. 예를 들어서, 문법의 경우, 다양한 레지스터에서 상이한 품사들이나 구조들의 분포, 또는 무주어 수동태와 *by*-수동태를 선택하는데 영향을 미치는 요소들과 같은 다른 구조적 변이형들에 관심을 갖게 될 수 있다. 담화 분석의 경우에는 화자의 자세stance 표식 같은 언어 자질들의 용법을 연구하는 것에 관심을 갖게 될 수 있다. 레지스터 분석의 경우 비즈니스 세계에서 사용하는 메모나 보고서 등, 또는 하나의 레지스터로서의 전자우편과 기타 상호교류적 레지스터들 간의 관계에 대한 연구에 대해서 관심을 갖게 될 수도 있다. 대단히 다양한 종류의 연구를 할 수 있는 것은 분명하다.

추가적으로 약간 다른 분석 방법이나 특수 코퍼스를 필요로 하는 연구 문제들이 있다. 예를 들어 사전학의 경우 특정 연어들을 연구해야 할 수도 있다. 이러한 유형의 연구에서는 유의어와 긍정문·부정문(즉 *not*을 사용하지 않는 문장)의 관계나 특정 폐쇄적 부류closed class 내의 어휘 연관(예를 들어 서법 조동사와 공기하는 본동사들을 대상으로 한 연어 분석 같은)에 대해서 조사할 수 있다. 언어 습득 연구에서는 언어 배경이 다른 학습자들 사이에서 언어 발달은 어떠한 차이를 보이는가? 연령에 따라서 언어 용법에 어떠한 차이를 보이는가? 특정 유형의 교수법이 제2언어 학습자들의 오류의 변화에 영향을 미치는가와 같은 연구 문제들에 대해서 연구할 수 있다. 그리고 어휘, 문법과 관련된 문제들에 대해서 역사적인 관점에서도 연구할 수 있다. 예를 들어서, 명사화 용법은 다양한 레지스터에 걸쳐서 역사적으로 어떻게 발전해 왔는가? 역사적으로 한 어휘의 연어에는 어떠한 변화가 일어났는가?와 같은 연구 문제들을 들 수 있다. 역사 언어학적 관점에서는 다음과 같은 문제들에 초점을 맞출 수 있다. 여러 언어들은 시간의 흐름에 따라서 언어학적으로 유사하게 변화해 왔는가? 문해 능력의 증진은 언어 자질들에 어떠한 영향을 끼치는가? 연구자 개인의 구체적인 관심에 따라서 코퍼스-기반 연구 방법으로 연구할 수 있는 수많은 연구 문제들을 생각해 낼 수 있다.

이 책에서 전혀 다루지 못한 언어학 분야들도 있다. 이 책에서 언급하지 않은 매우 중요한 한 분야는 컴퓨터 언어학과 자연 언어 처리이다. 이 분야에서 이전에, 그리고 현재 진행 중인 수많은 연구들은 코퍼스-기반 기법을 다양한 형태로 응용하고 있는데, 예를 들어서 주석과 구문 해석 프로그램의 개발, 정보 검색, 텍스트 처리와 생성, 그리고 기계 번역 등을 예로 들 수 있다. 이에 대한 책이나 잡지는 많이 있는데 관심이 있는 독자들을 위해서 이 중 몇 가지는 이 장의 끝 부분에 소개하였다.

이 책에서는 연구의 예로 영어를 들었지만, 영어 이외의 언어에서도 코퍼스-기반 연구는 마찬가지로 중요하다. 그러한 연구에는 그 언어들의 어휘 항목과 문법 자질, 변이 차원 연구, 레지스터 비교와 여러 언어들에 있어서 자질들의 용법 등이 있다(Biber 1995).

마지막으로 코퍼스-기반 연구는 사회에서 중요한 특정 상황들에서 사용되는 언어들에 대해서 알아내기 위해서도 이용될 수 있다. 예를 들어 직장이나 교실 담화는 다양한 연구가 가능한 유익한 분야로 다양한 화자, 문화 집단, 성별, 그리고 상이한 권력층에 걸친 언어 용법을 조사함으로써 폭넓은 연구를 하기에 유용한 공간들이다. 다른 영역들과 마찬가지로 교사와 학생 또는 관리자와 직원 사이의 역학 관계를 정확히 반영할 가능성이 확실하지 않은 직관이나 일화에 의존하기보다는 방대한 분량의 실제 언어를 분석함으로써 실제로 사용되는 언어 유형들을 보여 줄 수 있다.

9.3. 코퍼스-기반 연구와 언어 교육

이 책에서 자세히 다루진 못한 분야들 중의 하나는, 언어 교육에 코퍼스-기반 연구를 적용하는 것이다. 그러나, 코퍼스-기반 연구 기법뿐만 아니고 발견 결과들도 교육 현장에서 소중하게 응용할 수 있다. 이 절에서는 코퍼스-기반 연구가 교육에 도움을 줄 수 있는 세 분야들에 대해서 살펴본다. 코퍼스-기반 연구 결과의 보급, 교재 개발, 교수 활동 설계가 바로 그 세 가지이다.

이 책의 몇몇 장에서 ESL이나 ESP 교사들에게 특별히 응용할 수 있는 연구들에 대해서 살펴보았다. 예를 들어 6장에서는 전문 분야 연구 논문의 다차원 분석이 ESP 교사들을 위해서 유용하다는 것에 대해서 논의하였다. 그렇지만 코퍼스-기반 연구의 발견 결과는 다른 유형의 프로그램에도 유용할 수 있다.

예를 들어 많은 대학들은 요즘 교과 과정 전반에 걸쳐서 쓰기를 포함시키려고 노력하는 중이다. 이러한 프로그램들에서 쓰기와 읽기의 종류, 학생들이 학문 분야별 차이를 정확하게 인지하게 하는 문제, 혹은 전문가들이 자신들의 전문 분야에서의 언어 사용에 대해서 어떻게 명백하게 인지하게 할 것인지에 대한 결정을 내리는 데 있어서 종종 어려움을 겪는다. 그러한 프로그램들을 설계하는 사람들은 텍스트들 간의 변이에 대한 자신들의 직관에 의존할 수밖에 없는 상황이 종종 발생한다. 생물학이나 역사학 연구 논문들을 다차원 분석을 통해 비교하는 것과 같은 레지스터 연구 결과물들은 이러한 문제들을 해결하는 데 직접적으로 적용할 수 있다. 이러한 코퍼스-기반 연구 결과들은 학문 분야들 간의 유사성과 차이점들에 대한 구체적인 증거를 제공해 주며, 또한 학문 분야 내에서도 서평, 논평 기사, 교과서 등과 같은 다양한 종류의 텍스트들 간의 관계도 보여 줄 수 있다.

앞의 몇 절에서 교재 개발에 코퍼스-기반 연구 방법이 유용하다는 것은 이미 논의했다. 예를 들어 3장에서는 주어 위치에 나타나는 *that*-종속절은 그 사용 조건에 명확한 유형이 존재한다는 것을 살펴보았다. 그렇지만 제2언어 학습을 위한 몇 가지 영어 교과서들을 살펴본 결과 학생들에게 이러한 사용 조건에 대해 설명해 주는 교과서는 한 권도 없었다. 그러므로 코퍼스-기반 연구 결과는 특히 문법적 변이형들 중 어떤 것을 선택해야 하는지에 관한 모국어 직관이 없는 비모국어 화자들을 대상으로 한 교과서 집필자들을 위한 중요한 자원이다.

언어 학습자용 사전과 유의어 사전도 코퍼스 분석을 통해서 추출한 연어 정보와 문법 선호 경향이 포함되면서 역시 개선되어 가고 있다. 이러한 정보는 학생들에게 단순히 한 어휘의 정의나 또는 동의어 목록만을 제공해 주기보다는 학생들이 그 어휘가 어떻게 사용되는지에 대해서 더 광범위하게 이해할 수 있게 해 준다.

마지막으로 코퍼스-기반 연구 기법과 결과들은 제2언어 학습자들이나 언어 교사가 되기 위한 훈련을 받는 학생들이 자신들의 언어 분석을 하기 위해서 이용될 수 있다. 구체적인 예로서 3장과 4장에서 논의된 *that*-종속절에 관한 연구로부터 설계된 교수 활동에 대해서 살펴보자. 〈도표 9.1〉은 대화와 학술적인 해설문, 두 레지스터에서의 *that*-절 용법에 관한 학생들의 이해를 돕기 위한 유인물의 일부를 보이고 있다. 이 활동에서는 학생들은 대화와 학술 산문에서 발췌된 용례 목록에서 *that*-절들과 이 절들을 통제하는 동사들을 찾는다(비록 이 활동의 주된 초점은 아니지만 이 용례 목록은 대화에서 *that*이 자주 생략된다는 점을 보여 주기도 한다). 이어서 학생들은 이 두 레지스터에서 동사의 의미와 *that*-절의 기능을 분류한다. 대화 용례에서는 동사 *think, know, mean, suppose*는 사람이 생각하고 있는 내용을 전달하지만, 그에 반해 *say*는 발언된 내용을 전달한다. 학술 산문 용례에서는 동사 *show, suggest, find, indicate, assume*은 다양한 확실성 수준의 증거를 전달하고 *said*의 수동형(예를 들어 "it could be said")은 비인칭적으로 생각을 전달한다. 이 활동을 통해서 학생들은 두 가지 레지스터에 있어서 전형적인 용법의 차이를 알 수 있다.

물론 이 활동을 완전하게 하기 위해서는 훨씬 더 많은 용례들이 필요하다. 그렇지만 〈도표 9.1〉은 어떤 활동을 할 수 있는지에 대해서 간단히 보여 주고 있는데, 실제로는 더 많은 활동들이 가능하다. 예를 들어, 동사 종속절로만 한정해서 살펴보아도 학생들이 *that*-절과 같이 사용되는 동사들과 *to*-절과 같이 사용되는 동사들을 비교할 수 있다. 또 주어 위치에 출현하는 *that*-절들을 분석할 수 있다. 학생들은 또한 자신들의 쓰기나 말하기를 모국어 화자들의 용례와 관련지어 분석할 수 있다. 예를 들어서 학생들은 자신들의 학술 논문에서 *that*-절과 같이 사용하는 동사들이 모국어 화자들이 사용하는 동사들과 유사한지를 분석할 수 있다.

교실에서 컴퓨터와 용례 검색 프로그램을 이용할 수 있는 환경이면 학생들은 교사가 준비한 유인물에 의존하지 않고도 자신이 용례 목록을 생성하고 분석할 수 있다. 이와 같은 활동은 학습자 자신이 마치 언어 연구자가 되는 셈이라서 학생들이 훨씬 더 흥미롭게 여길 수 있다(단, 모든 코퍼스 기반 작업에서와 마찬가지로, 소규모거나 대표성을 갖추지 못한 코퍼스에 근거한 전반적인 일반화에 대해서는 학생들에게 주의를 주는 것이 매우 중요하다). 컴퓨터를 이용하여 직접 용례 목록을 작성하

학생에 대한 지시

다음은 대화와 학술 작문이라는 영어의 두 레지스터에서 검색한 용례들이다. 이 활동에서는 이 두 레지스터를 비교하여 동사의 종속절인 *that*-절의 용법 유형을 찾아보자.

1. 아래의 대화 용례 목록에서 *that*-절이 뒤 따르는 모든 동사들의 목록을 작성하라. 그리고 나서 학술 작문에 대해서도 같은 목록을 작성하라.
2. 목록에 나타난 동사들을 기능 별로 범주화하라. 동사들은 무슨 기능을 하는가? 사람들이 말하는 것을 전달하는지? 혹은 증거를 제시하는지? 등
3. 대화와 학술 작문에 이용된 *that*-절의 용법에서 보이는 유형을 적어라. 어떠한 점들이 유사하고 다른가?

대화에서 발췌한 용례 목록

to cut down on your eggs. I think	0	that's the problem.
into the hospital I know	that	he's afraid obviously cause
going no I don't mean	that	he's gonna fight you or
I thought	0	that was harder though cos you had to
He said	that	you'll say that I'm his sister.
I can see	that	this one's still not on his feet.
yeah, she thinks	0	she's so cool though she doesn't
Oh that reminds me, did you say	0	you rang David this morning?
a bit of a reputation. I suppose	0	everyone has but
She knows	0	we love the pink champagne.
Well I suppose	0	a game of tennis doesn't last as long

학술 작문에서 발췌한 용례 목록

Laboratory studies show	that	rocks vary in strength and
Lyon and Wood (1977) have suggested	that	the constraints of time
They found	that	the acid formation is the
present philosophers have assumed	that	ethics can be based upon a
Therefore the physician must ensure	that	these social services
The dates indicate	that	grain products are the
Swan (1938) showed	that	the period of egg development
A recent study from Boston suggests	that	these patients have a
they undertook to ensure	that	each decision, one by
It could be said	that	the French Revolution of 1789

도표 9.1 언어 분석 활동 표본

거나 아니면 용례 목록 유인물을 이용함으로써 코퍼스를 이용하는 교실 활동은 화자들이나 저자들이 실제로 어떻게 언어를 사용하는지에 대해서 알 수 있는 많은 소중한 기회를 학생들에게 제공해 준다.

9.4. 코퍼스-기반 연구 참가

1장에서는 코퍼스-기반 연구의 본질적인 특징들을 지적하였다. 이러한 연구 방식의 장점들 중 다수는 대규모 전산 코퍼스의 이용, 컴퓨터를 이용한 분석, 정량적 분석과 정성적 분석의 통합 덕분에 가능해졌다. 비록 연구 종류에 따라서 요구되는 전문적 기량은 다르지만, 연구를 수행하기 위해서는 이 세 분야 모두에 대해서 어느 정도씩은 알아야 한다.

이 책의 앞 절들에서 다룬 다양한 유형의 연구들은 무료 혹은 아주 적은 금액으로 이용 가능한 용례 검색 프로그램과 코퍼스를 이용해서 할 수 있다. 만일 용례 검색 프로그램과 코퍼스가 아직 없다면 이들을 구해서 그 사용법을 익히는 데에는 시간이 많이 안 걸린다. 이 도구들을 이용해서 특정 문법 연구뿐만이 아니고 매우 다양하고 흥미로운 어휘 연구들을 할 수 있게 될 것이다. 부록에 용례 검색 프로그램과 코퍼스에 대한 정보와 이것들을 구하기 위해서 연락할 주소들도 제시하였다.

그렇지만 지금까지 설명한 바와 같이 이 책에서 다룬 대부분의 연구 문제는 용례 검색 프로그램과 기존의 코퍼스만을 이용해서 할 수 있는 것은 아니다. 일단 적절한 코퍼스가 없다 하더라도 어떤 연구 문제에 대해서 연구할 것인지를 결정할 수 있다. 이 책에서 논의한 정보와 또 더 읽을 거리에 제공한 참고 문헌들을 통해서 그 연구 문제를 연구하기 위한 원칙에 맞는 적절한 코퍼스를 설계할 수 있을 것이다.

그리고 이 책에서 예시한 연구들 중에는 용례 검색 프로그램만으로는 할 수 없는 연구들도 많다. 이 연구들은 컴퓨터 프로그래밍 경험이 어느 정도 필요하다. 그러나 방법론 3에서 설명하듯이 프로그래밍을 배우기 위해서 컴퓨터 과학에 대한 특별한 적성이 필요하지는 않다. 언어 분석을 위한 프로그래밍 수업을 수강하면서 연습에 필요한 시간을 투자할 수 있는 사람이라면 누구라도 용례 검색 프로그램을 이용할 때보다 더 복잡하고 흥미로운 연구 문제들을 연구하는 혜택을 누릴 수 있다. 언어학 프로그래밍 과목들은 주요 대학들에서 개설

되며, 여타 연구회 등을 통해서도 수강할 수 있다.

비록 직접 코퍼스-기반 연구를 하지 않는다고 해도 코퍼스-기반 연구에 대한 새로운 지식은 코퍼스 설계 평가, 방법론과 결과, 그리고 관련될 수도 있는 여러 상황에 그 결과들을 적용하는 방법을 생각하는 것 등과 같이 그러한 연구들을 현명하게 활용할 수 있게 해 준다. 지금까지 살펴본 바와 같이 코퍼스-기반 연구들은 언어와 언어 용법에 대해서 우리가 훨씬 포괄적으로 이해할 수 있도록 해 준다. 이용 가능한 코퍼스와 컴퓨터 도구들은 빠른 속도로 증가하고 있고, 그 결과 코퍼스-기반 연구의 숫자도 폭발적으로 증가하고 있다. 이러한 상황에서 이 책에서 소개한 내용들은 독자들이 연구 결과를 이용하는 소비자로서 또는 자신의 연구 프로젝트를 수행하는 활동적인 연구자로서 코퍼스 언어학에 대한 지속적인 연구를 해 나갈 수 있도록 해 줄 것이다.

더 읽을 거리

* 코퍼스-기반 연구로는 다음과 같이 광범위한 주제에 걸쳐서 편집된 논문집이 많이 있다. Arts and Meijis(1986), Aarts and Meyer(1995), Aijmer and Altcnberg(1991), Armstrong(1994), Fries, Tottie and Schneider(1994), Johansson and Stenström(1991), Svartvik(1992), Thomas and Short(1996), Flowerdew and Tong(1994).
* 그리고 최근 코퍼스 언어학에 관한 교과서가 두 권 출판되었다. McEnery andWilson(1996)과 Stubbs(1996)인데, 이 장에서 다룬 주제들 중 많은 것들을 약간 다른 관점에서 다루고 있다. 그 밖의 경험적 코퍼스 연구와 컴퓨터 언어학 분야의 연구들은 다음 학술지에서 찾을 수 있다. *Literary and Linguistic Computing*, *International Journal of Corpus Linguistics*, *Computational Linguistics*.
* 학술지 *Computer Assisted Language Learning*에는 코퍼스, 용례 검색 그리고 교실에서 컴퓨터를 다른 방식으로 응용할 수 있는 가능성에 관한 논문들이 많이 게재된다. 코퍼스-기반 연구의 교육적 영향에 대한 연구로는 Biber, Conrad, and Reppen(L994), Carter and McCarthy(1995), Connor-Linton(1990), Johns(1986, 1994), Kennedy(1987, 1992), McEaery, Baker and Wilson(1995)이 있다.

4부

방법론 모음

서문

4부에서는 열 개의 코퍼스-기반 방법론들을 소개한다. 이 각각은 코퍼스-기반 연구에 있어서 중요한 방법론에 대한 것들이다.

1. 코퍼스 설계와 편집: 방법론 1~2
2. 컴퓨터를 이용한 코퍼스 분석: 방법론 3~5
3. 코퍼스-기반 연구의 정량적인 분석과 방법들: 방법론 6 ~10

각 방법론에서는 해당 주제들에 대해서 분석 기법을 제공하고 방법론적 현안들에 초점을 맞추어서 이 주제들에 대해서 간략하게 소개한다. 그러나 이러한 논의들은 코퍼스-기반 연구를 수행하기 위한 구체적인 지침까지 포함하고 있지는 않다. 따라서 이러한 방법론에서 제공하는 정보는 코퍼스-기반 분석 기법을 이해하는 데 도움을 주긴 하지만 독자 스스로 코퍼스-기반 연구를 수행하기 시작하면 이 영역들에 대해서 더 배워야 할 것이다.

방법론 1 • 코퍼스 설계의 문제점

코퍼스는 단순한 텍스트들의 집합이 아니라 한 언어 또는 한 언어의 일부분을 대표하는 것을 목표로 한다. 그래서 특정 코퍼스의 적절한 설계는 그것이 대표하고자 하는 대상에 따라 달라진다. 즉 코퍼스의 대표성은 연구 문제들의 종류와 연구 결과의 일반화 가능성을 결정한다. 예를 들어, 주로 뉴스 보도로 구성된 코퍼스는 영어의 다양성에 대한 일반적인 연구 목적으로는 이용할 수 없다. 마찬가지로 십대들 사이의 대화와 같은 한 유형의 대화만 포함하는 코퍼스에 대한 연구는 대화 전반으로 일반화할 수 없다. 따라서 독자적인 코퍼스를 설계하거나 연구에 이용할 코퍼스를 선택하거나 또는 다른 사람들의 코퍼스-기반 연구들을 읽거나 하는데 있어서 코퍼스 설계의 대표성 문제는 중요하다.

특정 언어나 또는 한 언어의 일부분이라 할지라도 그것을 대표한다는 것이 매우 어려운 작업이라는 것을 우선 깨닫는 것이 중요하다. 우리는 언어들의 전체 변이형들이나 또는 텍스트 내의 모든 변이형들을 포착하기 위해서 알아야 하는 모든 문맥 변인들에 대해서 알지 못한다. 그러나 현재 우리가 알고 있는 언어에 대한 지식을 통해서 특정 현안들에 대해 관심을 기울인다면 최대한 대표성을 갖는 코퍼스를 확보할 수 있게 될 것이다. 이 방법론에서는 앞으로 코퍼스 설계를 개선할 수 있는 방법뿐만 아니고 이러한 현안들도 소개한다.

표본 추출 방법

영어를 대표하는 코퍼스를 만들어 달라는 요청을 받았다고 가정해 보자. 그 코퍼스에 포함시킬 것들을 어떻게 결정할 것인가?

한 가지 방법은, 한 집단의 사람들이 가령, 일주일과 같이 특정한 기간에 걸쳐서 그들이 산출하고 수용하는(구어와 문어) 언어 전부를 기록하게 하는 것이다. 그리고 나서 이 사람들이 경험한 언어 변이형들의 비율에 따라서 코퍼스를 구축할 수 있다(아마도 대화 80%, TV 쇼 15%, 그리고 뉴스 보도 2%, 회의 1%, 라디오 보도 1%, 마지막 1%는 기호와 지시어들일 것이다). 이 방법을 비례 표본 추출이라고 부른다. 이 방법은 보통 인구 표본이 전체 인구를 대표하고, 이 표본이 전체 인구의 인구 분포 비율(연령, 수입, 교육 여건 등이 골고루 분포된)을 반영해야 하는 선거 출구 조사에서 찾아볼 수 있는 익숙한 방법이다. 이러한 경우 비율이 매우 중요하다. 예를 들면 특정 도시에 살고 있으며 대학을 나온 25세에서 35세 사이의 백인 남성들이 85%를 차지하는 표본을 통해 정치 후보자의 승리를 예측하는 것은 정확도가 떨어질 것이다.

그러나 언어 연구에서는 비례 표본은 거의 이용되지 않는다. 비례 표본은 예를 들면 한 사람이 얼마나 자주 전형적이고 평범한 일주일 동안 한 특정 어휘를 접하는지를 알고 싶은 경우에는 필요하다. 그러나 이 비례 표본들은 코퍼스 대부분이 비교적 동질적일 것이기 때문에 변이형 연구에 이용하기에는 제약이 있을 수 있다. 즉 비례 표본에 포함되어 있는 대부분의 텍스트들은 대화에서 수집했고, 이 텍스트들은 다른 레지스터들과 비교하여 그 언어학적 특징들이 매우 유사하다.

대부분의 코퍼스 연구는 한 언어에서 언어학적 변이형의 범위나 한 언어의 변이형을 다른 변이형과 관련하여 기술하는 데 관심을 둔다. 그렇기 때문에 코퍼스는 한 언어에 존재하는 모든 변이형들을 포함해야 한다. 영어의 비례 표본은 대부분의 사람들이 거의 읽지 않는 법적 문서들이나 의학 연구 논문들과 같은 특정 레지스터에 속하는 텍스트들을 포함하고 있지 않을 수도 있다. 그러나 이러한 자료들은 사회에서 중요한 역할을 하기 때문에 그러한 텍스트들을 배제한다면 영어를 온전히 대표한다고 할 수 없다. 더 나아가서 대화가 다른 레지스터들과 어떻게 유사하고 다른지를 보여 주기 위해 대표적인 대화 표본과 다른 변이형 표본들이 필요하다.

그리고 대부분의 연구들에서 코퍼스를 설계에 있어서 가장 중요한 것은 변이의 비율이 아니라 한 언어에 존재하는 언어학적 변이의 범위를 포함시키는 것이다. 이러한 계층적 연구는 한 언어에 존재하는 다른 범주들에 속하는 텍스트들을 목록화하고 그들 각각을 표본화하는 작업을 필요로 한다. 어떤 코퍼스든지 중요하게 고려해야 할 점은 범주들과 하위 범주들이 어떻게 구분되었는가라는 점이다(예를 들어서, 레지스터의 범주들을 정의하기 위해서 사용되는 상황적 특징들). 범주화의 기준은 코퍼스 소개 정보에서 분명하게 밝혀 주어야 한다(LOB Corpus의 범주들에 관한 정보는 Johansson et al. 1978 참조).

다양성

코퍼스 디자인에 있어서 특히 중요하게 고려해야 할 것은 다양성이다. 이 책 전반에 걸쳐서 코퍼스-기반 분석들은 언어의 다양한 변이형들에 있어서 어휘, 문법, 그리고 담화 자질들의 용법에 중요한 차이가 있음을 보여 주었다. 실제로 이러한 분석들은 '일반적인 언어'라는 것이 현실적으로 존재하지 않는다는 것을 보여 준다. 각각의 레지스터는 그 나름의 용법 유형들을 가지고 있다. 그래서 다양성 연구를 위한, 또는 한 언어를 대표하는 코퍼스라면 그 안에 포함되는 텍스트들의 다양성을 고려해야 한다.

다양성 측면에서 중요하게 고려해야 할 영역들이 있다. 그중 가장 중요한 것은 레지스터 변이이다. 레지스터 변이는 언어에서 가장 중심적인 것이다. 한 언어의 화자들은 모두 다양한 레지스터들을 통제하며, 말하거나 쓸 때마다 이용할 레지스터를 선택해야 한다(레지스터에 대해서는 6장 참조). 따라서 잘 설계된 코퍼스는 그 언어의 다양한 레지스터들을 대표한다. 방언 또한 다양성을 위해 고려해야 할 또 다른 지표이다. 어떤 코퍼스에는 특정 지역이나 사회의 방언들이 배제되어 있을 수 있다. 그러나 한 언어를 충분히 대표하는 코퍼스라면 그들을 모두 포함해야 할 것이다.

그리고 주제 또한 다양성에 있어서 중요하다. 2장에서 논의했던 바와 같이 주제는 사전학 연구에서 특히 중요한데, 그 이유는 많은 어휘들의 빈도가 주제에 따라 달라지기 때문이다. 그러나 모든 연구들에 있어서 주제의 다양성은 코퍼스의 다른 레지스터들 내에 포함되어야 한다.

규모

코퍼스 설계에서 규모에 대한 논의는 코퍼스에 포함된 어휘들 숫자에만 집중되어 있다. 그러나 규모 문제는 또한 다른 범주들에 속하는 텍스트들의 숫자, 각 텍스트에서 발췌한 표본들의 숫자, 그리고 각 표본 내 어휘들의 숫자와도 관련된다.

만일 너무 적은 수의 텍스트들이 포함되어 있으면 텍스트 하나가 분석 결과에 지나친 영향을 끼칠 수 있다(예를 들면 2장의 *great burrow*라는 연어에 대한 논의 참조). 각 범주마다 화자들이나 저자들 사이에서 관찰되는 다양성을 포함하기에 충분한 텍스트들이 필요하다. 한 범주에 얼마나 많은 텍스트들이 필요한지를 조사하면서, Biber(1990)는 각각의 LOB Corpus의 분류당 10개씩의 텍스트가 많은 문법적 특징들을 잘 대표한다는 것을 찾아냈다. 그러나 대부분의 코퍼스는 각 범주별로 이것보다 더 많은 텍스트들을 포함한다(각 범주별 텍스트들의 숫자의 중요성은 연구 설계마다 다르다. 방법론 8 참조).

텍스트마다 특징들이 극단적으로 다를 수 있기 때문에 텍스트별 표본들의 숫자에도 관심을 기울여야 한다. 그 명확한 예로는 실험 연구 논문들을 들 수 있다. 6장에서 살펴보았듯이, 도입, 방법, 결과, 논의는 아주 상이한 언어 용법 유형을 보인다. 그래서 이러한 부분들을 모두 포함하지 않은 표본은 연구 논문들에서 발견되는 언어 유형들을 잘못 대표할 수 있다.

마지막으로 각 표본에서 어휘들의 숫자는 한 텍스트에서 신뢰할 만한 자질들을 제공하는 데 있어서 중요한 역할을 한다. Biber(1990)는 대부분의 일반적인 문법적 특징을 고찰하는 데에 있어서 한 텍스트당 1,000 어휘 표본들을 놓고 본다면 비교적 안정적임을 발견하였다. 그러나 어떤 문법 자질들은(3장에서 논의된 주어 위치에 오는 *that*-절의 경우 같이) 매우 희소해서 정량적 연구를 위해서는 훨씬 큰 표본들을 필요로 할 수 있다.

또한 2장에서 살펴보았듯이 사전학 연구는 특히 큰 코퍼스들을 필요로 한다. 많은 어휘들과 연어들이 낮은 빈도로 발생하는 경우에 그 용법을 연구하려면 코퍼스는 많은 다양한 텍스트들에서 가져온 수백만 개의 어휘들을 포함해야 한다. 그러나 어떤 종류의 연구에서도 규모가 다양성 부재를 대체할 수는 없다는 사실을 알아야 한다.

기타 고려 사항

코퍼스를 구축하거나 이용할 때에는 위에서 논의된 설계 요인들뿐만 아니라 다른 중요한 고려 사항들이 있다. 발화 자료의 확실한 일관된 전사(Edwards와 Lampert 1993 참조)나 배포될 텍스트들의 저작권자들로부터 허락을 얻는 것과 같은 법적인 문제 등의 몇 가지 실제적인 고려 사항들이 여기에 포함된다. 역사 코퍼스는 또 다른 문제점들을 안고 있다(방법론 2 참조). 마지막으로, 현실적이어야 한다. 흔히 주어진 시간, 예산, 그리고 이용 가능한 텍스트들의 범위 내에서 적절히 절충해야 한다. 모든 코퍼스는 한계를 갖고 있지만 잘 설계된 코퍼스는 여전히 다양한 언어학적 현안들을 연구하는 데에 유용할 것이다.

미래의 코퍼스 설계 개선

코퍼스 설계에 관한 현안들은 격렬한 논쟁을 야기할 수 있다. 과거에는 이러한 논쟁들이 자주 직관과 일화 같은 증거들을 대상으로 발생했다. 그러나 코퍼스의 대표성을 경험적으로 조사할 수 있다는 점을 깨닫는 것이 매우 중요한데, 이러한 종류의 연구들을 통해서 미래에 조금 더 좋은 코퍼스를 구축할 수 있는 방법을 배울 수 있다. 예를 들어 신뢰할 만한 분석을 위해 필요한 표본 크기를 더 정확하게 결정하기 위해서 기존 코퍼스들의 하위 표본들을 이용하여 상관관계 연구를 할 수 있다. 또한 각 코퍼스들의 연구 결과들을 비교하여 상이한 설계 기준들이 끼치는 영향을 판정할 수도 있다. 서로 다른 종류의 언어적 변이성들이 미래의 코퍼스에 포함되게 하기 위해서 과거의 변이성 연구들을 검토해야 한다. 마지막으로, 다른 사회 과학 분야의 표본 추출 기법을 코퍼스 설계에 응용할 수 있는 가능성을 고려할 수 있다. 아직도 이 모든 분야들에 있어서 연구가 많이 이루어져야 한다.

더 읽을 거리

Atkins, Clear, and Ostler(1992), Biber(1990, 1993a, 1993b), Edwards and Lampert(1993), Leech(1991, 1992), Renouf(1987), Summers(1991).

방법론 2 • 통시 코퍼스 설계의 문제점

통시 코퍼스 설계는 방법론 1에서 논의한 공시 코퍼스synchronic corpus보다 훨씬 더 복잡하다. 왜냐하면 크기와 레지스터의 다양성에 관한 고려 이외에도 시간 변인까지 추가로 적절히 설명해야 하기 때문이다. 또한 초기 역사적 시기의 경우 이용 가능한 텍스트들의 범위도 좁아져서 대표성을 갖는 표본의 추출 시기조차도 판단하기 어렵게 된다.

통시 코퍼스나 공시 코퍼스 설계의 첫 단계는 의도하는 연구 목적을 결정하는 것이다. 역사적인 연구에서는 그 목적은 단일 작가의 소설들의 스타일을 연구하는 것처럼 협소할 수 있다. 이 목적을 위한 대표성 있는 코퍼스를 설계하는 것은 상대적으로 간단하다. 사실 이와 같은 경우에는 완벽한 표본 추출을 목표로 하는 것이 합리적일 수 있다. 그러나 이보다 더 넓은 연구 목표들은 대단히 더 복잡한 코퍼스 설계를 필요로 한다. 예를 들어, 한 시대의 문체(예를 들어 18세기 초의 산문)나 한 장르의 특징을 연구하기 위해 코퍼스를 설계하는 것은 표본 추출 방식에 있어 심각한 문제점들을 야기하게 된다.

여러 역사적 시기에 걸친 광범위한 레지스터의 다양성을 대표하기 위해 설계된 다목적 통시 코퍼스는 극단적으로 복잡해진다. Helsinki Corpus와 ARCHER Corpus는 둘 다 이러한 목적을 위해 설계되었는데 Helsinki Corpus는 750년대에서 1700년대까지, 그리고 ARCHER Corpus는 1650년대부터 현재까지의 시기를 다루고 있다. ARCHER Corpus의 경우 레지스터들이 각 50년 단위로 대부분 임의 선별 기법으로 선정된 최소 10개의 텍스트들로 구성되어 있다.

다목적 코퍼스 설계 시 한 가지 중요한 것은 어떤 레지스터들을 포함할지 결정하는 것이다. 여기에는 세 가지 고려해야 할 사항들이 있다. 1. 주어진 역사적 시기에서 발견되는 광범위한 종류의 글들을 대표하는 레지스터들을 선택하는 것, 2. (이전 역사적 시기의 실제 발화 녹음 자료를 확보할 수 없으므로) 해당 역사적 시기의 구어적 특징들을 대략적으로나마 보여 줄 수 있는 '담화-기반' 레지스터들을 포함하는 것(표본: 드라마나 법정 증언 등), 3. 여러 시기에 걸쳐 계속되는 역사를 갖고 있는 레지스터들을 선택하는 것.

앞에서 마지막 고려 사항은 '같은' 레지스터가 여러 시기에 걸쳐서 계속 존재하는지의 여부가 때때로 논쟁거리가 되기 때문에 더 까다롭다. 예를 들어 1700년대 초반의 의학 연구 논문은 한 학술지의 편집자에게 쓴 개인적 편지들의 전형적인 예가 되는 연구인데, 이는 21세기 학술지의 난해한 실험적 논문들과는 대조적이다. Helsinki Corpus와 ARCHER Corpus에서는 이 문제에 대한 해법으로 전체 연속을 한 레지스터로 처리하여 분석자로 하여금 레지스터가 시간에 따라 변화하는 극적인 방식들을 설명하게 하였다.

통시 코퍼스에서 포함할 레지스터의 범위를 결정하는 것 또한 어려울 수 있다. 조사자는 각 시기별로 모든 레지스터에 적절한 텍스트들을 구비하는 것과 각 시기별로 문어와 구어 활동의 범위를 대표하는 것 사이에 균형을 맞추어야 한다. ARCHER Corpus에서는 이 두 가지 사항들을 고려하여 10개의 주요 레지스터 범주들을 정의하였다. 문어 레지스터들 중에서 한 코퍼스는 개인적인 의사소통의 특징(학술지나 일기장, 또는 개인적인 편지 등), 픽션 산문, 대중적인 해설문(뉴스 보도로 대표되는), 그리고 전문가 해설 레지스터들(법적인 견해, 의학 논문, 그리고 과학 논문으로 대표되는)을 포함한다.

ARCHER Corpus는 일상적인 대면 대화를 반영하는 드라마나 픽션의 대화, 그리고 계획된 독백 유형을 반영하는 설교 등과 같은 다양한 종류의 발화-기반 레지스터들을 포함하고 있다. 이 레지스터들 중 어떤 것도 자연 발화를 진정으로 대표하지 못한다. 드라마와 픽션의 대화는 대화에 대한 저자의 직관이나 고정 관념에 의해 형성되며, 설교는 흔히 작성된 내용을 읽는다. 그러므로 이러한 표본들에 기초한 실제 발화에 대한 어떠한 주장도 반드시 매우 주의해야 한다. 그러나 이 자료들은 이전 역사적 시기에서 구할 수 있는 가장 "구어와 유사한" 레지스터들이라서 문어체 레지스터들의 분석에 유용한 비교 자료이다.

일단 목표 레지스터들을 정하게 되면 코퍼스용 텍스트 선별 작업이 시작된다. 각 시기별로 한 레지스터에서 사용 가능한 텍스트들을 임의로 선별하여 포함시키는 것이 이상적이다. 그러나 이러한 이상적인 선별을 위해서는 연구자는 반드시 사용 가능한 모든 텍스트들의 목록을 확보해야 한다. 픽션, 드라마, 그리고 일기들과 같은 문어 레지스터들의 경우에 전체 목록으로 사용될 수 있는 문헌 목록들이 있어서 각 시기별로 임의의 표본들을 선별할 수 있다. 그렇지만 다른 레지스터들의 경우에는 이러한 이상적인 선별 작업은 더 어렵다. 결과적으로 더 좋은 표본 추출 방법이 필요할 수 있다. 예를 들어 ARCHER Corpus의 의학 또는 과학 논문은 단일 학술지들로부터 발췌한 임의 표본들을 대표한다. 즉 의학 논문은 *Edinburgh Medical Journal*에서, 그리고, 과학 논문은 *Philosophical Transactions of the Royal Society of London*에서 발췌하였다.

통시 코퍼스 분석에는 다른 특수한 문제들이 많이 발생하는데 이는 주로 언어 형태들이 시간의 흐름에 따라서 변화하기 때문이다. 이전 시기의 텍스트들에 자동 주석을 붙이는 것은 매우 어려운데, 개인 편지나 일기와 같은 더 구어적인 레지스터들은 특히 철자나 정서법 규약에 있어서 극단적인 다양성을 보일 수 있다. 이러한 이유로 통시 코퍼스로 작업할 때에는(모든 코퍼스-기반 분석들에 해당되긴 하지만) 모든 자동 분석에 대하여 대화형 프로그램을 이용한 확인과 편집이 필수적이다.

한편 통시 코퍼스 설계에서 발생하는 문제들중 다수는 공시 코퍼스 설계에서도 발생하는데 이 문제들은 다음과 같다. 레지스터당 필요한 텍스트 표본들의 숫자, 길이가 긴 산문 텍스트들의 표본 추출, 텍스트 표본들의 필수적인 길이 등이다. 이 문제들에 대해서는 방법론 1에서 논의하였다.

더 읽을 거리

Biber, Finegan, and Atkinson (1994), Kytö, Rissanen, and Wright (1994), Kytö (1993).

방법론 3 · 용례 검색과 코퍼스 분석을 위한 프로그래밍

최근 코퍼스 자료 분석용 용례 검색 프로그램들이 많이 늘어나고 있는데, 이 프로그램들은 어휘 빈도, 언어 연쇄, 그리고 특정 형태적 특징들에 대해서 연구하는 데에도 매우 유용하게 쓰일 수 있다. 문법 주석이 부여된 코퍼스들의 경우에 용례 검색 프로그램들은 어휘들의 품사를 찾는 데에도 이용될 수 있다. 그러나 용례 검색 프로그램들은 가능한 분석 종류와 결과의 유형, 그리고 대부분의 경우 분석 대상 코퍼스의 크기 등에 있어서 매우 제한적이다. 그래서 많은 언어학 연구 문제들의 경우 현재 이용 가능한 용례검색 프로그램들을 이용하여 연구하는 것이 불가능하거나 혹은 매우 어렵다. 컴퓨터는 이러한 용례 검색 프로그램들이 할 수 있는 것보다 더 복잡하고 다양한 분석들을 할 수 있지만 컴퓨터의 모든 능력을 최대한 활용하기 위해서 연구자는 프로그램 작성법을 알아야 한다.

컴퓨터 프로그램이란?

기본적으로 컴퓨터 프로그램은 컴퓨터에게 내리는 일련의 지시이다. 특정 목적을 달성하기 위해, 프로그램은 컴퓨터에게 어떻게 코퍼스를 분석할 것인가를 알려준다. 어떤 텍스트들을 입력으로 이용하고, 어떤 언어 자질들을 분석하며, 그 자질들을 어떻게 확인하고, 어떤 종류의 결과물(빈도, KWIC 파일 등등)을 산출할 것인지 등을 알려준다. 이 책 전반에 걸쳐서 제시된 표본 분석들처럼 다양한 종류의 분석들을 하여 다양한 결과를 얻을 수 있다. 본질적으로 프로그램은 컴퓨터를 통제한다. 그래서 프로그램을 작성할 수 있게 되면 비로소 컴퓨터의 능력을 연구 목적에 맞추어서 이용할 수 있다.

프로그램을 직접 작성할 경우의 장점은?

기존의 용례 검색 프로그램에 의존하기보다 연구자 스스로 컴퓨터 프로그램을 만드는 것에는 여러 가지 구체적인 장점들이 있다. 가장 중요한 장점은 프로그램들을 작성함으로써 기존 용례 검색 프로그램으로는 불가능한 분석들을 할 수 있다는 점이다. 예를 들어 3장과 4장의 *that*-절이나 *to*-절과 같은 종속절의 완벽한 분석은 용례 검색 프로그램으로는 불가능했을 것이다. 마찬가지로 이 책의 II 부에서는 60가지 이상의 언어 자질들 사이에서의 용법 유형들에 대해서 살펴보았다. 이러한 규모의 분석 또한 용례 검색 프로그램만으로는 불가능했을 것이다.

프로그램을 직접 작성할 경우 또 다른 장점은 많은 분석들을 더 빠르고 정확하게 할 수 있다는 것이다. 예를 들어 3장에서는 명사화에 관한 몇 가지 연구를 했다. 즉, 이들의 전체적인 분포와 각각의 유형별(예를 들면 각각의 명사화 접미사 등) 분포, 그리고 각각의 명사화된 어휘들의 용법 등에 관한 연구를 하였다. 이 세 연구는 모두 코퍼스를 대상으로 하여 한 개의 컴퓨터 프로그램을 한 번 작동시켜서 시행되었다. 추가적으로 명사화된 어휘가 아니면서 잘못하면 숫자를 부풀릴 수도 있었던 어휘들을 제외하는 프로그램을 작성하여 분석의 정확도를 높였다.

몇몇 대화 분석 또한 프로그램들을 이용하여 종종 속도와 정확도를 높일 수 있다. 예를 들어 컴퓨터에게, 한 대화에서 다른 참여자들별로 특정 자질들의 수를 계속해서 추적하도록 시킬 수도 있다. 인간의 판단을 필요로 하는 분석들에는 특정 항목에 대해서 인간의 판단을 물어보도록 함으로써 이용자와 대화하도록 프로그램을 만들 수도 있다(5장에서 대화형 프로그램의 예에 대해서 논의하였다).

프로그래밍의 또 다른 장점은 분석 결과물을 연구의 필요에 따라서 적절히 맞출 수 있다는 점이다. 숫자를 세면서 동시에 다양한 정보를 부호화하여 포함시킨 KWIC 파일들을 컴퓨터가 생성하도록 할 수 있다. 예를 들면 *that*-종속절의 KWIC 파일들에는 *that* 사용 및 생략 여부, 주절의 주제 유형, 그리고 그 종속절을 취하는 동사 등을 부호화하여 포함시킬 수 있다. KWIC 파일들은 각기 다른 범위의 문맥을 포함하도록 조절할 수 있다. 수치들 또한 일반 숫자, 표준화된 숫자, 그리고 백분율 형태로 계산될 수 있다. 결과물은 숫자나 KWIC 파일들 외에 그래픽으로도 생성할 수 있다(5장 참조).

마지막으로, 직접 작성한 프로그램들을 이용할 경우, 분석 가능한 코퍼스 크기에 제한이 없어진다. 프로그램은 분석 대상 텍스트들이 존재하는 한 코퍼스 내의 각 텍스트들을 연속적으로서 분석할 것이다.

이 모든 장점들은 다시 말하면 컴퓨터 프로그램들을 직접 작성함으로써 연구할 수 있는 연구 문제들에 있어서 훨씬 넓고 다양한 선택을 할 수 있게 된다는 것을 의미한다.

프로그램을 직접 작성하려면 무엇이 필요한가?

많은 사람들이 두려워하는 것과는 반대로 다행히도, 언어학 연구 문제들을 위한 프로그래밍에는 컴퓨터 과학이나 수학에 관한 특별한 재능이 필요하지 않다. 필요한 기본적인 도구는 컴퓨터가 이해하는 특정 언어에 대한 지식이다. 수많은 '프로그래밍 언어들'이 존재하는데(예를 들면, Pascal, C와 같은), 단지 이중에서 컴퓨터에게 지시를 내릴 한 언어의 이용법을 배우기만 하면 된다. 물론 추가로 코퍼스 분석을 위한 프로그래밍에 있어서 컴퓨터에게 정확한 지시를 내릴 수 있기 위해서는 언어학적 구조들을 확인할 수 있도록 해 주는 언어학 지식이 필요하다. 컴퓨터는 주어진 논리라면 어떤 것이든 따른다. 그래서 만일 언어학적 분석이 잘못되었거나 혹은 컴퓨터 언어를 정확하게 사용하지 않음으로써 컴퓨터에게 부적절한 분석을 하라는 명령을 내렸다면 정확한 결과를 얻지 못할 것이다.

프로그래밍을 배우기 위해서는 강의를 수강하는 것이 가장 쉽다. 그러나 모든 강의가 언어학에 필요한 종류의 분석들(예를 들면 어휘나 어휘와 문장에 대한 분석과 같은)을 하기 위해서 동등하게 유용한 것은 아니다. 그러므로 언어학적 분석을 위한 프로그래밍 강의가 가장 유용할 것이다.

방법론 4 • 주석 코퍼스의 특징

주석되지 않은 코퍼스의 주된 용도는 주로 특정 어휘나 어휘 연쇄들을 찾는 것이다. 용례 검색 프로그램은 특별히 예를 들면 어휘들이나 연어들의 빈도를 파악하거나 특정 어휘들이나 구조들의 표본들을 찾는 것과 같은 유형의 연구를 할 수 있도록 설계되었다. 그러나 이 책에 제시된 대부분의 분석을 포함하여 많은 언어학적 연구들은 단순히 어휘들을 찾는 데에만 그친다면 수행하기가 불가능하다. 상당히 규칙적인 형태적 혹은 통사적 유형에 따르는 구조들조차도 어휘 검색만으로는 연구하기가 어렵다.

예를 들어 수동태의 용법에 대해 연구한다고 가정해 보자. 주석되지 않은 코퍼스로는 한 가지 *be* 동사 형태와 *-en*으로 끝나는 어휘 조합을 검색하는 것으로 연구를 시작할 것이다. 이러한 검색 유형은 *was eaten*이나 *is taken*과 같은 많은 수동태들을 찾을 수는 있겠지만 *been carried, was kicked*과 같이 *-ed*로 끝나는 수동태들은 놓치게 될 것이다. 이러한 수동태들까지 포함하도록 검색을 확장시킨다 하더라도, 예를 들면 *shown, torn, built, kept, sold, meant, brought*와 같은 불규칙적인 많은 수동태들은 여전히 놓치게 된다. 각각의 어미는 다른 문자 연쇄들로 끝나기 때문에 유형 검색이 불가능하다. 또한 *was completely eaten*과 같이 부사가 중간에 끼어 있는 예들도 놓치게 된다. 반대로 이러한 검색 유형은 *was green*이나 *is red*와 같은 수동태가 아닌 구조까지도 더 포함하여 검색하게 된다. 더 많은 수동태들을 포함하기 위해서 검색 유형을 확장할수록 수동태가 아닌 구조들을 더 많이 포함하게 된다. 결국 엄청난 분량의 편집과 수작업 계산들을 하게 되는데, 이는 코퍼스-기반 연구의 장점을 상쇄시키는 것이나 마찬가지다.

이와 같은 문제점들의 해결책은 각 어휘의 문법 정보를 포함하는 코퍼스, 즉, 문법적으로 '주석이 부여된' 코퍼스(이하 주석 코퍼스)를 이용하는 것이다. 이 장에서는 주석 코퍼스들에 포함되는 정보의 종류에 대해 논의한다. 그리고 이

어지는 방법론 5에서는 주석 과정과 주석의 정확성에 관한 문제에 대해서 논의한다.

문법 주석 코퍼스의 정보

아래의 표본은 LOB Corpus의 뉴스 보도 중에서 발췌한 한 문장에 주석을 부여하는 것을 보여 준다. 표본 1은 주석된 LOB Corpus에서 발췌했으며, 표본 2는 다차원 분석을 위해 개발된 주석 프로그램을 이용하여 동일한 문장에 태깅을 한 것으로서 이 책의 대부분의 분석들에 이용하였다.

무주석 문장

A move to stop MR Gaitskell from nominating any more labour life peers is to be made at a meeting of labour MPs tomorrow.

주석 표본 1

^ a_AT move-NN to_TO stop_VB \0Mr_NPT Gaitskell_NP from_IN nominationg_VBG any_DTI more_AP labour_NN life_NN peers_NNS is_BEZ to_TO be_BE made_VBN at_IN a_AT meeting_NN of_IN labour_NN \0MPs_NPTS tomorrow_NR ._.

주석 표본 2

A ^at++++
move ^nn++++
to ^to++++
stop ^vbi++++
Mr ^npt++++
Gaitskell ^np++++
from ^in++++
nominating ^xvbg+++xvbg+
any ^dti++++
more ^ap++++
labour ^nn++++
life ^nn++++
peers ^nns++++
is ^vbz+bez+aux++
to ^to++++
be ^vb+be+aux++
made ^vpsv++agls+xvbnx+
at ^in++++

```
a ^at++++
meeting ^nn+++xvbg+
of ^in++++
labour ^nn++++
MPs ^npts++++
tomorrow ^nr+tm+++
. ^.+clp+++
```

위의 두 표본은 주석 코퍼스의 몇 가지 중요한 차이점들을 보여 준다. 첫 번째 명백한 차이점은 배치 방식이다. 표본 1은 각각의 주석이 '_'로 어휘들에 부착되어 수평 배치 형식으로 되어 있다. 따라서 a_AT는 어휘 *a*가 부정관사(AT)로 주석되었다는 것을 의미한다. 표본 2의 수직 배치 방식으로 되어 있어서 각각의 어휘는 별개의 행에 나타나고, 어휘 뒤에는 빈 칸이 한 칸 오고, 주석은 '^'로 시작한다.

그러나 이 표본들 간의 보다 실질적인 차이는 주석 정보의 분량에 있다. 표본 2에 붙은 '+' 표시는 각각의 어휘에 대한 정보들의 다른 '분야'들을 표시하며, 반면에 표본 1은 한 분야만을 포함한다. 어떤 경우, 이 두 표본에 부여된 정보는 동일하다(예를 들어 부정관사 AT로 주석된 *a*). 그러나 표본 2는 특정 어휘들에 대해 더 많은 정보들을 포함하고 있다. 예를 들어 *to be made*라는 어휘 연쇄를 살펴보자. 표본 1에서의 주석은 다음과 같다.

1. 부정사 표시 (*to*)
2. *be*의 동사 원형 (*be*)
3. 과거 분사 동사 형태 (*vbn*)

이에 대응하는 표본 2의 주석은 다음과 같다.

1. 부정사 표시 (*to*)
2. 동사의 비활용 형태(첫 번째 분야의 *vb*)와 그 동사가 계사인 *be* (두 번째 분야의 *be*)인데 조동사로 쓰이며(세 번째 주석 분야의 *aux*)

3. 동사의 수동태(첫 번째 구별의 vpsv)가 동작주가 없는 수동태(두 번째 분야의 *agls*)로 이용되며, 또한 과거 분사 형태(세 번째 분야의 *xvbnx*)

두 번째 표본에는 구체적인 의미론적 정보도 포함되어 있다. 예를 들어 *tomorrow*라는 어휘는 첫 번째 주석 부분에 부사적 명사(*nr*)로 되어 있지만, 두 번째 분야에서는 시간(tm)을 참조하는 것으로도 되어 있다. 따라서 주석 코퍼스는 각각의 어휘들에 대해서 포함할 수 있는 정보의 양이 매우 다양하다. 모든 주석 프로그램들은(형태소 분석 프로그램들과는 반대로, 다음 절의 "다른 코퍼스 주석 방법들" 참조) 주로 문법 범주 정보에 초점을 둔다. 그러나 주석 프로그램들에 따라서 포함하는 문법 정보의 분량은 서로 다르며, 어떤 프로그램들은 어느 정도의 의미와 통사 정보도 포함한다.

다른 코퍼스 주석 방법들

비록 가장 일반적이기는 하지만, 문법 사항 주석만이 코퍼스에 부여할 수 있는 유일한 주석은 아니다. 코퍼스에 주어, 동사, 목적어의 구별 뿐만 아니고 더욱 복잡한 통사 정보까지도 추가해 주는 프로그램인 형태소 분석기도 있다. 의미 자질과 구어 코퍼스의 경우에는 운문 자질들도 코퍼스에 주석으로 부여할 수 있다. 대중적으로 이용할 수 있는 코퍼스 주석 프로그램들에 관한 정보를 부록에서 제공한다.

더 읽을 거리

Biber (1993c); Garside, Leech, and Sampson (1987); Karlsson, Voutilainen, Heikkilä, and Anttila (1995); Leech (1993); Leech, Garside, and Bryant (1994); Souter and Atwell (1994); McEnery and Wilson (1996).

방법론 5 • 주석 부여 과정

분석 과정

대부분의 주석 프로그램(무주석 코퍼스에 주석을 부여하는 프로그램)은 몇 가지 종류의 정보를 사용한다. 첫째로, 특정한 어휘가 속하는 범주 또는 범주들을 나열한 사전을 갖고 있다. *the*나 *a*와 같은 어휘들은 중의적이지 않기 때문에 정관사나 부정관사로 자동적으로 구별될 수 있다. 그러나 *deal*과 같은 어휘는 명사나 동사가 될 수 있어서 중의적이다. 사전은 또한 관용 표현(예를 들어 어휘 연쇄인 *and so forth*를 부사, 그리고 *such that*을 종속 접속사로 구별하는 것)을 구별할 수 있다. 마지막으로, 사전은 특정한 문법 유형을 취하는 어휘들(예를 들어 종속절을 통제할 수 있는 동사나 명사들)의 목록을 가질 수 있다.

중의적인 어휘들 때문에 대부분의 주석 프로그램은 확률 정보를 이용한다. 이 정보는 이전에 모든 문법 주석이 확인된 LOB Corpus와 같이 이미 정확하게 주석된 코퍼스 정보에 기반을 두고 있다. 이러한 확률 정보는 주어진 특정 어휘가 한 범주나 또 다른 범주에 속할 가능성이 얼마나 되는지를 주석 프로그램에 알려 준다. 예를 들어 *book*은 동사나 명사가 될 수 있지만 명사로 출현할 확률이 더 높다.

확률은 또한 주석의 배열에도 적용될 수 있다. 예를 들어 "in respect of the"라는 구문에서 *respect*의 중의성을 해소하기 위해 주석 프로그램은 전치사-동사-전치사 순서와 전치사-명사-전치사 순서를 고려할 것이다. 많은 주석 프로그램들의 두 가지 특징들은 규칙-기반 구성 성분과 형태소 분석기이다. 규칙-기반 구성 성분은 규칙적인 순서를 따르는 통사론 구조를 확인하는 데 이용될 수 있다. 예를 들어 만일 순서가 *be*+부사+과거 분사의 형태라면 규칙-기반 구성 성분은 과거 분사를 중간에 오는 부사와 함께 묶어서 수동태 동사로 분석할 것이다. 마지막으로 형태소 분석기는 사전에서 찾을 수 없는 어휘를 분석하기 위해서 보통 부사 뒤에 오는 *ly*와 같은 특정 형태적 특징들을 이용한다.

주석 프로그램은 이러한 다양한 종류의 정보들을 각각 다른 정도로 활용한다. 하지만 모든 주석 프로그램은 중의적이지 않은 어휘들의 경우 어휘의 주석을 명확하게 구별하기 위해서, 또는 모든 이용 가능한 정보에 기반해서 "최선의 추측"을 위해서 다양한 정보를 활용한다.

정확성과 편집

자연 언어의 복잡성을 고려하면, 컴퓨터가 주석을 정확히 결정하는 것은 때때로 어렵다. 또한 정확성은 주석에 포함된 정보량에 따라서 달라질 수 있다(예를 들어 한 어휘를 명사 뒤에서 그 명사를 수식하는 수동태형으로 사용되는 동사의 과거 분사형이라고 주석을 다는 것보다는 그 어휘를 동사로 구별하는 것이 훨씬 용이하다). 주석 프로그램들에 관한 많은 보고서들에 의하면 90% 중반에서 후반대의 정확도를 보여 준다고 한다. 그러나 어떤 자동 주석 프로그램도 100% 정확한 것은 없다.

주석 과정에서 때때로 발생하는 오류를 연구의 주된 장애물로 여겨서는 안 된다. 오류는 특정 중의적인 구조 유형에서 주로 발생하는 경향이 있다. 주석 코퍼스-기반 연구를 수행할 때에 이를 확인하고, 필요하다면 연구를 위해 중요한 자질들을 수정해야 한다. 특별히 주석을 확인하기 위해서 고안된 대화형 컴퓨터 프로그램은 이러한 과정을 더욱 빠르고 신뢰할 수 있게 해 줄 수 있다.

방법론 6 • 빈도 계산의 보정

코퍼스-기반 연구에서 텍스트와 레지스터의 자질 빈도를 확인할 때, 그 숫자가 서로 비교 가능해야 한다는 점이 중요하다. 특히 코퍼스에 포함되어 있는 텍스트가 전부 길이가 다를 때 그 텍스트의 빈도는 직접 비교할 수 없다. 예를 들어 두 개의 텍스트를 분석하여 각각의 텍스트가 20개의 서법 조동사를 포함하고 있다는 것을 알아냈다고 가정해 보자. 이 경우 두 텍스트에는 서법 조동사가 동일한 빈도를 보인다고 결론짓기 쉽다. 하지만 여기에서 한 발 더 나아가서 첫 번째 텍스트의 길이는 750 어휘이고, 두 번째 텍스트는 1,200 어휘라면 이 경우 그 결론은 틀린 결론이 될 것이다. 두 번째 텍스트가 더 길면 서법 조동사가 나타날 가능성이 높아지기 때문에 결국 단순한 합계의 비교는 두 텍스트에 출현하는 서법 조동사의 상대적 빈도를 정확히 설명해 주지 못한다.

'보정normalization'은 길이가 다른 텍스트들의 단순 빈도를 조절하여 정확하게 비교할 수 있도록 만드는 방법이다. 빈도를 보정할 때에는 각 텍스트에서 이용된 어휘의 총수를 고려해야 한다. 구체적으로 설명하면, 단순 빈도를 텍스트 어휘 수로 나누고, 여기에 기준이 되는 보정치를 곱한다. 위의 표본을 대상으로 하여 조금 더 설명한다면, 두 텍스트의 수치는 다음과 같이 1,000 어휘 기준으로 보정될 수 있다.

텍스트 1
(20 서법 조동사 / 750 어휘)×1,000=1,000 어휘당 27.5 서법 조동사

텍스트 2
(20 서법 조동사 / 1,200 어휘)×1,000=1,000 어휘당 16.7 서법 조동사

이와 같은 보정 계산을 통해 보정 전의 단순 빈도가 대단히 잘못된 것이라는 것을 알 수 있다. 즉, 서법 조동사는 실제로는 텍스트 2보다 텍스트 1에 훨씬 더 자주 출현한다.

위의 표본 계산은 1,000 어휘를 기준으로 보정했는데, 두 텍스트 모두 길이가 대략 1,000 어휘 정도이기 때문이다. 짧은 텍스트로 구성된 코퍼스에서는 500 어휘 길이의 텍스트를 기준으로 보정할 수 있다. 예를 들면 아동의 작문과 같은 매우 짧은 텍스트로 작업할 경우에는, 빈도 보정 계산을 100 어휘 기준으로 해야 할 수도 있다. 보정 기준을 높게 정하면 희소 자질들의 빈도가 인위적으로 과장될 수 있다. 때로는 극적으로 과장되기도 한다. 예를 들면 80어휘로 된 학생의 텍스트에 한 개의 수동태 구문(일반적으로 초등학생의 글쓰기에서 찾아보기 드문)이 있는데 이 텍스트를 100 어휘 기준으로 보정하면, 텍스트는 어휘 100개당 1.25개의 수동태를 포함하고 있는 것으로 보정 점수가 나오게 될 것이다. 하지만 같은 계산을 1,000 어휘 기준으로 하면, 1,000 어휘당 12.5개의 수동태가 나타난다는 보정치가 나오는데, 이것은 어떤 초등학생의 작문에서도 보기 어려운 빈도이다. 그래서 코퍼스에서 빈도 계산은 일반적인 텍스트 길이를 기준으로 하여 보정해야 한다.

방법론 7 • 어휘 연쇄의 통계적 처리 방법

연어쌍을 식별하는 가장 간단한 방법은 그 상대적 빈도를 파악하는 것이다. 예를 들어 'large number' 같은 어휘쌍이 'large man' 같은 다른 어휘쌍과 비교할 때 상대적으로 얼마나 일반적으로 출현하는가를 보는 것이다. 이러한 빈도 정보는 가장 일반적인 연어 연쇄에 대해서 알 수 있게 해 준다.

그러나 빈도 정보만으로는 어휘들 간의 연쇄 능력에 대한 편견을 줄 수 있다. 더 공통적인 어휘일수록 단지 우연히 연어쌍으로 출현할 가능성이 높다. 그러므로 어휘들 사이의 연어 능력을 판단하는 다른 방법은 우연히 같이 출현하는 어휘들이 우연히 같이 출현할 수 있는 가능성을 설명해 줄 수 있는 방법, 즉 통계적 방법을 이용하는 것이다.

통계적 방법은 연어쌍 사이의 연관성과 특정 어휘의 연어 사이의 차이점을 분석하기 위해 이용될 수 있다. 아래에서 이 각각의 목적을 위한 일반적인 통계 테스트 방법에 대해서 간단히 살펴본다. 테스트의 원리에 대해서는 설명하지만, 통계 공식에 대한 구체적인 내용은 '더 읽을 거리'에 언급한 논문들을 참조해야 할 것이다.

상호 정보 점수

상호 정보 점수mutual information score 혹은 상호 정보 지표mutual information index는 두 어휘 사이의 연관성 강도 측정치를 나타낸다. 이것은 특정한 어휘 길이span of words 안에 두 어휘가 나타날 수 있는 가능성에 초점을 맞춘다(분석에 따라서 어휘 길이는 정해진다. 예를 들면 인접 어휘들, 세 어휘로 구성된 틀 등).

상호 정보 점수 계산은 어휘 빈도에 근거해서 두 어휘를 함께 찾아볼 수 있는 확률과 각 어휘를 독립적으로 관찰할 수 있는 확률을 비교한다. 0에 가까운 점수는 어휘 사이에 연관성이 없다는 것을 의미한다. 0보다 훨씬 높은 점수는 어휘들이 우연에 의한 확률보다 훨씬 높은 확률로 공기하는 경향이 있다는 것을 뜻한다. 점수가 높을수록 어휘 간 연관성이 강하다. 0보다 훨씬 낮은 점수는 어휘들 중 한 어휘가 출현할 때 다른 어휘가 출현할 가능성이 없음을 의미한다. 즉, 이 어휘들은 상보적으로 분포한다.

흔히 높은 빈도를 보이는 연어쌍들은 높은 상호 정보 점수를 보인다. 예를 들어, *great*의 오른쪽 연어들 중에 *great*와 *deal* 쌍은 상호 정보 점수가 거의 1,069인데, 이는 이 어휘들이 서로 매우 강한 연관성을 띤다는 것을 나타낸다(Longman-Lancaster Corpus에 포함된 학술 산문에서 추출한 3백만 어휘 표본 기반). 2장에서 논의한 분석처럼 이 연어쌍은 역시 높은 빈도를 보인다.

그러나 일반적인 연어쌍이 항상 높은 상호 정보 점수를 보이지는 않는다. 예를 들면 동일한 학술 산문 표본에서 추출한 다음 빈도 정보를 살펴보자.

어휘/연어	빈도	어휘/연어	빈도
large	1,682	large	1,682
number	2,894	enough	553
large number	126	large enough	43
상호 정보 점수:	78	상호 정보 점수:	140

이 표본에서 *large*와 *number*는 *large*와 *enough*에 비해서 거의 세 배 가까이 공기한다(126회와 43회). 그러나 이 표본에서 *number*는 *enough*보다 훨씬 더 많이 출현한다(2,894회와 553회). 따라서 *large*와 *number*는 상호 정보 점수가 낮다(78회, *large*와 *enough*는 140회). 전반적인 빈도를 보면 *enough*와 *large*가 *number*와 *large*보다 더 자주 공기하는데, 이것은 상호 정보 점수에 명확하게 반영되어 있다.

2장의 몇 가지 표본 분석에서 단지 빈도 정보로만 *large and* 연어쌍의 중요성을 판단하기는 어렵다는 것을 지적했다. 왜냐하면 *and*는 코퍼스에서 대단히 출현 빈도가 높은 어휘이기 때문이다. 3백만 어휘 규모의 학술 산문 코퍼스에서 이 두 어휘들에 대한 상호 정보 점수를 계산해 보면 그 점수가 1.9에 불과하다. 따라서 상호 정보 점수는 *large*와 *and*가 강한 연관성을 갖지 않는다는 것을 보여 준다. 이 연어쌍의 빈도는 실제로 *and*의 전반적인 빈도에 기인한다.

T-점수

T-점수는 두 어휘 간의 연관성보다는 어휘쌍들이 어떻게 서로 다르게 사용되는지를 연구하는 데에 도움을 준다. *T*-점수는 다른 어휘보다는 어떤 특정 한 어휘의 연어로 나타날 확률이 높은 어휘들에 대한 통계적 수치(표준 편차를 통해서)를 제공해 준다. 연어에서의 차이는 어휘 용법의 차이를 보여 주는 것으로 2장의 *big, large, great*의 연어 빈도 분석이 그 용법의 차이를 보여주는 것과 마찬가지로 이들 연어의 차이는 해당 어휘들의 용법의 차이를 보여 준다.

T-점수 분석을 위해서 연구자는 비교할 두 어휘와 고려할 영역 범위(즉 어휘들의 범위span)를 밝혀야 한다. 그 다음에 각 어휘의 연어 빈도를 분석하고 이를 서로 비교한다. *T*-점수가 큰 양수인 연어들은 첫 번째 어휘와 공기할 확률이 더 크고, *T*-점수가 큰 음수인 연어들은 두 번째 어휘와 공기할 확률이 크다.

예를 들어 Longman-Lancaster Corpus에서 추출한 3백만 어휘 학술 산문 표본에서 *big*과 *large*를 대조한 *T*-점수 계산은 다음과 같다.

man	5.06	number	−11.58
deal	4.17	numbers	−9.35
toe	3.93	proportion	−5.96
boy	3.24	amounts	−5.43
dog	3.13	quantities	−4.74
house	3.06	amount	−4.64

이 목록은 양의 점수를 갖는 *man, deal, toe* 등의 어휘들이 *large*보다 *big*과 공기할 확률이 높은 반면에 *number, numbers, proportion* 등과 같은 음의 점수를 갖는 어휘들은 *large*와 공기할 확률이 더 높다. 2장에서 살펴본 빈도 분석과 마찬가지로 이 목록은 *big*과 *large*의 전형적인 용법의 차이를 보여 준다. *big*은 물리적인 크기를 나타내는 경향이 있고(예를 들어 *big man, big toe, big boy, big dog, big house*와 같이) 또한 별로 중요하지 않은 것을 나타내는 표현(*big deal*)에 나타나

는 반면에, *large*는 분량이나 부분을 나타내는 경향이 있다(*large number(s), large proportion, large amount(s), large quantities*). 빈도 계산만 단독으로 하는 것과 달리 이 목록들은 이 용법 유형들이 어휘들이 임의적으로 발생하는 경우를 설명할 때도 적용된다는 것을 보여 준다.

요약

대부분의 용례 검색 프로그램들은 연어 목록을 보여줄 때 어휘 연쇄를 처리할 수 있는 통계 도구를 포함하고 있다 (TACT와 같은 프로그램들은 상호 정보 점수보다 z-점수를 더 많이 이용한다. 수학 계산법은 조금 다르지만, z-점수의 원리도 유사하다). *T*-점수는 Corpus Bench와 같은 좀더 정교한 용례 검색 프로그램에 포함되어 있다.

모든 통계적 방법을 이용하는 데 있어서 몇 가지 중요한 고려 사항들이 있다. 이들 중 가장 중요한 것은 연구 대상 항목의 빈도이다. 통계적 계산은 일반적으로 매우 빈도가 낮으면 신뢰도가 떨어진다. 그리고 어떤 통계적 실험에서든 충분한 분석 사례들을 확보하는 것이 중요하다. 또한, 연구 문제에 적합한 절차를 따르는 것도 중요하다. 만일 두 어휘의 용법을 대조하길 원한다면 *T*-점수가 적절하지만, 한 어휘의 가장 중요한 연어 목록을 작성하기 위해서는 적절하지 않다.

더 읽을 거리

Biber(1993d); Church and Hanks(1990); Church, Gale, Hanks, and Hindle(1991); Nakamura and Sinclair(1995); Stubbs(1995)

용례 검색 프로그램들의 이용 설명서에도 그 프로그램에서 이용하는 통계 실험들에 대해서 설명되어 있다.

방법론 8 • 코퍼스-기반 연구에서 분석 단위

코퍼스-기반 연구 분석을 수행할 때 가장 먼저 결정해야 하는 것은 분석 단위를 무엇으로 할 것인지를 결정하는 것이다. 이것은 연구 목표를 결정해 주기 때문에 매우 중요한 결정이다. 만일 분석 단위를 적절하게 설정하지 않는다면 제기한 연구 문제들을 다룰 수 없을 것이다.

앞서 살펴본 바와 같이 코퍼스-기반 연구는 보통 다음 두 개의 주요 연구 목표들 중에서 하나를 갖는다. 1부에서처럼 언어학적 구조와 변이형들의 설명, 혹은 2부에서처럼 한 집단의 텍스트들을 설명하는 것이 바로 그것이다. 따라서 코퍼스-기반 연구에서 분석 단위는 주로 언어 자질들이나 텍스트의 출현이 두 가지 중 하나이다. 이 분석 단위들은 연구를 위한 '관찰observations'이라고 부른다. 따라서 언어학적 구조의 성격을 규정하는 연구에서 관찰은 연구하고자 하는 언어 구조의 출현이다. 그리고 한 집단의 텍스트에 대해서 설명하려는 연구에서 관찰은 텍스트 단위이다.

가령 *that*-종속절의 변이형들을 분석하여 어떤 문맥적 요인들이 각각의 변이형과 가장 강하게 연관되어 있는지를 결정하기 위한 연구를 계획한다고 가정해 보자. 이 연구에서는 각각의 *that*-종속절 출현이 하나의 고립된 관찰이 되도록 계획되어야 한다. 예를 들면, 다음의 예문과 같이 *that*-종속절의 두 개의 주요 변이형은 종속 접속사를 포함하는 것과 포함하지 않는 것이다.

(1) I do not think that the situation is slipping out of control.

과

(2) I don't think [ ] any of us would be willing to do that.

여기 나온 두 변이형들 중 하나를 선택하는 데 있어서 영향을 미칠 수 있는 문맥 요인들은 많다. 예를 들면 접속사 *that*은 *show*와 같은 덜 흔한 동사와 공기할 때보다는 *think*와 같은 흔한 주절 동사와 공기할 때 더 많이 생략된다. 또한 접속사 *that*은 다른 주어와 함께 쓰일 때보다 1인칭 대명사가 주어로 쓰일 때 더 많이 생략된다. 마지막으로 레지스터 또한 개별 언어 자질들을 위한 문맥 요인이 될 수 있다는 것도 주의해야 한다. 따라서 접속사 *that*은 다른 레지스터에서보다 대화에서 더 많이 생략되는 경향이 있다.

이러한 문맥 요인들의 상대적 영향력을 살펴보기 위해서 대규모 *that*-절 구문 표본에 부호를 부여하였는데 각각의 절은 개별 관찰 대상이 된다. 그 분석 결과는 다음과 같다.

present	indicates	noun	news
present	suggests	pro-she	news
omitted	said	pro-he	news
present	argued	noun	news
present	said	pro-I	news
present	implied	noun	news
omitted	thought	pro-I	news
present	think	pro-they	news
present	thinks	noun	news
omitted	think	pro-I	conv
omitted	said	pro-I	conv
present	felt	pro-I	conv
omitted	says	pro-I	conv
omitted	thought	pro-I	conv
omitted	think	pro-I	conv

각 줄에 있는 내용은 개별 관찰 대상에 대한 정보, 즉 *that*-절의 단일 발생을 보여 준다. 각 열은 각각의 변인에 대한 값을 나타낸다. 첫 번째 열은 접속사 *that*의 출현 혹은 생략 여부에 관한 정보, 두 번째 열은 주절 동사를 기록한다. 세 번째 열은 주절 주어의 유형, 그리고 네 번째 열은 예문들을 발췌한 레지스터를 기록한다. 예를 들면 위 첫 번째 줄은 다음과 같은 *that*-절에 관한 내용을 기록한 것이다.

(3) The latest audience research indicates that our audience is still growing. (뉴스)

이와 같은 자료를 이용해서 각각의 문맥 요인과 두 개의 구조 변인의 조합을 결정하는 여러 가지 정량 분석을 수행할 수 있다. 가장 단순한 것은 변인과 관계된 각각의 값의 조합에 대한 빈도 수를 나타내는 교차 분석표를 만드는 것이다. 앞에서 부호를 부여한 관찰 대상들에 대한 교차 분석표의 예는 다음과 같다.

접속사	주절 동사			
that	THINK	SAY	기타	합계
생략	4	3	0	7
출현	2	1	5	8
합계	6	4	5	15

이 표에 나온 정보는 가로와 세로의 두 방향으로 읽을 수 있다. 첫 번째 줄의 경우 접속사 *that*이 생략된 경우가 총 7회 출현하는데, 이 중에서 주절 동사 THINK와는 4회, 그리고 SAY와는 3회 공기하며, 그리고 나머지 주절 동사와는 한 번도 공기하지 않는다는 것을 보여 준다. 이와는 대조적으로 두 번째 줄에는 접속사가 총 8회 출현하는 예들 중에서, 주절 동사 THINK와는 2회, SAY와는 1회, 나머지 동사와는 5회 공기한다. 이와는 달리 세로로도 위의 표를 읽을 수 있는데, 첫 번째 열에서는 6회 출현한 주절 동사 THINK의 경우 그 6회 중 4회는 접속사가 생략된 경우이다. 두 번째 열의 경우 주절 동사 SAY가 4회 출현했는데 그중 3회는 접속사가 생략되었다. 그리고 나머지 5회는 다른 주절 동사와 공기한 경우인데 이 경우에는 5회 모두 접속사가 공기한다.

이러한 유형의 분포는 주절 동사가 접속사 *that*의 생략 여부를 결정하는 데 큰 영향을 미친다는 것을 나타낸다. 즉 THINK와 SAY는 접속사를 생략하는 경향이, 그리고 나머지 동사들은 접속사를 유지하려는 경향이 강하다. 물론 실제 분석에서 신뢰할 수 있는 유형을 정립하기 위해서는 보다 많은 관찰이 필요할 것이다.

그리고 레지스터 또한 교차 분석표에서 변인으로 이용되는데, 위 관찰 대상으로부터 얻은 자료는 다음과 같다.

접속사	레지스터		
that	뉴스 기사	대화	합계
생략	2	5	7
출현	7	1	8
합계	9	6	15

상기 분포 자료를 통해 뉴스 기사는 접속사를 유지하려는 경향이 강하지만, 대화 레지스터에서는 접속사를 생략하려는 경향이 강하다는 것을 알 수 있다 (다시 지적하지만, 물론 실제 분석에서는 보다 더 많은 관찰 대상이 필요할 것이다).

충분한 규모의 자료가 주어졌을 때, 다양한 요인들의 동시적인 영향도 살펴볼 수 있다. 예를 들어서, 뉴스 보도문과 대화에서 *that*-종속절에 대한 주절 동사의 영향에 대해서 대조할 수 있다. 다음 표는 각 레지스터별로 부호가 부여된 100개의 *that*-절에 기초한 연구 결과를 보여 준다.

뉴스 보도문의 유형

접속사	주절 동사		
that	THINK 혹은 SAY	기타	합계
생략	27	8	35
출현	24	41	65
합계	51	49	100

대화 유형

접속사	주절 동사		
that	THINK 혹은 SAY	기타	합계
생략	48	39	87
출현	3	10	13
합계	51	49	100

이 조합들의 중요성과 강도를 분석하기 위해서 통계 기법이 이용될 수 있는데, 카이-제곱 검정(chi-squared test)은 그러한 방법 중 가장 간단한 방법이다. 그

러나 변인규칙분석VARBRUL[1]은 이보다 더욱 복잡한 연구를 가능하게 해 준다.

언어 구조가 아니고 텍스트나 변이형들의 특징을 연구하려고 한다면 완전히 다른 종류의 연구 설계를 해야 한다. 이 경우에는 각각의 텍스트가 관찰 대상이 된다. 서로 다른 언어학적 자질들의 정규 빈도나 비율이 각 텍스트의 특징들로 분석될 수 있다. 이러한 유형의 연구에서 코딩된 관찰 대상은 다음과 같다.

n1.txt	뉴스	2743	47.4	68.1	3.1
n2.txt	뉴스	1932	49.2	63.0	9.2
n3.txt	뉴스	2218	42.2	74.8	7.1
c1.txt	대화	2197	32.2	43.1	62.6
c2.txt	대화	2542	37.4	36.3	59.1
c3.txt	대화	2017	36.8	39.7	58.7

첫 번째 열은 텍스트 종류, 두 번째 열은 텍스트의 레지스터, 세 번째 열은 텍스트의 어휘 수, 네 번째 열은 1,000 어휘당 과거 시제 동사의 수, 다섯 번째 열은 1,000 어휘당 한정 형용사의 수, 여섯 번째 열은 1,000 어휘당 1인칭 대명사 수를 나타낸다. 어떤 연구에서 집계될 정확한 자질들은 연구 목표에 따라 다르다(예를 들어 이 책의 6장에서는 각각의 텍스트에 대한 60개의 자질들을 분석하는 다차원 분석을 소개하고 있다).

이러한 유형의 연구 설계를 통하여, 각각의 레지스터별 평균값을 산정하고, 레지스터별 비교를 위해서 그 평균값을 이용할 수 있다. 예를 들어 위의 자료에서 뉴스의 과거 시제 동사들의 평균값은 1,000 어휘당 46.3회로서 대화에서 1,000 어휘당 35.5회의 평균값과 비교된다. 따라서 과거 시제의 평균 빈도는 대화에서보다 뉴스에서 더 높다고 결론지을 수 있다.

이러한 유형의 설계와 함께 여러 레지스터들에 나타나는 중요한 차이들을 검증하는 통계 기법도 또한 이용할 수 있다. 이를 위한 가장 일반적인 통계 방법은 분산 분석ANOVA[2]인데, 레지스터 내의 텍스트 사이에서 보이는 차이의 크

1 Variable rules analysis의 약자. 언어 용법에서 대체 가능한 형태들 간의 변이 유형을 설명하기 위해 사회 언어학과 역사 언어학에서 일반적으로 이용하는 일련의 통계 분석 방법 — 역자 주.
2 ANalysis Of VArince의 약자로 샘플링하여 조사한 집단 간의 평균의 차이가 우연한 결과인지 아닌지 여부를 측정하는 방법 — 역자 주.

기와 관련하여 레지스터들 사이의 평균 차이의 크기를 비교한다(방법론 9에서 유의성 검정과 통계 결과의 보고 방법에 대해서 더 설명하였다).

더 읽을 거리

Sankoff (1987), Scholfield (1995).

방법론 9 • 유의성 검정 및 보고

추론 통계학inferential statistics은 관찰된 유형들이 의미가 있는지를 평가하는 중요한 도구를 제공해 준다. 비교 대상인 변인의 유형에 따라서 수많은 다양한 통계 기법들이 있다. 통계 기법들은 집단들 사이의 차이(*t*-검정이나 분산 분석ANOVA를 이용하는 것 같은)나 변인들 사이의 관계의 정도(상관 관계) 차이를 측정하기 위해서 이용될 수 있다. 각각의 방법은 관찰된 차이나 관계가 우연에 의해 발생할 수 있는 가능성을 평가하기 위한 유의성 검정과 또 차이나 관계의 중요성을 평가하는 강도 측정 방법을 만들기 위해서 이용될 수 있다. 본 방법론에서는 코퍼스-기반 연구에서 이용되는 가장 흔한 통계 방법 중 몇 가지를 소개한다.

t-검정은 두 집단 간에 유의미한 차이가 있는지를 결정하기 위해서 이용된다. 통계 절차는 각 집단 내에 존재하는 변인의 양과 관련하여 두 집단의 평균값들 사이의 차이를 비교한다. *t*-점수는 관찰된 차이가 우연에 의해 발생할 수 있는 가능성을 측정하는 점수이다. *t*-점수와 연관된 유의성을 평가하기 위해서는 연구에서 분석된 관찰의 숫자도 고려해야 한다. 평균값에 있어서 상대적으로 적은 차이라고 할지라도 관찰 숫자가 클 경우에는 유의미할 수 있고, 반대로 관찰 숫자가 적은 경우에는 상대적으로 큰 차이라고 해도 유의적이지 않을 수 있다. *t*-검정의 결과를 보고할 때 관찰 숫자는 집단 내 관찰 숫자에서 1을 뺀 "자유도degrees of freedom"에 반영된다.

만일 *t*-점수가 유의미한 차이를 보이는 경우, 결과는 예를 들어 .05, .01 혹은 .001과 같은 미리 정해 놓은 탈락 확률보다 낮은 확률 수준(*p*)에서 보고된다. *p*값은 실제로는 두 집단이 같은데 이를 연구자가 차이가 있다고 부정확하게 결론내리는 오류의 가능성을 측정한다. 예를 들어 .01의 *p*값은 관찰된 차이가 우연에 의한 것일 확률이 단지 100번 중 한 번뿐이라는 것을 의미한다. *p*값이 작을수록 관찰된 차이가 우연에 의한 것일 확률이 낮아진다.

분산 분석(ANOVA)은 둘 이상의 집단을 비교하는 데 쓰인다. 이 검증은 집단 간 변이도 정도를 집단 내 변이도와 비교하여 집단 간에 관찰된 차이가 유의미한지를 결정한다는 점에서 *t*-검정과 비슷하다. *t*-점수 대신 분산 분석은 *F*-점수를 내는데, 이 점수는 유사하게 자유도와 관련하여 해석된다. 마지막 확률 수준 역시 *p*를 이용하여 보고되는데, 이는 *t*-검정과 정확히 같은 방법으로 해석된다.

피어슨 상관 관계는 집단 간의 차이보다는 두 숫자 변인 간의 관계의 정도를 측정하는 데 이용된다. 피어슨 상관 계수 *r*은 어떤 두 번째 변인의 값을 알아냄으로써 설명될 수 있는 한 변인의 변이 비율의 직접 측정치를 내기 위해서 제곱한다. 1.0에 가까운 *r* 제곱 값은 한 변인의 변이의 100퍼센트가 두 번째 변인을 앎으로써 설명된다는 거의 완벽한 상관관계를 의미한다. 0.0에 가까운 *r* 제곱 값은 어떤 상관관계도 존재하지 않는다는 것을 의미한다.

t-검정이나 분산 분석을 위해서도 상관 관계를 계산할 수 있다. 이 경우에 상관 관계는 직접적인 강도나 중요도 수치를 제공해 준다. 예를 들어 〈표 5.3〉의 .549의 *r* 제곱 값은 현재 시제에 대한 보정 빈도의 변이의 54.9%가 각 텍스트의 레지스터 범주를 파악함으로써 설명될 수 있음을 보여 준다. 이 수치는 현재 시제 동사의 사용에 있어서 레지스터별 차이가 통계적으로 유의미하다는 것에 더하여 매우 중요하다는 것을 보여 준다.

끝으로, 카이-제곱 검정은 두 변인이 모두 계수보다 집단을 대표할 때, 두 "명목" 변인을 비교하는 데 이용된다. 이 과정은 방법론 8에서 간략히 소개했다.

더 읽을 거리

Butler (1985); Hatch and Lazaration (1991); Woods, Fletcher, and Hughes (1986).

방법론 10 • 요인 부하값과 차원 점수

이 책의 2부에서 언급한 몇 가지 표본 연구들은 다차원 분석을 이용하였다. 6장에서 더 자세히 설명한 바와 같이 다차원 분석에서는 요인 분석factor analysis이라고 알려져 있는 통계 기법을 통해 수많은 언어 자질들의 공기 유형을 확인할 수 있다. 요인 분석을 통해 언어 자질들과 같은 수많은 변인들 사이의 상관 관계를 확인하고 유사한 방식으로 분포되어 있는 변인들은 같은 집단으로 묶을 수 있다. 각각의 변인 집단은 요인인데, 기능적으로는 변이의 '차원dimension'으로 해석될 수 있다. 여기서는 특정 요인을 고려하여 주어진 텍스트의 '요인 점수factor score'를 결정하고 또한 개별 언어 자질과 그 항목들이 일부분을 이루는 요인 간의 관계에 대해서 논의한다.

6장에서는 영어의 다차원 분석에서 발견되는 다섯 개의 요인들(차원들)을 설명하였다. 첫 번째 요인의 일부를 참고 삼아 다시 살펴본다.

1 차원: "관여적 산출과 정보적 산출"

사적 동사	.96
that-삭제	.91
축약형	.90
현재 시제 동사들	.86
2인칭 대명사	.86
…	
가능 서법	.50
비-구절 동위절	.48
wh-절	.47
최종 전치사	.43
명사	−.80
어휘 길이	−.58
전치사	−.54
유형/토큰 비율	−.54
한정 형용사	−.47

이 요인에 포함되어 있는 각각의 자질 옆에는 숫자가 붙어 있다. 이것이 요인 '부하값'이다. 이 요인 부하값은 특정 언어 자질과 요인 간의 강도 수치를 보여 준다. 다시 말해 요인 부하값은 요인을 품고 있는 구조에서 특정 언어 자질이 얼마나 대표적인지를 보여 준다. 부하값의 범위는 +1부터 −1까지이다. 절대값 1에 근접하는 부하값은 요인의 높은 대표성을 반영하는데, 정확히 1이면 완벽한 상관 관계를 갖고 있음을 의미한다. 부하값이 1에서부터 멀어져서 0까지 움직이면 상관 관계의 강도는 줄어든다. 따라서 1차원 자질들 중에서 사적 동사와 명사(요인 부하값이 각각 .96과 -.80)가 가능 서법(.50)이나 한정 형용사(-.47)보다 더 대표적이다.

모든 자질은 각 요인마다 어느 정도의 부하값을 갖는다. 더 큰 부하값을 갖는 자질들은 요인을 더 잘 대표하기 때문에 이러한 자질들은 요인의 기능적인 해석에 있어서도 또한 더 유용하다. 탈락 점수는 요인의 해석에 중요하게 기여하지 않는 자질들을 제거하기 위해서 이용된다. 전형적으로 절대값 .30보다 낮은 자질은 요인의 해석에 고려되지 않는다.

요인 점수(또는 차원 점수)는 한 요인을 중심으로 집단을 이루는 모든 두드러진 자질들을 통하여 텍스트의 전반적인 특징을 알 수 있게 해 준다. 각 텍스트당 요인 점수는 해당 요소에 있어서 두드러지는 부하값을 갖는 자질의 빈도를 합산하여 계산할 수 있다. 6장 6.3에서 설명한 구어와 문어 레지스터에 대한 연구에서는 해당 요인에 관하여 절대값 .35보다 큰 부하값을 가진 자질들만이 요인 점수 계산에 이용되는 데 충분할 정도의 중요성을 갖는 것으로 간주되었다. 예를 들어서 각 텍스트의 제 1 요인 점수는 요인 1에 대해서 양의 부하량을 갖는 사적 동사, *that*-삭제, 축소, 현재 시제 동사 등의 빈도를 다 더하고, 음의 부하량을 갖는 명사, 어휘 길이, 전치사 등의 빈도를 빼서 계산하였다.

모든 다차원 연구에서 요인 점수가 계산되기 전에 빈도는 0.0의 평균과 1.0의 표준 편차로 보정된다. 이 과정을 통해 모든 자질들의 점수가 표준 편차 단위로 보정된다. 따라서 어떤 자질이 절대적인 조건에서 극단적으로 드문지 아니면 극단적으로 흔한지에 상관없이 +1이라는 표준 점수는 문제의 자질의 평균 점수보다 한 표준 편차 단위가 높다는 것을 의미한다. 즉 표준화된 점수는 해당 자질의 전체적인 평균 출현과 관련하여 텍스트 내에서 그 자질이 흔히 출현하는지 또는 희소한지를 측정한다. 원시 빈도는 한 요인의 모든 자질들이 차원 점수를 계산하는 과정에서 상응하는 가중치를 가질 수 있도록 하기 위해 표준 점수로 보정된다. 그러나 만일 이 과정이 생략된다면 차원 점수에 있어서 극단적으로 흔한 자질들이 드물게 나타나는 자질들보다 훨씬 더 큰 영향력을 미치게 될 것이다.

빈도를 표준화하고 차원 점수를 계산하기 위한 방법론적 절차는 Biber (1988: 93-97)에 더 자세히 설명되어 있다.

부록

시판 중인 코퍼스 및 분석 도구

부록에서는 독자적인 코퍼스-기반 연구를 할 때에 이용 가능한 자원들을 소개한다. 부록은 크게 코퍼스와 분석도구 그리고 온라인 자료의 세 부분으로 구성되어 있다. 코퍼스 목록은 문어, 구어, 역사 코퍼스 등 분야 별로 구별되어 있으며, 각 분야 내에서는 알파벳순으로 나열했다. 그리고 이 목록에는 또한 대략의 어휘 숫자와 함께 코퍼스가 미국 영어 텍스트 혹은 영국 영어 텍스트로 구성되어 있는지에 관한 정보도 기록하였다. 분석 도구 목록은 각 도구에 대한 간단한 설명과 함께 마찬가지로 알파벳순으로 나열했다. 그리고 코퍼스와 분석 도구에 관한 연락처 주소를 항목의 마지막에 기록하였다.

인터넷도 역시 코퍼스 및 분석 도구를 얻을 수 있는 훌륭한 정보원인데, 웹상의 유익한 사이트는 '온라인 자원' 부분에 기록하였다. 새로운 자원은 계속해서 추가되고 있기 때문에 관심 있는 독자들은 새 사이트들을 찾기 위해서 정기적으로 웹 검색을 해야 할 것이다.

코퍼스

문어 코퍼스

ACI/DCI(Association of Computational Linguistics/Data Collection Initiative): 6,300만 어휘의 미국 문어, 4,000만 어휘의 Wall Street Journal, 2,300만 어휘의 과학 논문 초록. 연락처: Department of Linguistics, University of Pennsylvania, Philadelphia, PA 19104 USA.

Brown: 약 100만 어의 미국 영어 문어. 다양한 레지스터 포함. 연락처: ICAME, Norwegian Computing Centre for the Humanities, Harald Hårfagres gate 31, N-5007 Bergen, Norway (e-mail: icame@hd.uib.no)

Freiburg: 약 100만 어의 영국 영어 문어. LOB에 필적할만 함. 단 1991년에 출판된 자료에서만 수집. 연락처: Christian Mair, Englsches Seminar I, Institut für Englische Sprache und Literatur, Albert Ludwigs Universität, D-7800 Freiburg, Germany

Lancaster-Oslo/Bergen (LOB): 약 100만 어의 영국 영어 문어. 많은 레지스터 포함. 모두 1961년에 출판된 문헌에서 수집. 연락처: ICAME, Norwegian Computing Centre for the Humanities, Harald Hårfagres gate 31, N-5007 Bergen, Norway (e-mail: icame@hd.uib.no)

Longman-Lancaster: 약 3,000만 어의 미국 및 영국 영어 문어. 1900년대 초부터 1980년대에 걸친 다양한 레지스터에서 수집. 연락처: Della Summers, Longman Dictionaries, Longman House, Burnt Mill, Harlow, Essex, CM20 2JE UK

구어 코퍼스

IBM-Lancaster Spoken English Corpus: 주로 BBC의 녹음에서 발췌한 52,000 어휘로 구성된 영국 영어 구어. 연락처: ICAME, Norwegian Computing Centre for the Humanities, Harald Hårfagres gate 31, N-5007 Bergen, Norway (e-mail: icame@hd.uib.no)

London-Lund: 약 50만 어휘의 영국 영어 구어. 연락처: ICAME, Norwegian Computing Centre for the Humanities, Harald Hårfagres gate 31, N-5007 Bergen, Norway (e-mail: icame@hd.uib.no)

Corpus of Spoken American English (CSAE): 200,000 어휘를 목표로 작성된 미국 구어. 현재 구축 중. 연락처: Jack DuBois, Department of Linguistics, University of California at Santa Barbara, Santa Barbara, CA 93106, USA

문어 및 구어 코퍼스

British National Corpus (BNC): 약 1억 어휘의 영국 영어. 9,000만 어휘는 문어, 1,000만 어휘는 구어. 많은 레지스터를 포함. 연락처: British National Corpus, Oxford University Computing Service,13 Banbury Rd., Oxford OX2 6NN, UK (e-mail: archive@ vax.oxford,ac.uk)

CHILDES Project: 아동 구어 및 문어 코퍼스. 연락처: CHILDES Project, Department of Psychology, Carnegie Mellon University, Pittsburg, PA 15213, USA (e-mail: brian@andrew.cmu.edu)

COBUILD/Birmingham Corpus: 약 2억 어휘 이상의 영국 영어. 계속해서 확대 중. 주로 문어. 연락처: The Bank of English, Westmere, 50 Edgbaston Park Road, Birmingham, B15 2RX, UK

Survey of English Usage Corpus (SEU): 1953년부터 1987년에 걸쳐 수집된 약 100만 어휘의 영국 영어. 문어 및 구어가 균등하게 수록됨. 구어 코퍼스는 London-Lund Corpus. 연락처: Survey of English Usage, University College London, Gower Street, London WC1E 6BT UK

역사 코퍼스

ARCHER Corpus: 1650년부터 1990년까지의 약 200만 개의 영국 및 미국 영어 어휘로 구성. 문어 및 구어-기반 레지스터 포함. 연락처: Douglas Biber, Department of English, Northern Arizona University, Flagstaff, AZ 86011-6032, USA (e-mail: douglas.biber@nau.edu)

Helsinki Corpus: 850년부터 1710년까지의 150만 어휘로 구성. 많은 레지스터 포함. 연락처: ICAME, Norwegian Computing Centre for the Humanities, Harald Hårfagres gate 31, N-5007 Bergen, Norway (e-mail: icame@hd.uib.no)

Helsinki Corpus of Older Scots: 1450년부터 1700년에 걸쳐 15개의 레지스터로 구성된 83만 어휘의 코퍼스. 연락처: Department of English, University of Helsinki, Portania 311, 00100 Helsinki, Finland

Innsbruck Computer Archive of Middle English Texts (ICAMET): 1100년부터 1500년에 걸친 영어 산문에서 발췌한 200만 어휘를 알파벳순으로 수록. 연락처: e-mail: manfred.markus@uibk.ac.at

Newdigate Newsletter: 1674년부터 1692년까지 뉴스레터 원고 75만 어휘. 연락처: ICAME, Norwegian Computing Centre for the Humanities, Harald Hårfagres gate 31, N-5007 Bergen, Norway (e-mail: icame@hd.uib.no)

Zurich Corpus of English Newspapers(ZEN): 1660년대 중반부터 20세기 초까지의 런던의 신문. 연락처: Dr. Udo Fries, Englisches Seminar, University of Zurich, Platten str 47, CH-8032 Zurich, Switzerland (e-mail: ufries@es.unizh.ch)

영어 변이형 코퍼스

Hong Kong University of Science and Technology (HKUST) Learner Corpus: 학부생의 과제 및 홍콩검정협회(Hong Kong Examination Authority)의 A수준 영어 답안지에서 수집한 약 600만 어휘(계속 확대 중). 연락처:Gregory James, Language Center, Hong Kong University of Science and Technology, Clear Water Bay, Hong Kong

International Corpus of English (ICE): 코퍼스 모음. 각 코퍼스는 다양한 국적별 영어 변이형에서 수집한 대표적인 구어 및 문어 레지스터들을 포함. 각 코퍼스는 약 100만 어휘로 현재도 확대 중. 연락처: Survey of English Usage, University College London, Gower Street, London WC1E 6BT UK

International Corpus of Learner English (ICLE) : 9개 상이한 언어 배경(중국어, 체코어, 네덜란드어, 핀란드어, 독일어, 일본어, 스페인어 및 스웨덴어)으로부터 수집한 약 100만 어휘의 문어 영어 텍스트. 연락처: Sylviane Granger, University of Louvain. B-1348 Louvain-La-Neuve, Belgium (e-mail: granger@etan.uclac,be)

Kolhapur: 1978년 이후의 100만 어휘의 인도 영어의 문어 코퍼스. Brown Corpus 및 LOB

Corpus와 같은 카테고리를 이용한다. 연락처: ICAME, Norwegian Computing Centre for the Humanities, Harald Hårfagres gate 31, N-5007 Bergen, Norway (e-mail: icame@hd.uib.no)

Melboume-Surrey Corpus: 오스트레일리아의 신문에서 발췌한 10만 어휘. 연락처: ICAME, Norwegian Computing Centre for the Humanities, Harald Hårfagres gate 31, N-5007 Bergen, Norway (e-mail: icame@hd.uib.no)

Northern Ireland Transcribed Corpus: 42개 지역에 거주하는 세 연령대로부터 수집한 약 40만 어휘의 구어 자료. 연락처: Oxford Text Archive, Oxford University Computing Service, 13 Banbury Rd., Oxford OX2 6NN, UK (e- mail: archive@vax,oxford.ac.uk)

태그 및 구문 분석 코퍼스

Brown: 약 100만 어휘의 미국 영어의 주석된 문어 코퍼스. 많은 레지스터 포함. 연락처: ICAME, Norwegian Computing Centre for the Humanities, Harald Hårfagres gate 31, N-5007 Bergen, Norway (e-mail: icame@hd.uib.no)

Lancaster Parsed Corpus: LOB에서 추출한 13만 3천 개의 통사분석된 어휘. 연락처: ICAME, Norwegian Computing Centre for the Humanities, Harald Hårfagres gate 31, N-5007 Bergen, Norway (e-mail: icame@hd.uib.no)

LOB:약 100만 어휘의 주석된 영국 영어 문어 코퍼스. 많은 레지스터 포함. 연락처: ICAME, ICAME, Norwegian Computing Centre for the Humanities, Harald Hårfagres gate 31, N-5007 Bergen, Norway (e-mail: icame@hd.uib.no)

London-Lund: 약 50만 어휘의 주석된 영국 영어 구어 코퍼스. 연락처: ICAME, ICAME, Norwegian Computing Centre for the Humanities, Harald Hårfagres gate 31, N-5007 Bergen, Norway (e-mail: icame@hd.uib.no)

Nijmegen Corpus: 약 13만 어휘의 문어 및 구어로 구성된 영국 영어 코퍼스. 구문 분석된 문어 12만 어휘와, 스포츠 실황 중계를 기록한 구어 1만 어휘 수록. 연락처: TOSCA group, Department of Language and Speech, University of Nijmegen, Erasmusplein 1, NL-6525 HT Nijmegen, The Netherlands (e-mail: hvh@lett,kun.nl)

Polytechnic of Wales (POW): Halliday의 체계-기능 문법을 이용하여 구문 분석된 6만 1천 어휘의 아동 구어. 연락처: ICAME, Norwegian Computing Centre for the Humanities, Harald Hårfagres gate 31, N-5007 Bergen, Norway (e-mail: icame@hd.uib.no)

SUSANNE: Brown Corpus(약 12만 8천 어휘)와 LOB Corpus의 일부에 주석한 코퍼스. 연락처: Oxford Text Archive, Oxford University Computing Service,13 Banbury Rd., Oxford 0X2 6NN, UK (e-mail: archive@vax.oxford.ac.uk)

분석 도구

Conc 1.7: 소량의 텍스트에 한정된 무료 매킨토시용 용례 검색 프로그램. 많은 검색 옵션을 선택할 수 있으며, 결과물을 파일로 출력할 수도 있다. 이 프로그램은 Summer Institute of Linguistics의 웹사이트에서 다운로드 할 수 있다. 연락처: Summer Institute of Linguistics, 7500 West Camp Wisdom Road, Dallas TX 75236, USA

Corpusbench: 어휘수 계산, 용례 검색, 단순한 문법과 형태소 분석(예를 들어 과거 시제 "ed"), 상호 정보 색인 기능이 있다. 대형 코퍼스를 처리할 수 있다. 텍스트 데이터베이스를 구축해야 한다. 연락처: Textware Direct, Hörscholmsgrade. 202, DK-2200 Kø benhaven N, Copenhagen, Denmark

FreeText Browser: 매킨토시용 고속 용례 검색 프로그램. 이 용례 검색 프로그램은 파일 크기에 제한이 없으며 고속으로 동작한다. 그러나 유감스럽게도 파일을 인쇄하거나, 출력할 방법은 없다. 연락처: FreeText Browser, PO Box 598, Kensington, MD 20895, USA (e-mail:science@nems.dt.navy.mil)

International Corpus of English Utility Program (ICEUP): International Corpus of English 전용 도구. 연락처:Survey of English Usage, University College London, Gower Street, London WC1E 6BT UK

LEXA: 용례 검색 및 간단한 주석용의 강력한 공유 프로그램. 연락처: ICAME, ICAME, Norwegian Computing Centre for the Humanities, Harald Hårfagres gate 31, N-5007 Bergen, Norway (e-mail: icame@hd.uib.no)

Longman Mini Concordancer: 5만 어휘 미만의 ASCII 텍스트용 프로그램. 어휘 빈도, KWIC 및 몇 가지 텍스트 통계 기능 등이 있다. 연락처: Longman Group UK, Longman House, Burnt Mill, Harlow, Essex, CM20 2JE UK

Nijmegen Linguistic DataBase Software (LDB): Nijmegen Corpus 전용 열람 및 용례 검색 그리고 통사적 유형 검색이 가능하다. LDB 이용에 적합하게 수정된 다른 구문 분석 코퍼스에도 이용할 수 있다. 연락처: TOSCA group, Department of Language and Speech, University of Niiraegen, Erasmusplein 1, NL-6525 HT Nijmegen. The Netherlands. (e-mail: hvh@Iett.kun.nl)

MicroConcord: 어휘수 계산, 용례 검색, 단순 통계 분석, 특정 형태소 분석(예를 들어, 과거 시제 "ed")의 기능이 있음. 다양한 언어와 문자에서 이용 가능하다. ASCII 파일이나, 기타 주요 워드 프로세서로 작성된 파일들도 처리할 수 있다. 사이트 라이센스를 구입할 수 있다. 연락처: Athelstan, PO Box 8025, La Jolla CA 92038-B025 USA (전화: (800) 598-3880)

Micro-OCP: 용례 검색이나 통계를 위한 다양한 옵션이 있는 용례 검색 프로그램. 빈도 목록이나 통계 계산을 파일로 출력하여 저장할 수 있다. 다양한 언어를 지원한다. 연락처: Electronic Publishing, Oxford University Press, 200 Madison Ave., New York, NY 10016,

USA (FAX: (212) 725-2972)

TACT: 빈도 계산, 용례 검색 및 연어 처리 기능이 있는 공유 프로그램. 코퍼스의 크기에 제한이 있으며, 텍스트 데이터베이스를 구축하기 위해 어떤 ASCII 텍스트 파일도 이용 가능. 연락처: Center for Computing in the Humanities, Room 14297A, Robarts Library, University of Toronto, Toronto. Ontario M5S 1A5 Canada, (e-mail:cch@epas.utoronto.ca). TACT와 각종 문자 텍스트가 첨부된 패키지를 the Modern Language Association,10 Astor Place, New York, NY 10003, USA에서 구입할 수 있다.

WordCruncher: 빈도 목록 및 연어 작성이 가능한 용례 검색 프로그램. 이 프로그램을 이용하기 위해서 특별히 준비된 전용 텍스트가 필요하다. WordCruncher 전용 코퍼스는 ICAME에서 구입할 수 있다. 연락처: Johnston & Company, P.O.Box 446, American Fork, UT 84003 USA.

온라인 자료: 이 자료들은 WWW (http), FTP, 또는 Gopher로 접속할 수 있다.

ALEX: 인터넷상의 전자 텍스트 목록. http://www.informations.com/alex/

Association, for Computational Linguistics Special Interest Group on the Lexicon: 특히 어휘 및 언어 습득 연구에 관한 정보가 많다. http ://www.clres.com/siglex.htmi

BNC: BNC에 관한 정보. http://www.tmtcorp,onuk/

CobuildDirect World Wide Web Service. http://titanLa.cobuild.collias.co.uk/

Coipuslinguistics: 타 유익한 사이트에 대한 링크를 포함하여, 코퍼스 언어학에 관한 풍부한 정보를 수록하고 있다. http://www.ruf.rice.edu/~barlow/corpus.html

Gutenburg Etext Wwide Web Home Page. http://www.promo.net/pg/

HotWired(등록 필수). http://www.wired.com/

International Computer Archive of Modem and Medieval English (ICAME). http://www.hd.uib.no

Linguistic Data Consortium: 코퍼스 목록을 포함하여, LDC에 관한 정보를 수록. http://www.ldc.upenn.edu

On-line Books Page. http://onlinebooks.librarv.upenn.edu/

Oxford Text Archives. http://ota.ahds.ac.uk/

Summer Institute of Linguistics. http://www.sil.org

참고문헌

Aarts, Bas and Charles F. Meyer (eds.). 1995. *The verb in contemporary English*: Theory and description. Cambridge: Cambridge University Press.

Aarls, Jan and Willem Meijs (eds.). 1986. *Corpus linguistics II*. Amsterdam: Rodopi.

Aijmer, Karin. 1986. Why is *actually* so frequent in spoken English? In G. Tottie and I. Bäcklund (eds.). *English in speech and writing:* A symposium. Studia Anglistica Upsaliensia 60, Stockholm: Almqvist & Wiksell. 119-129.

Aijmer, Karin and Bengt Altenberg (eds.). 1991. *English corpus linguistics.* London: Longman.

Altenberg, Bengt. 1991. Amplifier collocation in spoken English, In Johansson and Stenström (eds.), 127-147.

1993. Recurrent word combinations in spoken English- In J. D'Ary (ed.), *Proceedings from the 5th Nordic Association for English Studies.* Reykjavik, 1992.

1994. On the functions of such in spoken and written English. In N. Oostdijk and R de Haan (eds.), *Corpus-based research into language.* Amsterdam; Rodopi. 223-240.

Armstrong, Susan (ed.). 1994. *Using large corpora.* Cambridge, MA: The MIT Press.

Atkins, Sue, Jeremy Clear, and Nicholas Ostler. 1992. Corpus design criteria. *Literary and Linguistic Computing* 7:1-16.

Atkinson, Dwight. 1992. The evolution of medical research writing from 1735 to 1985: The case of the Edinburgh Medical Journal. *Applied Linguistics* 13: 337-374.

1996. *The Philosophical Transactions of the Royal Society of London,* 1675-1975: A sociohistorical discourse analysis. Language in Society 25: 333-371.

Atkinson, Dwight and Douglas Biber. 1994. Register: A review of empirical research. In Biber and Finegan (eds.), 351-385.

Azar, Betty S. 1989. *Understanding and Using English Grammar* (2nd edn). Englewood Cliffs, NJ: Prentice Hall.

Biber, Douglas. 1988. *Variation across speech and writing*. Cambridge: Cambridge University Press.

1990. Methodological issues regarding corpus-based analyses of linguistic variation. *Literary and Linguistic Computing* 5: 25 7-269.

1991. Oral and literate characteristics of selected primary school reading materials. *Text* 11: 73-96.

1992. Using computer-based text corpora to analyze the referential strategies of spoken and written texts. In Svartvik (ed.), 213-252.

1993a. Using register-diversified corpora for general language studies. *Computational Linguistics* 19: 219-241.

1993b. Representativeness in corpus design. *Literary and Linguistic Computing* 8: 243-257.

1993c. The multi-dimensional approach to linguistic analyses of genre variation: An overview of methodology and findings. *Computers and the Humanities* 26: 331-345.

1993d, Co-occunence patterns among collocations: A tool for corpus-based lexical knowledge acquisition. *Computational Linguistics* 19: 549-556.

1995. *Dimensions of register variation: A cross linguistic comparison.* Cambridge: Cambridge University Press.

Biber, Douglas, Susan Conrad, and Randi Reppen. 1994. Corpus-based approaches to issues in applied linguistics. *Applied Linguistics* 15:169-189.

Biber, Douglas and Edward Finegan. 1989. Drift and the evolution of English style: A history of three genres. *Language* 65; 487-517.

(eds.). 1994. *Sociolinguisticperspectives on register.* New York: Oxford University Press.

1997. Diachronic relations among speech-based and written registers in English. In T. Nevalainen and L. Kahlas-Tarkka (eds.), *To explain the present: Studies in the changing English Language in honour of Matti Rissanen,* 253-75, Helsinki: Société Néophilologique.

Biber, Douglas, Edward Finegan, and Dwight Atkinson. 1994. ARCHER and its challenges: Compiling and exploring A Representative Corpus of Historical English Registers. In Fries et aL (eds.), 1-14.

Biber, Douglas, Stig Johansson, Geoffrey Leech, Susan Conrad, and Edward Finegan. 1999. *The Longman Grammar of Spoken and Written English.* Harlow; Pearson Education.

Burges, Jená, 1996. Hierarchical influences on language use in memos. PhD dissertation, Northern Arizona University.

Butler, Christopher. 1985. *Statistics in linguistics.* Oxford: Basil Blackwell.

Carter, Ronald and Michael McCarthy. 1995. Grammar and the spoken language. *Applied Linguistics* 16:141-158.

Carlerette, E, and M. Jones. 1974. *Informal speech*: Alphabetic and phonemic texts with analyses and tables. Berkeley, CA: University of California Press.

Chafe, Wallace. 1991. Grammatical subjects in speaking and writing. *Text* 11: 45-72.

The Chambers Dictionary. 1993. Edinburgh: Chambers Harrap.

Church, Kenneth W. and Patrick Hanks, 1990, Word association norms, mutual information, and lexicography. *Computational Linguistics* 16: 22-29.

Church, Kenneth W., William A. Gale, Patrick Hanks, and Donald Hindle. 1991. Using statistics in lexical analysis. In Zemik (ed.) 115-164.

Coates, Jennifer. 1983. *The semantics of the modal auxiliaries.* London: Croom Helm.

Collins, Peter. 1991a. The modals of obligation and necessity in Australian English. In Aijmer and Altenberg (eds.), 145-165.

1991b. *Cleft and pseudo-cleft constructions in English.* London: Routledge.

Connor-Linton, Jeff. 1990. Analyzing register variation among written texts: A second language teaching practice. *Georgetown University Round Table on Language and Linguistics J990.* Washington, DC; Georgetown University.

Conrad, Susan. 1996a. Academic discourse in two disciplines: Professional writing and student development in Biology and History. PhD dissertation, Northern Arizona University.

1996b. Investigating academic texts with corpus-based techniques: An example from biology. *Linguistics and Education* 8: 299-326.

Danielson, Dorothy and Patricia Porter, 1990. *Using English, your second language* (2nd edn). Englewood Cliffs, NJ: Prentice Hall.

Edwards, Jane A. 1992. Design principles in the transcription of spoken discourse. In Svartvik (ed.), 129-144.

Edwards, Jane A. and Martin D. Lampert (eds.). 1993. *Talking data: Transcription and coding in discourse research.* Hillsdale, NJ: Lawrence Erlbaum.

Flowerdew, Lynne and Anthony K. K. Tong (eds.). 1994. *Entering text.* Hong Kong: The Hong Kong University of Science and Technology.

Fox, Barbara A. 1987. *Discourse .structure and anaphora: Written and conversational English,* Cambridge: Cambridge University Press.

Fox, Barbara and Sandra Thompson. 1990. A discourse application of the grammar of relative clauses in English conversations. *Language* 66: 297-316.

Francis, W. Nelson. 1992. Language corpora B.C. In Svartvik (ed.), 17-32.

Fraurud, Kari. 1990. Definiteness and the processing of noun phrases in natural discourse. *Journal of Semantics* 395-433.

Fries, Udo, Gunnel Tottie, and Peter Schneider (eds.). 1994. *Creating and using English language corpora.* Amsterdam: Rodopi.

Garside, Roger. Geoffrey Leech, and Geoffrey Sampson (eds.). 1987. *The computational analysis of English: A corpus based approach.* London: Longman.

Geisler, Christer. 1995. Relative infinitives in English. Uppsala: Uppsala University.

Ghadessy, Mohsen (ed.). 1988, *Registers of written English: Situational factors and linguistic features*. London: Pinter.

Givón, Talmy (ed,).1983, *Topic continuity in discourse: A quantitative cross language study.* Amsterdam: John Benjamins.

Granger, Sylviane. 1983. *The be+past participle construction in spoken English with special emphasis on the passive.* Amsterdam: Elsevier Science Publishers.

Haan, Pieter de.1989. *Postmodifying clauses in the English noun phrase.* Amsterdam: Rodopi.

Hatch, Evelyn and Anne Lazaraton. 1991. *The research manual: Design and statistics for applied linguistics.* Boston: Heinle and Heinle.

Hayes, D. 1988. Speaking and writing: Distinct patterns of word choice. *Journal of Memory and Language* 27: 572-585.

Hicks, Deborah. 1990, Kinds of narrative: Genre skills among first graders from two communities. In A. McCabe and C. Peterson (eds.), *Developing narrative structure.* Hillsdale, NJ: Lawrence Erlbaum. 55-87.

Hudson, Richard, 1994. About 37% of word-tokens are nouns. *Language* 70; 331-339.

Hunt, Kellogg. 1965. *Grammatical structures written at three grade levels.* Research Report No. 3, Urbana, IL: NCTE.

Jenkins, Mark. 1986. *Writing, A Content Approach to ESL Composition.* Englewood ClilTs, NJ: Prentice Hall.

Johansson, C. 1995. *The relativizers whose and of which in present-day English: Description and theory.* Uppsala: Uppsala University.

Johansson, Stig and Anna-Brita Stenstrom (eds.). 1991. *English Computer Corpora: Selected Paper a and Research Guide.* Berlin: Mouton.

Johns, Tim. 1986. Micro-Concord: A language learner's research tool. *System* 14: 151-162.

1994. From printout to handout: Grammar and vocabulary teaching in the context of data- driven learning. In T. Odlin (ed.), *Perspectives on pedagogical Grammar.* Cambridge: Cambridge University Press.

Johnson, Samuel. 1755, *A Dictionary of the English Language.* London: printed by W. Strahan, for J. and P. Knapton; T. and T. Longman; C. Hitch and L. Hawes; A, Millar; and R. and J. Dodsley.

Karlsson, Fred, Atro Voutilainen, Juha Heikkilii, and Arlo Antlila (eds.). 1995. *Constraint grammar: A language-independent system for parsing unrestricted text.* Berlin: Mouton de Gruyter.

Kennedy, Graeme D.1987. Quantification and the use of English: A case study of one aspect of the learner's task. Applied Linguistics 8: 264-286.

1991. Between and through. In Aijmer and Altenberg (eds.), 95-110.

1992. Preferred ways of putting things with implications for language teaching. In Svartvik (ed.), 335-373.

Kjellmer, Göran. 1991. A mint of phrases. In Aijmer and Altenberg (eds.),111-127.

Kytö, Merja. 1991. *Variation and Diachrony, with Early American English in Focus.* (University of Bamberg Studies in English Linguistics, 28). Frankfurt: Peter Lang.

1993. *Manual to the Diachronic Part of the Helsinki Corpus of English Texts: Coding Conventions and Lists of Source Texts.* Helsinki: Helsinki University Press.

Kytö, Merja, Matti Rissanen, and Susan Wright (eds.). 1994. *Corpora across the centuries* (Proceedings of the First International Colloquium on English Diachronic Corpora). Amsterdam: Rodopi.

Leech, Geoffrey. 1991. The state of the art in corpus linguistics. In Aijmer and Altenberg (eds.), 8-29.

1992. 100 million words of English: The British National Corpus (BNC). *Language Research* 28:1-13.

1993. Corpus annotation schemes. *Literary and Linguistic Computing* 8: 275-81.

Leech, Geoffrey, Roger Garside, and M. Bryant. 1994, The large-scale grammatical tagging of text: Experience with the British National Corpus. In N. Oostdijk and Pieter de Haan (eds.), *Corpus-based research into language.* Amsterdam: Rodopi. 47-61.

Loban, Walter. 1976. *Language development*: Kindergarten through grade twelve. Research Report No.18. Urbana, IL: NCTE.

Longman Dictionary of English Language and Culture. 1992. Harlow, Essex: Longman.

MacWhinney, Brian. 1991. *The CHILDES project.* Hillsdale, NJ: Lawrence Erlbaum.

Mair, Chiistian. 1990. *Infinitival complement clauses in English.* Cambridge: Cambridge University Press.

McEnery, Tony, John Paul Baker, and Andrew Wilson, 1995. A statistical analysis of corpus based computer vs traditional human teaching methods of part of speech analysis. *Computer Assisted Language Learning* 8: 259-274.

McEnery, Tony and Andrew Wilson. 1996. *Corpus linguistics.* Edinburgh: Edinburgh University Press.

Meyer, Charles F.1992. *Apposition in contemporary American English.* Cambridge: Cambridge University Press.

Morris, Jane and Graeme Hirst. 1991. Lexical cohesion computed by thesaural relations as an indicator of the structure of text. *Computational Linguistics* 17: 21-48.

Morton, Herbert C.1994. *The Story of Webster's Third: Philip Gove's Controversial Dictionary and its critics.* Cambridge: Cambridge University Press.

Nakamura, J. and J. Sinclair. 1995. The world of woman in the Bank of English: Internal criteria for the classification of corpora. *Literary and Linguistic Computing* 10: 99-110.

Nattinger, J. and J. DeCarrico. 1992. *Lexical phrases and language teaching.* New York: Oxford University Press.

Nevalainen, Terttu. 1991. *But, Only, Just: Focusing Adverbial Change in Modern English 1500-1900* (Mémoires de la Société Néophilologique de Helsinki, 51). Helsinki: Société Néophilologique.

Nevalainen, Terttu and Helena Raumolin-Brunberg. 1996. *Sociolinguistics and language history: Studies based on the corpus of early English correspondence* (Language and Computers: Studies in Practical Linguistics, 15). Amsterdam: Rodopi.

Prince, Ellen F. 1981. Toward a taxonomy of given-new information. In Peter Cole (ed.), *Radical Pragmatics*. New York: Academic Press. 223-55.

Random House Unabridged Dictionary 2nd edn. 1993. New York; Random House.

Renouf, Antoinette. 1987. Corpus development. In J. M. Sinclair (ed.), *Looking up*. London: Collins. 1-22.

Renouf, Antoinette and John Sinclair. 1991. Collocation frameworks in English. In Aijmer and Altenberg (eds.), 95-110.

Reppen, Randi. 1994. Variation in elementary student language: a multi-dimensional perspective. PhD dissertation, Northern Arizona University.

1995. A multi-dimensional comparison of spoken and written registers produced by and for students. In Brita Wårvik, Sanna-Kaisa Tanskanen, and Risto Hiltunen (eds.), *Organization in Discourse* (Proceedings from the Turku Conference). Turku, Finland: University of Turku. 477-486.

Rissanen, Matti 1986. Variation and the study of English historical syntax. In David Sankoff (ed.), *Diversity and diachrony* (Current Issues in Linguistic Theory, 53). Amsterdam: Benjamins, 97-109.

Rissanen, Matti, Merja Kytö and Minna Palander-Collin (eds.). 1993. *Early English in the computer age: Explorations through the Helsinki Corpus* (Topics in English Linguistics, 11). Berlin: Mouton de Gruyter.

Saito, Toshio, Junsaku Nakamura and Shunji Yamazaki (eds.), 2002. *English Corpus Linguistics in Japan* (Language and Computers No. 38), Amsterdam: Rodopi.

Sankoff, David. 1987. Variable rules. *Sociolinguistics: An international handbook of the science of language and society.* Berlin: de Gruyter. 984-997.

Scholfield, Phil. 1995. *Quantifying language: A researcher's and teacher's guide to gathering language data and reducing it to figures.* Clevedon: Multilingual Matters.

Sinclair, John. 1985. *Lexicographic evidence. In R, Ilson (ed.), Dictionaries, lexicography and language learning.* ELT Documents 120. Oxford: The British Council and Pergamon Press.

(ed.). 1987. *Looking up.* London: Collins.

1991. *Corpus, concordance and collocation.* Oxford: Oxford University Press.

Souter, Clive and Eric Atwell. 1994. Using parsed corpora: A review of current practice. In N.

Oostdijk and Pieter de Haan (eds,). *Corpus-based research into language.* Amsterdam: Rodopi. 143-158.

Spack, Ruth. 1990. Guidelines: *A Cross-Cultural Reading/Writlng Text.* New York: St. Martin's Press.

Stenstrom, Anna-Brita. 1986. What does *really* really do? Strategies in speech and writing. In G. Tottie and I. Backlund (eds.), *English in speech and writing: A symposium.* Studia Anglistica Upsaliensia 60. Stockholm: Alinqvist & Wiksell. 149-163.

1987. Carry-on signals in English conversation. In Willem Meijs (ed.), *Corpus linguistics and beyond.* Amsterdam: Rodopi. 87-119.

Stubbs, Michael. 1995. Collocations and semantic profiles: On the cause of the trouble with quantitative studies. *Functions of Language* 2: 23-55.

1996. *Text and corpus analysis: Computer-assisted studies of language and culture.* Oxford; BJackwel].

Summers, Della. 1991. Longman/Lancaster English Language Corpus-Criteria and Design. Technical Report, Longman.

Svartvik, Jan (ed.), 1992. *Directions in corpus linguistics: Proceedings of Nobel Symposium* 82. Berlin: Mouton.

Swales, John. 1990. *Genre analysis.* Cambridge: Cambridge University Press.

Thavenius, Cecilia. 1983. *Referential pronouns in English conversation.* (Lund Studies in English 64.) Lund: CWK Gleerup.

Thomas, Jenny and Mick Short (eds.). 1996. *Using corpora for language research.* London: Longman.

Tottie, Gunnel. 1991. *Negation in English speech and writing: A study in variation.* San Diego: Academic Press.

Varantola, K. 1984. *On noun phrase structures in Engineering Englisk.* Turku: University of Turku.

Webster's Encyclopedic Unabridged Dictionary of the English Language. 1989. New York: Portland House.

Webster's Third New International Dictionary of the English Language Unabridged. 1981. Springfield, MA: Merriam-Webster Inc.

Woods, Anthony, Paul Fletcher and Arthur Hughes. 1986. *Statistics in language studies.* Cambridge; Cambridge University Press.

Youmans, Gilbert. 1991. A new tool for discourse analysis: The vocabulary-management profile. *Language* 67: 763-789.

Zernik, Uri (ed.). 1991. *Lexical acquisition. Exploiting on-line resources to build a lexicon.* Hillsdale, NJ: Lawrence Erlbaum.

찾아보기

바이버의 코퍼스 언어학

언어 구조와 용법 연구

초판 발행 1쇄 2015년 12월 30일

지은이 더글라스 바이버 · 수잔 콘라드 · 랜디 레펜

옮긴이 유석훈 · 김유영

펴낸곳 고려대학교 출판문화원

www.kupress.com
kupress@korea.ac.kr
02841 서울특별시 성북구 안암로 145
02-3290-4230, 4232
Fax 923-6311

찍은곳 네오프린텍(주)

ISBN 978-89-7641-891-3 93700

값 23,000원